新版 建築構造設計

① 構造力学・材料力学

監修　和田　章
執筆　池田幸正・堀越喜与志・森安四郎

市ヶ谷出版社

まえがき

　建築技術者として，建築構造設計を身につけるためには，建築構造設計に関する書物を読むだけでなく，演習問題をみずから解決する努力を積み重ねることが必要である。これはスポーツ選手が日々練習を続け，音楽家が毎日練習を重ねて，一流になるのと同じである。

　本書は，「建築構造設計」の基礎的な設計能力およびそれよりやや高度の能力を養うことを目標に編修されたものである。したがって，基礎から応用までも親切ていねいに説明しているので，これから建築構造設計を習得しようと心がけられる人たちには，最適の学習書になるものと信じている。

　執筆者は，大学・専修学校・工業高校等の教育に従事し，その経験をもとにどのようにすれば合理的かつ効果的に学習できるかを考え，文章の記述，例題・問題の選択をしたつもりである。

　本書の構成について述べるならば，まず，各章の学習のねらいを把握させ，また，各節ごとに要点をあげ，その要点について解説するようにし，次いで要点に関連した例題をあげて解答を示している。解答を示す際には，その例題について，解き方，考え方またはヒントを示すことにより問題解決の指針を与え，次に掲げてある関連した問題を解決するための参考となるようにしてある。

　また，節の要点に関連した発展的な内容として≪研究課題≫の項を掲げ，学習をより深めるくふうもしてある。

　原則として各章の終わりには≪演習問題≫を示し，それまでの総括的な知識を一層確実なものにするようにしている。

　各章，各節の配列については，構造設計という総合的な能力を養うために，基礎的なものと応用的なものとの関連についてじゅうぶん配慮をしたつもりである。したがって，本書の配列によって学習していけば，

おのずから基礎的な構造設計の能力を養うことができるものと信じている。

　建築構造設計の内容は，構造力学，材料力学および構造物の設計よりなっている。構造物の設計には，各種の構造物の構造部材の設計と構造物に作用する荷重およびその荷重による部材応力の算出を必要とする。本書はページ数の都合で，構造力学および材料力学を第1巻に，その他を第2巻に収めている。

　建築構造設計は，構造物の設計すなわち部材断面と継手・仕口の設計を目的とするものであるが，その算定にあたっては相当けた数の多い数字と長い計算過程を要するものであるから，計算練習を重ねてけた数の多い数字の位取りを間違いなく処理できるように取扱いに慣れること，および各種の単位を含む数字を誤りなく取り運ぶ計算能力を高める必要がある。そのためには，最初は，ていねいに納得ゆくまで吟味しながら計算を進める慎重さをもつこと，数字を近似的に扱い慣れることで，徐々に回を重ねて正確・迅速にできるよう数多く問題にぶつかる心がけが必要である。

　以上，注意点をあげておいたが，本書をじゅうぶんマスターすることにより建築構造設計の基礎能力がつき，進んでこの科目の学習に親しむ態度・習慣が育成されて，りっぱな建築技術者になられることを希望する。

　平成12年3月

和　田　章

目 次

第1章 力のつりあい

§1. 力 …………………………………………………………… 2
§2. 力の合成と分解 ……………………………………………… 6
　1. 1点に作用する力の合成と分解 …………………………… 6
　2. 1点に作用しない力の合成と分解 ………………………… 15
§3. 力のつりあい ………………………………………………… 21

第2章 構造物

§1. 構　造　物 …………………………………………………… 30
§2. 荷　　　重 …………………………………………………… 33
§3. 骨組の種類, 構造物の安定・不安定 ……………………… 35
§4. 反　　　力 …………………………………………………… 40

第3章 静定構造物の応力

§1. 応　　　力 …………………………………………………… 50
§2. 単　純　ば　り ……………………………………………… 55
　1. 単純ばりの解法 ……………………………………………… 55
　2. 荷重とせん断力および曲げモーメントの関係 …………… 65
§3. 片　持　ば　り ……………………………………………… 72
§4. 静定ラーメン ………………………………………………… 79
§5. 静定トラス …………………………………………………… 90

第4章 部材の性質と変形

§1. 材　料　の　性　質 ………………………………………… 104

1. 応 力 度 ……………………………………………………104
2. ひずみ度 ……………………………………………………106
3. 弾 性 係 数 …………………………………………………107
4. 材料の強さと許容応力度 …………………………………108
§2. 断 面 の 諸 係 数 ………………………………………112
1. 断面一次モーメントと図心 ………………………………112
2. 断面二次モーメント ………………………………………114
3. 断面係数，断面二次半径 …………………………………118
§3. 部材断面の算定 ……………………………………………123
1. 引 張 材 …………………………………………………123
2. 圧 縮 材 …………………………………………………125
3. 曲 げ 材 …………………………………………………128
4. 組合せ応力材 ………………………………………………133

第5章　不静定構造物の応力

§1. は り の 変 形 ……………………………………………144
1. たわみとたわみ角 …………………………………………144
2. モールの定理 ………………………………………………145
§2. 不 静 定 構 造 物 ………………………………………152
1. 不静定ばり …………………………………………………152
2. 不静定ラーメン ……………………………………………162
3. たわみ角法 …………………………………………………165
4. 固定モーメント法 …………………………………………175
5. 長方形ラーメン ……………………………………………179
付　　録 ………………………………………………………197
解　　答 ………………………………………………………204

《第 1 章》
力のつりあい

　力が物体に作用すると，その形をかえたり，運動を起こしたりすることは日頃よく経験することである。

　力は直接目に見えないので，その性質を的確にとらえることはなかなか難しく，理解しがたいが，たとえば，静止している建築物もそれ自身の重さによって力を地盤に及ぼしているのであり，また，風が吹いて高層建築物が揺れるのも同じく力の作用によるものである。

　本章では，これらの力の基本的なことがら，力の合成・分解およびつりあいについて学ぶ。

§1. 力

=== 基本事項 ===

1. 力のあらわしかた（図1-1）

(1) **力の大きさ**

(2) **力の方向と向き**

(3) **力の作用点**

単位：N（ニュートン），
　　　kN（キロニュートン）

記号：P, W

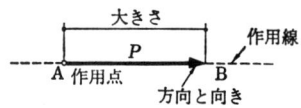

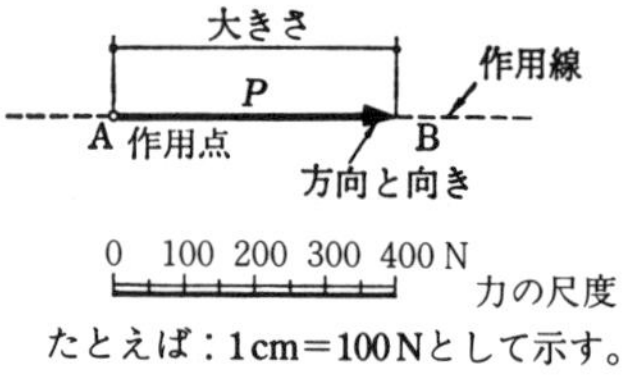

たとえば：1cm＝100Nとして示す。

図 1-1

2. 力のモーメント（図1-2）

$$M = Py \qquad (1-1)$$

y：作用線までの垂直距離

単位：（力の単位）×（長さの単位）

　　　N・cm, N・m, kN・m など。

記号：M

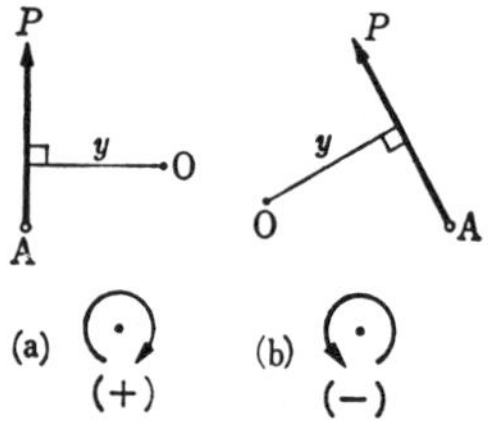

符号：時計回りのモーメント ⟳ ……正(＋) （図1-2(a)）

　　　反時計回りのモーメント ⟲ ……負(－) （図1-2(b)）

図 1-2

3. 偶力のモーメント（図1-3）

$$M = Pl \qquad (1-2)$$

l：2力間の距離

単位：N・cm, N・m, kN・m など。

記号：M

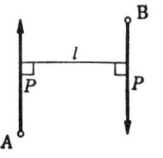

図 1-3

---

1. 力のあらわしかた

　力は，その大きさ，方向と向き，作用点の三つであらわすことが必要で，これを**力の3要素**という。また，作用点を通じて力の方向に引いた直線を作

用線という。力の大きさの単位は，構造力学ではN，kNなどであらわす。

力を図示する場合には，図1-1のように力の大きさに応じた長さをA点からとり，矢印で力の方向と作用点を示す。力の大きさをあらわすものさしを**力の尺度**という。

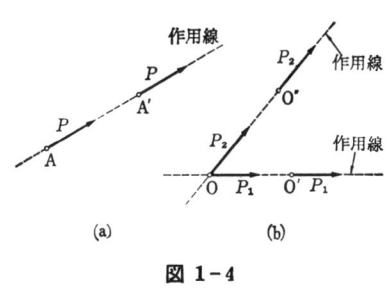

図 1-4

図1-4のように力は作用線上を任意に移動しても力の効果はかわらない。

2. 力のモーメント

図1-5のように物体上のA点に力 P が作用するとき，P はO点を中心として物体を転倒させようとする。この力 P のO点に対する回転の効果を，力 P のO点に対する**力のモーメント**といい，記号は M を用い，図1-2，式(1-1)のように大きさ

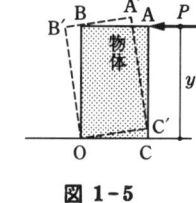

図 1-5

は，力 P の大きさとO点から作用線までの垂直距離 y との積であらわす。

$$M = Py$$

単位は N·cm，kN·m などであらわし，また符号は，図1-2のように時計回りの場合を正(＋)とし，反時計回りを負(－)で示す。

3. 偶力のモーメント

図1-3のように大きさが等しく，向きが反対で作用線が平行な2力を**偶力**という。偶力は物体に作用して回転運動を起こす。このような1対の力の効果を**偶力のモーメント**という。その大きさは，式(1-2)のように一方の力の大きさ P と2力間の距離 l の積であらわし，単位は力のモーメントと同じく，N·cm，kN·m などを用いる。

$$M = Pl$$

≪例題1≫

図においてO点に対する力のモーメントの和を求めよ。

考え方 力 P_1 と P_2 のO点に対する力のモーメントを求め代数和すればよい。とくに符号を間違えないように注意する。

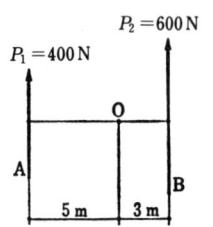

解き方 $P_1=400$N のO点に対する力のモーメント M_1 は，

$$M_1 = 400\text{N} \times 5\text{m} = 2000\text{N·m}$$

同じように $P_2=600$N のO点に対する力のモーメント M_2 は，

$$M_2 = -600\text{N} \times 3\text{m} = -1800\text{N·m}$$

∴ O点に対する力のモーメントの総和は，

$$M = M_1 + M_2 = 2000\text{N·m} - 1800\text{N·m}$$
$$= 200\text{N·m}$$

答 200 N·m

≪例題2≫

図においてO点に対する力のモーメントの総和を求めよ。

考え方 力 P_1, P_2, P_3, P_4 の各力のO点に対するモーメントを求め，代数和すればよい。P_4 についてはO点に対して距離が0であることに注意する。

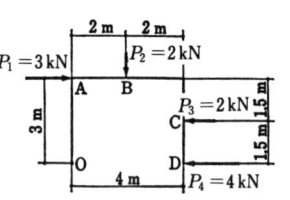

解き方 P_1 のO点に対する力のモーメント M_1 は，

$$M_1 = 3\text{kN} \times 3\text{m} = 9\text{kN·m}$$

同様に P_2 について $M_2 = 2\text{kN} \times 2\text{m} = 4\text{kN·m}$

P_3 について $M_3 = -2\text{kN} \times 1.5\text{m} = -3\text{kN·m}$

P_4 について $M_4 = 4\text{kN} \times 0 = 0$

したがって，O点に対する力のモーメントは，

$$M = M_1 + M_2 + M_3 + M_4 = 10\text{kN·m}$$

答 10 kN·m

§1. 力　　　5

【問1】 次の各力のO点に対するモーメントの総和を求めよ。

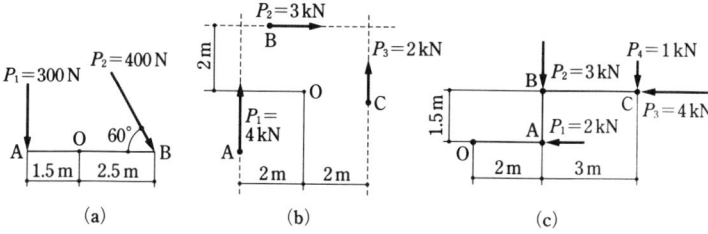

(a)　　　　　(b)　　　　　(c)

【問2】 図のようなA～Dに作用する力のE点に対するモーメントの和は，次のうちどれか。

1) $-9\,\text{N·m}$
2) $+19\,\text{N·m}$
3) $-18\,\text{N·m}$
4) $+18\,\text{N·m}$
5) $-21\,\text{N·m}$

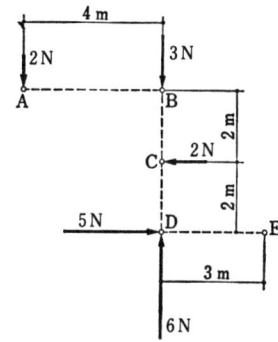

§2．力の合成と分解

1. 1点に作用する力の合成と分解

基本事項

1. 1点に作用する2力の合成

(1) 図式解法

a）力の平行四辺形による方法（図1-6(a)）

b）力の三角形による方法（図1-6(b)）

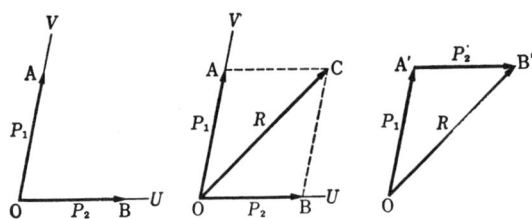

(a) 力の平行四辺形　(b) 力の三角形

図 1-6

(2) 算式解法

a）2力が直交する場合（図1-7(a)）

合力　$R=\sqrt{P_1{}^2+P_2{}^2}$　(1-3)

方向　$\tan\theta=\dfrac{P_1}{P_2}$　(1-4)

$$\theta=\tan^{-1}\frac{P_1}{P_2}$$

$R^2=P_1^2+P_2^2$

$\therefore\ R=\sqrt{P_1^2+P_2^2}$

(a)

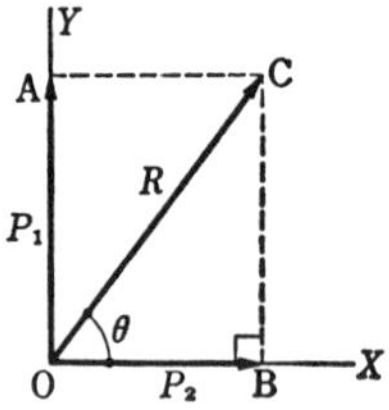

b）2力が任意の角をなす場合（図1-7(b)）

合力　$R=\sqrt{P_1{}^2+P_2{}^2+2P_1P_2\cos\alpha}$　(1-5)

方向　$\tan\theta=\dfrac{P_1\sin\alpha}{P_2+P_1\cos\alpha}$　(1-6)

$$\theta=\tan^{-1}\frac{P_1\sin\alpha}{P_2+P_1\cos\alpha}$$

(b)

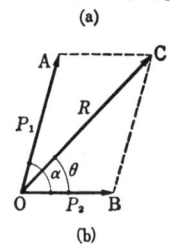

図 1-7

§2. 力の合成と分解

2. 1点に作用する2力への分解
(1) **図式解法**（図1-8）
　力の合成の作図法と逆に行う。

(2) **算式解法**（図1-9）
　2力が直交するときのX軸, Y軸上の分力

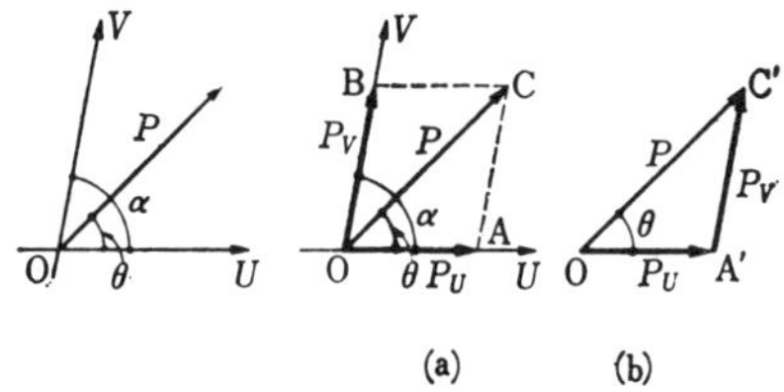

　　X軸上の分力　　$P_X = P\cos\theta$　　(1-7)
　　Y軸上の分力　　$P_Y = P\sin\theta$　　(1-8)

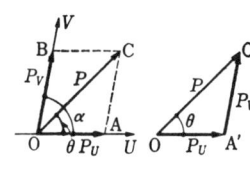

(a)　　　(b)

図 1-8

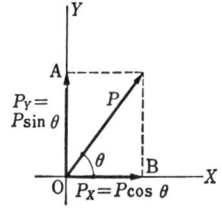

図 1-9

3. 1点に作用する数力の合成
(1) **図式解法**（図1-10(a)）
　力の多角形による方法（図1-10(b)）

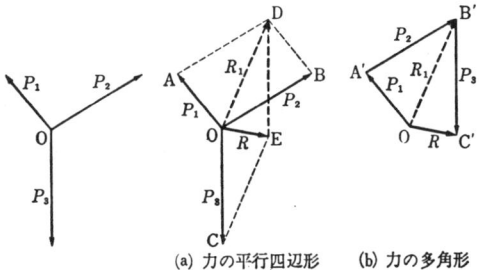

(a) 力の平行四辺形　　(b) 力の多角形

図 1-10

(2) **算式解法**（図1-11）

　　X軸上の分力の和　　$\Sigma X = P_{1X} + P_{2X} + P_{3X}$
　　Y軸上の分力の和　　$\Sigma Y = P_{1Y} + P_{2Y} + P_{3Y}$

$$R = \sqrt{(\Sigma X)^2 + (\Sigma Y)^2} \qquad (1-9)$$

　合力RがX軸となす角度

$$\tan\theta = \frac{\Sigma Y}{\Sigma X} \qquad \theta = \tan^{-1}\frac{\Sigma Y}{\Sigma X} \qquad (1-10)$$

4. 合力のモーメント
（バリニオンの定理）
（図1-12）

『多くの力のある1点に対する力のモーメントの和は，各力の合力のその点に対するモーメントに等しい』（バリニオンの定理）

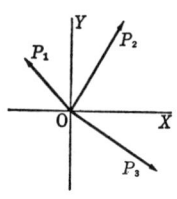
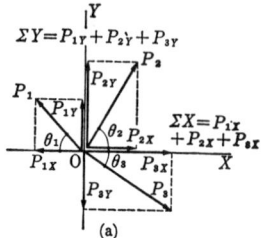

図1-11

$$Rr = P_1 a_1 + P_2 a_2 + \cdots\cdots$$
$$Rr = \sum Pa \qquad (1-11)$$

$\sum Pa$：各力 P_1，P_2 の任意の点Oに対する力のモーメントの総和

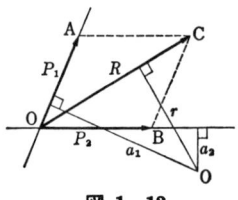

図1-12

一つの物体に数個の力が同時に作用するとき，これらの数個の力と同じはたらきをする1力にまとめることを**力の合成**，この1力を**合力**(R)という。

また，反対に物体に作用する1力を，これと等しい効果をもつ数個の力に分けることを**力の分解**，この分けられた力を**分力**という。

合力・分力を求める方法には，力を図示して図形をえがいて求める**図式解法**（図解法ともいう）と，数式によって求める**算式解法**とがある。

1. 1点に作用する2力の合成

(1) **図式解法** 図1-6のように，P_1，P_2 の合力を求めるには，P_1，P_2 を $\overline{OA}$，$\overline{OB}$ であらわし，この2辺で平行四辺形をえがけば，対角線 $\overline{OC}$ が合力 R を示す。これを**力の平行四辺形**という。また，図1-6(b)のように P_1 を $\overline{OA'}$ とし，A'より P_2 に平行で大きさを等しく $P_2(\overline{A'B'})$ をとれば，$\overline{OB'}$ は求める合力 R である。この三角形 OA'B' を**力の三角形**という。

§2. 力の合成と分解

(2) **算式解法** 図1-7(a)のように，P_1，P_2の2力が直交する場合の合力Rはピタゴラスの定理を利用し，式(1-3)を用いて求めることができる。また，合力の方向は式(1-4)により，三角関数を用いてX軸からの角度により求めることができる。

2力 P_1，P_2が任意の角をなすときは，式(1-5)を用いればよい。

すなわち，図1-13の△ODCにおいて

$OC^2 = CD^2 + OD^2$

$= CD^2 + (OA + AD)^2$

$= CD^2 + OA^2 + 2\,OA \cdot AD + AD^2$

$= AC^2 + OA^2 + 2\,OA \cdot AD$

（∵ $CD^2 + AD^2 = AC^2$）

$R^2 = P_1{}^2 + P_2{}^2 + 2\,P_1 P_2 \cos \alpha$　　（∵ $AD = AC \cos \alpha$）

∴ $R = \sqrt{P_1{}^2 + P_2{}^2 + 2\,P_1 P_2 \cos \alpha}$

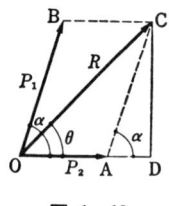

図 1-13

2. 1点に作用する2力への分解

力の分解は，力の合成の逆である。力を分解する場合は，分解する二つの方向を与えるか，一つの分力の大きさと向きを与える必要がある。図1-8のように力Pを与えられたU軸，V軸に分解するには，力の平行四辺形を用いて合力を求めた作図法とは逆に，CからU軸，V軸に平行に引いた直線とU軸，V軸の交点をそれぞれA，Bとすれば，$\overline{OA}$は分力P_U，$\overline{OB}$は分力P_Vを示す。または図1-8(b)のように，力の三角形の作図を逆に行うことによっても求められる。すなわちPを$\overline{OC'}$であらわし，O，C'からそれぞれU軸，V軸に平行に引いた直線の交点A'を求めれば$\overline{OA'}$は分力P_U，$\overline{A'C'}$はP_Vの大きさを示す。また，図1-9のように直交する2軸に分解する場合算式解法では式(1-7)，(1-8)により求める。また，2軸が直交しない場合は，＜研究課題＞（p.14）により研究されたい。

3. 1点に作用する数力の合成

図1-10のような数個の力の合成は，2力ずつの合成の操作を順次に繰り返して行えばよい。図1-10(a)は力の平行四辺形を利用したもので，すなわ

ち，P_1，P_2の合力をR_1，P_3とR_1との合力Rを求めれば，RはP_1，P_2，P_3 3力の合力である。図1-10(b)は力の三角形を順次用いた方法で，P_1，P_2，P_3を順次つなぎ，始点Oと終点C'を結べば，$\overline{OC'}$は合力Rの大きさと向きをあらわす。このように力の三角形を連続してえがいたものを**力の多角形**という。

また，数力の合力を算式解法により求める場合は，図1-11のように，P_1，P_2，P_3の作用点を原点Oとした直交座標軸X，Yを設定する。（座標軸の方向は任意でよい）

次に，図1-11(a)のように，P_1，P_2，P_3をそれぞれX軸，Y軸に分解（式(1-7)，(1-8)による）して，X軸方向の分力の総和($\sum X$)とY軸方向の分力の総和($\sum Y$)を求める。このとき力の符号は，上向きおよび右向きを正($+$)とし，その反対を負($-$)とする。

X，Y軸の分力の総和を求めたならば，式(1-9)により合力の大きさを求めることができる。

さらに，合力RがX軸となす角度は，2力が直交する場合の算式解法と同じように，式(1-10)により求める。この場合，$\sum X$，$\sum Y$の正，負によって，Rが何象限の力であるかを正しく判断する。

4．合力のモーメント

図1-12において力P_1，P_2の任意点Oに対する力のモーメントM_1およびM_2は，$M_1=P_1\times a_1$，$M_2=P_2\times a_2$を個々に求め，これを代数和して求めることができるが，このように個々に求めることなくP_1，P_2の合力（図1-12は図式によって求めてある）を求め，O点から合力Rまでの距離をrとし，力のモーメントを求めても同じ結果を得ることができる。したがって，$Rr=P_1a_1+P_2a_1$である。

≪例題1≫

図において$P_1=400\text{N}$，$P_2=200\text{N}$，$\alpha=60°$のとき，P_1，P_2の合力Rを算式解法と図式解法で求めよ。

§2．力の合成と分解

考え方 算式解法による場合は，式(1-5)を用いるか，O点を原点とする直交座標軸 X, Y を考え，P_1 の分力 P_X，P_Y を求め，X 軸上の合力 ΣX，Y 軸上の合力 ΣY を求めて式(1-9)を用いてもよい。

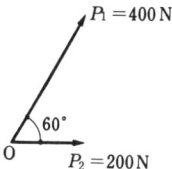

解き方 (1) 式(1-5)より

$$R = \sqrt{400^2 + 200^2 + 2 \times 400 \times 200 \times \cos 60°} \fallingdotseq 529.2 \text{ N}$$

$$\tan \theta = \frac{400 \sin 60°}{200 + 400 \cos 60°} \fallingdotseq 0.866$$

$$\theta = \tan^{-1} \frac{400 \sin 60°}{200 + 400 \cos 60°} \fallingdotseq 40° 54'$$

X, Y 軸とも正であるから第1象限。　　**答** $R = 529.2 \text{ N}, \theta \fallingdotseq 40° 54'$

(2) O点を原点とする座標軸 X, Y を考えて，各軸の分力は，

$$P_X = P_1 \cos 60° = 400 \times \frac{1}{2} = 200 \text{ N}$$

$$P_Y = P_1 \sin 60° = 400 \times \frac{\sqrt{3}}{2} = 346.4 \text{ N}$$

X 軸上の分力の総和を ΣX とすれば，

$$\Sigma X = P_X + P_2 = 200 + 200 = 400 \text{ N}$$

Y 軸上の分力の総和を ΣY とすれば，

$$\Sigma Y = P_Y \fallingdotseq 346.4 \text{ N}$$

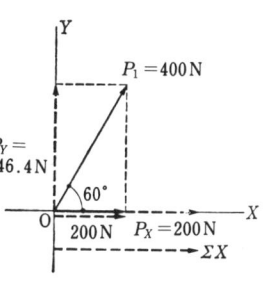

図 1-14

式(1-9)，(1-10)より

$$R = \sqrt{(\Sigma X)^2 + (\Sigma Y)^2} = \sqrt{400^2 + 346.4^2} \fallingdotseq 529.2 \text{ N}$$

$$\tan \theta = \frac{\Sigma Y}{\Sigma X} = \frac{346.4}{400} \fallingdotseq 0.866$$

$$\theta = \tan^{-1} \frac{346.4}{400} \fallingdotseq 40° 54'$$

答 $R = 529.2 \text{ N}, \theta \fallingdotseq 40° 54'$

(3) 図式解法による場合は次の作図法によればよい。

図(a)のように 1cm=50N の尺度でO点より $P_1 = 8 \text{ cm}$，$P_2 = 4 \text{ cm}$，角度 60° を正しくかき，それぞれA，Bとし，OA，OBを2辺とする平行四

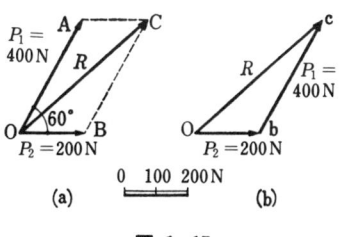

図 1-15

辺形をえがき，その対角線 OC の長さおよび ∠COB をはかり合力，方向を求める．あるいは，図(b)のように力の三角形をえがいて求めてもよい．

【問1】 図に示す2力の合力の大きさを求めよ．

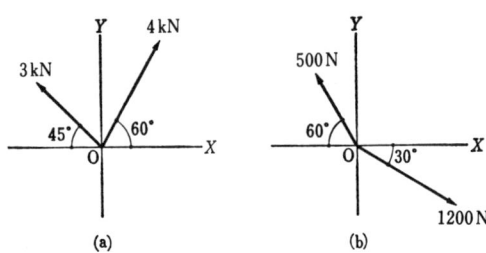

≪例題2≫

図のようにO点に $P_1=200\,\mathrm{N}$, $P_2=160\,\mathrm{N}$, $P_3=170\,\mathrm{N}$, $P_4=300\,\mathrm{N}$ が作用するとき，合力 R を算式解法と図式解法により求めよ．

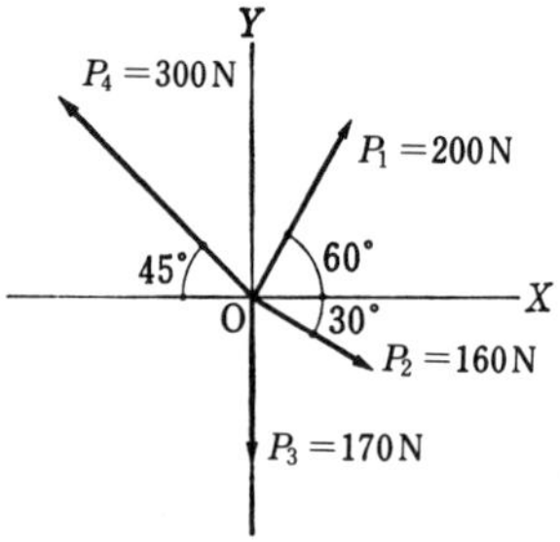

考え方 <例題1>の解き方(2)と同じように，O点を原点とする座標軸を考え，X, Y 軸の分力の総和から合力を求める．計算しやすいよう表にまとめるとよい．この場合，分力は座標軸の正の向きを＋，負の向きを－とする．

解き方 (1) 算式解法

力の大きさ	方向	$P_X=P\cos\theta$	$P_Y=P\sin\theta$
200 N	60°	100 N	173.2 N
160 N	30°	138.6 N	−80 N
170 N	0	0	−170 N
300 N	45°	−212.1 N	212.1 N
計		26.5 N	135.3 N

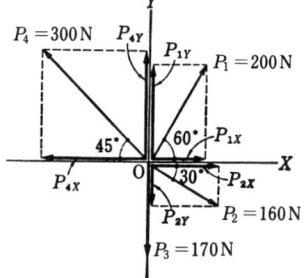

図 1-16

§2. 力の合成と分解

$$R = \sqrt{(\Sigma X)^2 + (\Sigma Y)^2} = \sqrt{26.5^2 + 135.3^2} \fallingdotseq 137.9\,\text{N}$$

$$\tan\theta = \frac{\Sigma Y}{\Sigma X} \fallingdotseq \frac{135.3}{26.5} \fallingdotseq 5.11 \quad \theta \fallingdotseq \tan^{-1}\frac{135.3}{26.5} \fallingdotseq 78°\,56'$$

答 $R = 137.9\,\text{N},\ \theta \fallingdotseq 78°\,56'$

(2) 図式解法

図1-17(a)のように力の平行四辺形を作図するか，図1-17(b)のように力の多角形を作図すればよい。（基本事項3参照）

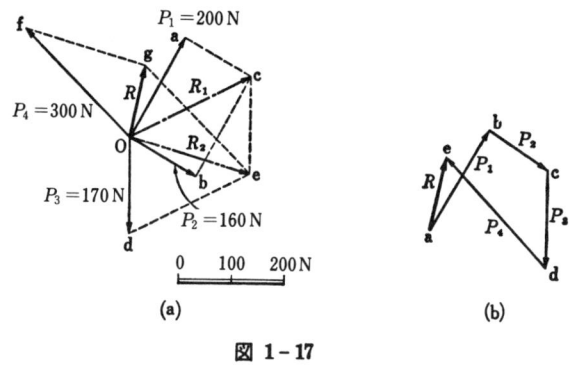

図 1-17

【問2】 下図の(a),(b),(c)に示す数力の合力を算式解法，図式解法で求めよ。

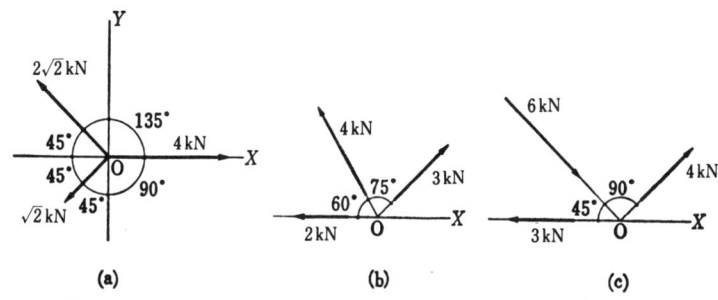

―＜例題3＞―

図に示す力 $P = 4\,\text{kN}$ を図式解法により U 軸，V 軸に分解せよ。

考え方 基本事項2によって求めればよい。

14 第1章 力のつりあい

解き方 図 1-18(a), (b)に図式解法による結果を示しておく。

答 $P_U = 4.6\text{kN}$, $P_V = 2.3\text{kN}$

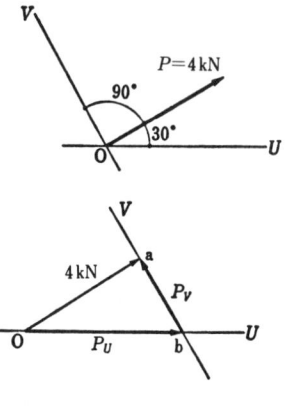

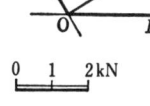

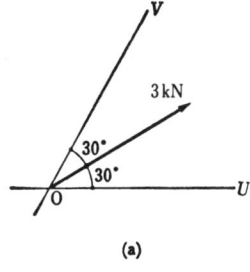

$P_U = 4.6\text{kN}$
$P_V = 2.3\text{kN}$

(a) (b)

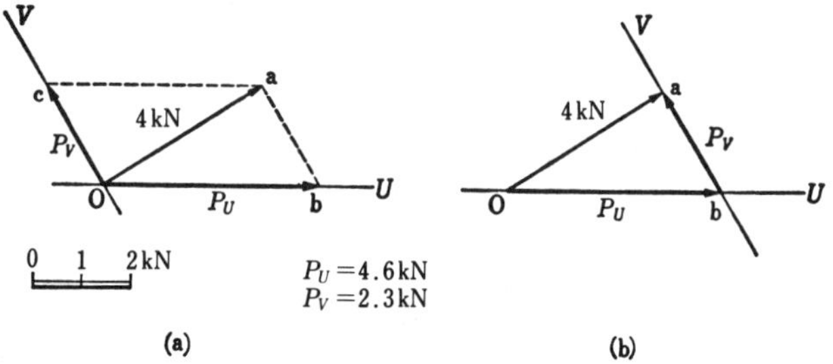

図 1-18

【問3】 下図(a), (b)に示す力を，与えられた軸上に図式解法により分解せよ。

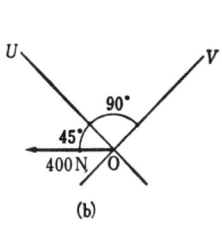

(a) (b)

＜研究課題＞ 力 P を算式解法で座標軸 U, V 上に分解すると，その分力は次式により求めることができる。

$$P_U = \frac{P\sin(\alpha-\theta)}{\sin\alpha}$$

$$P_V = \frac{P\sin\theta}{\sin\alpha}$$

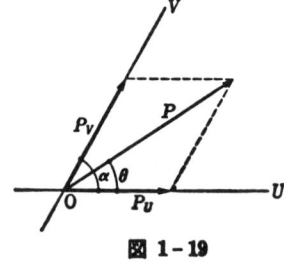

図 1-19

2. 1点に作用しない力の合成と分解

=== 基本事項 ===

1. 1点に作用しない力の合成（図1-20）

(1) **図式解法**：P_1, P_2 の合力は，示力図と連力図をえがいて求める。

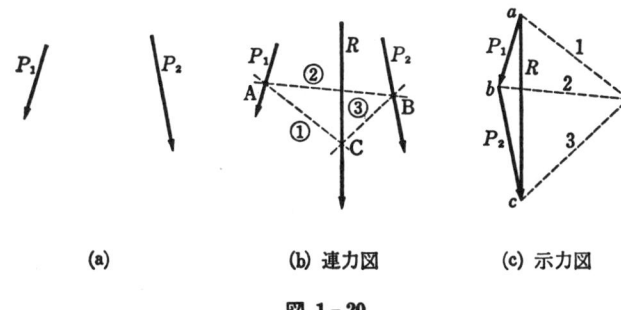

  (a)   (b) 連力図 (c) 示力図

図 1-20

2. 作用線が平行な力の合成（図1-21）

(1) **算式解法**（バリニオンの定理による）

 合力の大きさ

  $R = P_1 + P_2$

 合力の向きは R の符号で判断する。

 合力の作用する位置

  $R \cdot r = P_1 a_1 + P_2 a_2$ より

$$r = \frac{P_1 a_1 + P_2 a_2}{R} \quad (1-11)$$

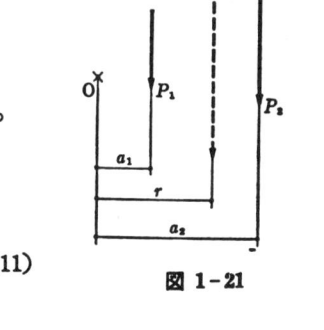

図 1-21

a_1, a_2：任意の点Oより

  P_1, P_2 までの距離

r：O点から合力 R までの距離

(2) **図式解法**（図1-22）
連力図と示力図により求める。

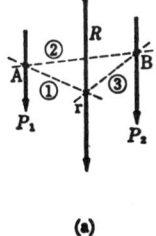
(a)

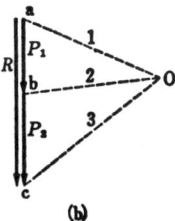
(b)

図 1-22

16　第1章　力のつりあい

3. 与えられた平行な2軸上への分解（図1-23）
(1) **図式解法**：示力図と連力図とにより，2軸に分解する。

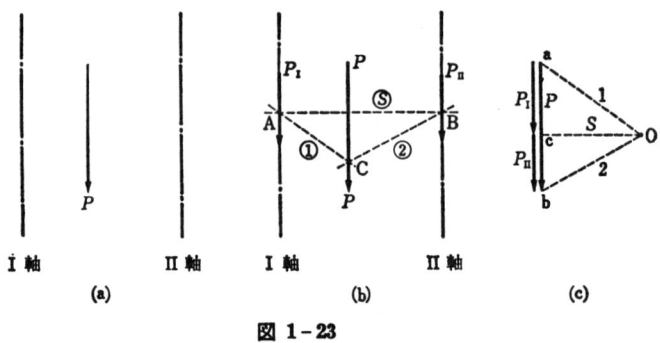

図 1-23

1. 1点に作用しない力の合成
(1) **図式解法**　すでに学んだように，作用線の交点が容易に求められる場合は力の平行四辺形を利用して求めればよいが，図1-20(a)のように作用線が平行または平行に近く，その交点が利用できない場合は，示力図と連力図を用いて合力を求める。作図は次の順序による。

① 図1-20(c)のように，力の三角形をえがけば $\overline{ac}$ が合力 (R) の大きさと向きをあらわす。

② 合力の作用する位置を求めるには，まず，図1-20(c)のように，任意の点O(**極点**)をとってa，b，cと結び，順次1，2，3の記号をつける。(**極線**という)

③ 図1-20(b)の P_1 上の任意の点Aから極線1に平行に①を，同じように極線2に平行に②を引き，これと P_2 の作用線との交点をBとする。

④ 次にB点から極線3に平行に③を引き，①と③の交点Cを求めれば，このC点が合力の作用する位置となる。(①，②，③を**連力線**という)

⑤ 図1-20(c)の合力 R を図1-20(b)のC点を通る位置に平行に移動すれば，この R が P_1，P_2 の合力である。図1-20(b)を**連力図**，図1-20(c)を**示力図**と呼ぶ。また，数力の合力を求める場合には図1-20と同様な作図法により求められる。(図1-24)

§ 2. 力の合成と分解

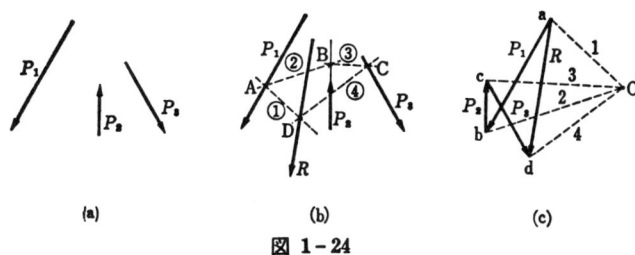

(a)　　　　　　(b)　　　　　　(c)

図 1-24

2. 作用線が平行な 2 力の合成

(1) 算式解法　バリニオンの定理を用いて求める。すなわち図 1-21 のように，任意の点 O を仮定し，O 点から P_1，P_2 の作用線までの距離をそれぞれ a_1，a_2 とし，合力 R の作用する位置を仮想し，O 点から合力 R までの距離を r とすれば，バリニオンの定理より，

$$R \cdot r = P_1 a_1 + P_2 a_2$$　　が成り立つ。

この式により合力の作用する位置 r を求めることができる。

$$r = \frac{P_1 a_1 + P_2 a_2}{R}$$

なお，合力のモーメント $R \cdot r$ の正負の符号によって，合力 R が O 点の右側か左側かを判定する。図式解法は図 1-22 のように基本事項 1 と同様，示力図・連力図を用いて作図すればよい。

3. 与えられた平行な 2 軸への分解[注])

(1) 図式解法　図 1-23 において P を平行な I 軸と II 軸に分解するには連力図と示力図を用いて次の順序で行う。

① 図 1-23(c) のように P を $\overline{ab}$ であらわし，極点 O と a, b を結び，番号 1，2 をつける。

② 図 1-23(b) の P 上の任意の点 C から連力線①，②を引き，I 軸および II 軸上の交点を A，B とする。

③ A 点，B 点を結び，これを⑤とし，図 1-23(c) の極点 O から⑤に平行に S を引き，P との交点 c を求めれば $\overline{ac}$ は分力 P_I，$\overline{cb}$ は分力 P_{II} の大きさと向きをあらわす。

④ これをそれぞれ I 軸，II 軸に移せばよい。

注)：与えられた力を 3 軸以上に分解することはできるが，答は何種類もできてしまう。

≪例題4≫

図のような P_1, P_2, P_3 の合力 R を図式解法により求めよ。

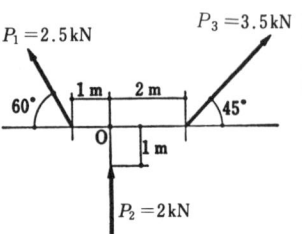

考え方 基本事項にあるように，示力図，連力図を用いて解けばよい。

解き方 力の尺度に基づいて正しく図形をえがき，示力図と連力図とによって合力を求めればよい。

答 $R = 6.8$ kN

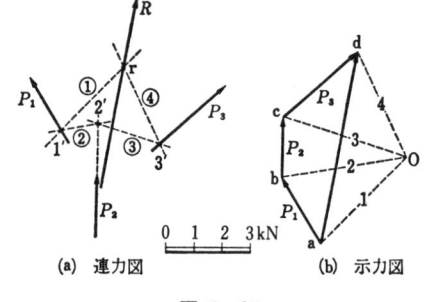

(a) 連力図　　(b) 示力図

図 1-25

【問4】 下図に示す力の合力を図式解法により求めよ。

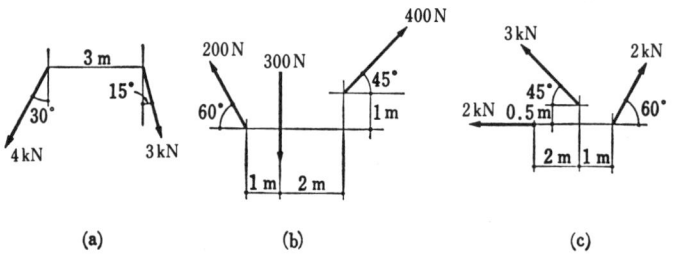

(a)　　　　　(b)　　　　　(c)

≪例題5≫

図に示す平行な4力の合力 R を図式解法と算式解法により求めよ。

§2. 力の合成と分解　**19**

考え方　図式解法には示力図と連力図を，算式解法にはバリニオンの定理を利用すればよい。

解き方　(1) 図式解法　図1-26(a), (b)に示すとおりである。

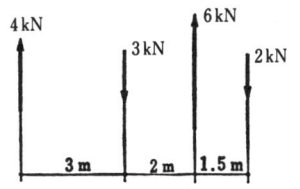

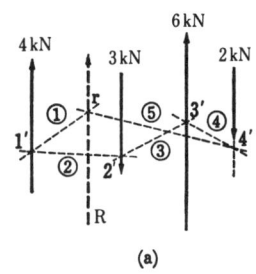

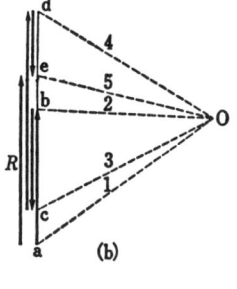

図 1-26

(2) 算式解法　図1-27のように合力Rの作用する位置と方向をO点の右側に仮定し，その距離をrとすれば，

$R = 4kN - 3kN + 6kN - 2kN = 5kN$

$-5r = 3 \times 3 - 6 \times 5 + 2 \times 6.5$

∴　$r = \dfrac{8kN \cdot m}{5kN} = 1.6m$

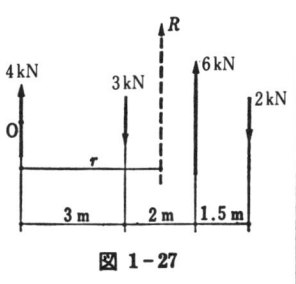

図 1-27

rが正であるから仮定は正しい。

答　$R = 5kN$，O点より右へ1.6m

【問5】　右図に示す平行な力の合力を図式解法と算式解法により求めよ。

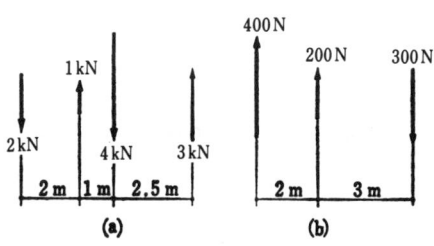

(a)　　　　(b)

第1章 力のつりあい

≪例題6≫

図に示す $P_1=3\text{kN}$, $P_2=6\text{kN}$ を I 軸, II 軸を通る二つの力に分解せよ。

考え方 P_1, P_2 の合力を求め, 基本事項3により, これを2軸に分解すればよい。

解き方 図1-28(b)のように, 示力図から合力 $\overline{ac}$ を求め, 極線1, 2, 3の番号をふる。次に図1-28(a)において, I軸上の任意の点Aから順次に連力線①, ②, ③ をえがき, ③ と II 軸の交点Bを求め, A, Bを結ぶ線 ⑤ と平行に示力図の極点OからSを引き合力Rとの交点をdとすれば, $\overline{ad}$ は分力 P_{I}, $\overline{dc}$ は分力 P_{II} の大きさと向きを示す。これを図1-28(a)の I 軸, II 軸に移せばよい。

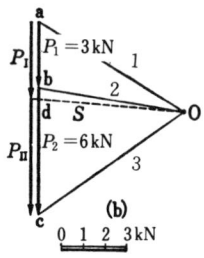

図1-28

答 $P_{\text{I}}=3.4\text{kN}$, $P_{\text{II}}=5.6\text{kN}$

【問6】 下図に示す力を図式解法により I 軸および II 軸を通る力に分解せよ。

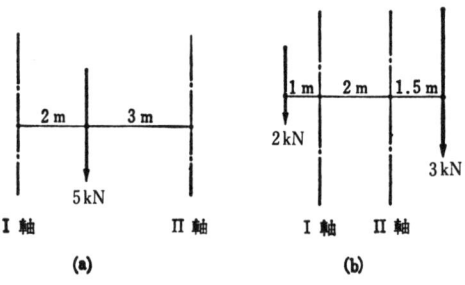

§3. 力のつりあい

═══[基本事項]═══

1. 1点に作用する力のつりあい条件

(1) **図式条件**：示力図が閉じる。(図1-29)

(2) **算式条件**

$$\left.\begin{array}{l}\Sigma X=0\\ \Sigma Y=0\end{array}\right\}$$

でなければならない。

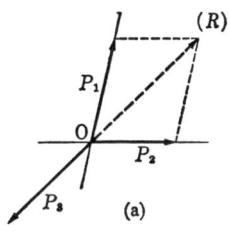
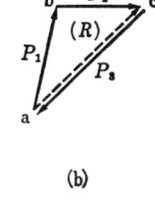

(a)　　　　(b)

図1-29

2. 1点に作用しない力のつりあい条件

(1) **図式条件**：示力図と連力図は，ともに閉じる。(図1-30)

(2) **算式条件**

$$\left.\begin{array}{l}\Sigma X=0\\ \Sigma Y=0\\ \Sigma M=0\end{array}\right\}$$

でなければならない。

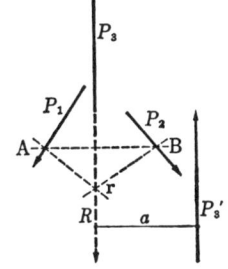
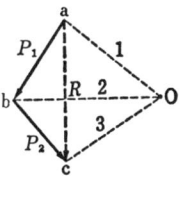

図1-30

物体にいくつかの力が同時に作用しているとき，その物体が移動も回転もしないで静止の状態にあるとき，これらの力はつりあっているという。

建築物にも数多くの力がはたらいているが，移動や回転・転倒しないのは力がつりあっているからである。

構造物の力のつりあいの条件や計算法は，建築構造設計を学ぶにあたって基礎となる重要事項である。

1. 1点に作用する力のつりあい条件

22　第1章　力のつりあい

(1) 図式条件　図1-29(a)においてO点にP_1, P_2の2力が作用するときその合力Rと同一直線上に, 大きさが等しく向きが反対の力P_3を作用させれば, P_3とRはつりあう。したがって, P_1, P_2, P_3の3力はつりあっており, 3力の合力は0でなければならない。図式条件は, 示力図の始点と終点は一致し, 図1-29(b)のように示力図は閉じなければならない。

(2) 算式条件　図1-29(a)において, 1点Oにはたらく3力P_1, P_2, P_3を, O点を通る直交軸X軸とY軸に分解し, 各軸の分力の総和をΣX, ΣYとすれば合力Rは　$R=\sqrt{(\Sigma X)^2+(\Sigma Y)^2}$で求められる。この3力がつりあっていれば　$R=\sqrt{(\Sigma X)^2+(\Sigma Y)^2}=0$　となるので, 同時に, $\Sigma X=0$, $\Sigma Y=0$でなければならない。

2. 1点に作用しない力のつりあい

(1) 図式条件　1点に作用しない2力P_1, P_2の合力は, 示力図と連力図をえがけば, その連力線の交点rを通ることはすでに学んだ。いまr点に, P_1, P_2の合力(R)と大きさが等しく向きが反対の力P_3が作用すれば, 示力図と連力図はともに閉じてP_1, P_2, P_3はつりあう。しかし, P_3のかわりに, P_3に平行でaだけ離れたP_3'が作用するとすれば, 示力図は閉じるが, 連力図は閉じない。このとき合力(R)とP_3'は偶力となり, 回転を起こしてつりあわなくなる。したがって, 作用点の違う力のつりあいの図式条件は, 示力図と連力図がともに閉じることが必要である。

(2) 算式条件　P_1, P_2, P_3がつりあうためには合力$R=0$, したがって, $\Sigma X=0$, $\Sigma Y=0$の条件はもちろん, このほかに図式条件と同じように回転を起こさないよう$\Sigma M=0$でなければならない。すなわち, 1点に作用しない力のつりあいの必要にして十分な条件は, $\Sigma X=0$, $\Sigma Y=0$, $\Sigma M=0$でなければならない。

≪例題1≫

次ページの図に示すような骨組のA点に　$P=10\mathrm{kN}$　の力が作用すると

き，AB材，AC材にどのような力があればこれ
とつりあうか。

考え方 AB材，AC材にはたらく力をTおよびCと
すれば，A点に作用するP, T, Cの3力がつ
りあうためには，図式解法では示力図が閉じ，
算式解法においては，A点を通る座標軸のΣX
$=0$, $\Sigma Y=0$ のつりあい条件式を作ればよい。

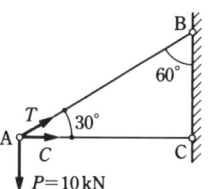

解き方 (1) 図式解法　任意の点aから$P=10\text{kN}$に平行に，適当な尺度（た
とえば1cm＝2kNとすれば5cm）で$\overline{ab}$をとり，b点からTに平行，a点
からCに平行な直線を引き交点をcとす
れば，$\overline{bc}$はT，$\overline{ca}$はCの大きさと方向と
向きを示す。（1cm＝2kNのスケールで，
$\overline{bc}$，$\overline{ca}$の長さを測ればよい）

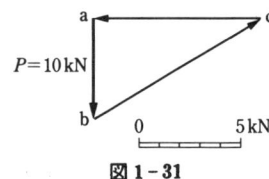

図1-31

答 AB材20kN，AC材17.3kN

(2) 算式解法　図1-32のようにA点に
直交座標軸を作り，力T，Cの向きを図のよ
うに仮定する。

$\Sigma Y=0$ より　$-P+T\sin 30°=0$

$\therefore T=\dfrac{+P}{\sin 30°}=+\dfrac{10}{\frac{1}{2}}=+20\text{kN}$

（結果が負であるから，力の向きは
仮定のとおりでよい）

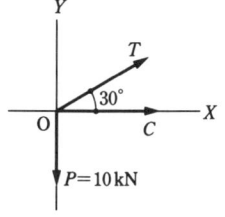

図1-32

$\Sigma X=0$ より　$T\cos 30°+C=0$

$\therefore C=-T\cos 30°=-(20)\times\dfrac{\sqrt{3}}{2}\fallingdotseq -17.3\text{kN}$

（結果が負であるから，力の向きは仮定の反対になる）

答　AB材は20kNの引張力，AC材は17.3kNの圧縮力

【問1】 図のようにO点に$P=100\text{N}$の力が作用するとき，BO材にはたらく
力は次のうちどれか。

1) 30 N 2) 40 N
3) 50 N 4) 60 N
5) 70 N

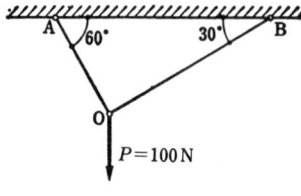

【問2】 右図において，A点に $P=2$kN が作用するとき，ロープTにどのような力がはたらけばつりあうか。

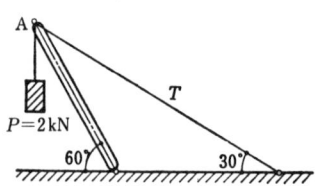

【問3】 右図の A, B, C の三つの力が作用してつりあっている。C の大きさで正しいのは，次のうちどれか。

1) 200 N 2) 350 N
3) 500 N 4) 700 N
5) 1000 N

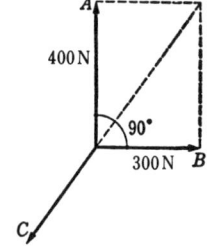

≪例題2≫

右図においてA，B2点を通り，$P=400$N に平行でそれにつりあう力を図式解法と算式解法で求めよ。

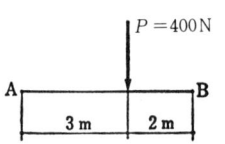

考え方 図式解法では示力図，連力図が閉じること。
算式解法では $\Sigma X=0$, $\Sigma Y=0$, $\Sigma M=0$ より求められる。

解き方 (1) 図式解法 P につりあう力を R_A, R_B とする。$P=400$N を適当な尺度にとり，任意の点Oより極線1, 2を引く(図1-33(b))。図1-33(a)のP上の任意の点Cより1, 2に平行に①, ②を引き，R_A, R_B の作用線との交点A, Bを結び⑤とする。図1-33(b)のO点から⑤に平行にSを引き，Pとの交点をcとすれば，$\overline{bc}$ が R_B, $\overline{ca}$ が R_A の方向と大きさを示す。

§3. 力のつりあい　25

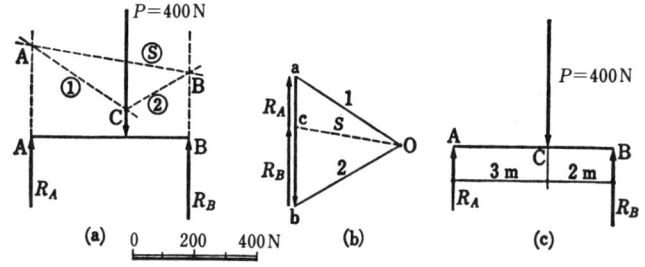

図1-33

答　$R_A = 160\mathrm{N}$, $R_B = 240\mathrm{N}$

(2) 算式解法（図1-33(c)）

$\sum M_A = 0$ より　（$\sum M_A = 0$ はA点に対する力のモーメントの総和が0であることを示す）

$$400 \times 3 - R_B \times 5 = 0 \quad \therefore\ R_B = \frac{1200}{5} = 240\mathrm{N}$$

$\sum Y = 0$ より　$R_A + R_B - 400 = 0$

$\qquad\qquad R_A + 240 - 400 = 0 \quad \therefore\ R_A = 160\mathrm{N}$

$\sum Y = 0$ の式によらないで

$\qquad\sum M_B = 0$ より　$-400 \times 2 + R_A \times 5 = 0$

$$\therefore\ R_A = \frac{800}{5} = 160\mathrm{N}\ を求めてもよい。$$

（この例題では水平方向の力がないので，$\sum X = 0$ の式を作る必要はない）

答　$R_A = 160\mathrm{N}$, $R_B = 240\mathrm{N}$

──《例題3》──

次ページ上図に示す A B 上の C 点に力 $P = 400\mathrm{N}$ が作用するとき，これにつりあうための3力 H_A, V_A, R_B の大きさを図式解法，算式解法により求めよ。

考え方　図式解法では，H_A と V_A の合力を R_A とすれば，R_A, P, R_B のつりあい条件から示力図と連力図をえがいて求めることができるが，3力がつりあうときには，作用線は1点に会しなければならないことに着目すればよい。

26　第1章　力のつりあい

また，算式解法では，力 P を水平方向の分力 P_X，垂直方向の分力 P_Y に分解し，$\Sigma X=0$，$\Sigma Y=0$，$\Sigma M=0$ の式を作ればよい。

解き方　**(1)** 図式解法　1-34(a) において，3力の作用線は1点に会しなければならないから，P の作用線と R_B の作用線の交点 k を求め，さらに，k と A を結べば，R_A の作用線が定まる。次に図1-34(b) において，P を $\overline{ab}$ であらわし，a，b からそれぞれ Bk，Ak に平行線を引き交点を c とすれば，$\overline{bc}$ は R_A，$\overline{ca}$ は R_B をあらわす。さらに，R_A を水平，垂直方向に分解すれば，H_A，V_A が求められる。

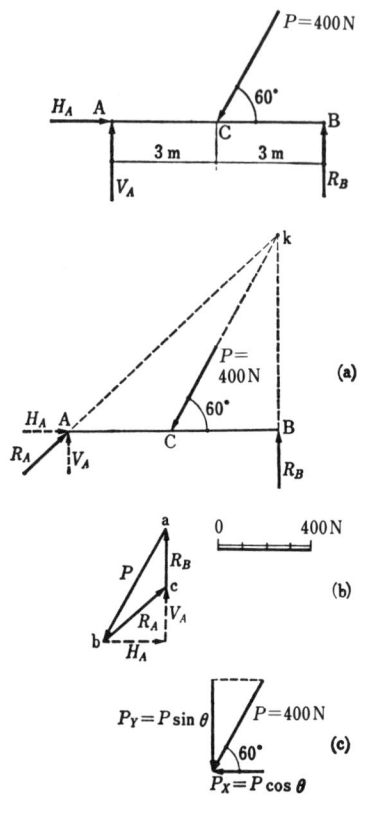

図1-34

答　$H_A = 200\,\text{N}$,
$V_A = 173.2\,\text{N}$, $R_B = 173.2\,\text{N}$

(2) 算式解法　H_A, V_A, R_B の向きを図1-34(a)のように仮定する。
また，図1-34(c)のように，$P=400\,\text{N}$ を水平，垂直方向に分解すれば，

$$P_X = P\cos 60° = 400 \times \frac{1}{2} = 200\,\text{N}$$

$$P_Y = P\sin 60° = 400 \times \frac{\sqrt{3}}{2} = 346.4\,\text{N}$$

$\Sigma X = 0$ より

　　　$H_A - 200\,\text{N} = 0$　　∴　$H_A = 200\,\text{N}$

$\Sigma M_B = 0$ より　　$V_A \times 6 - P_Y \times 3 = 0$

$$V_A \times 6 - 346.4 \times 3 = 0 \quad \therefore V_A = \frac{1039.2}{6} \fallingdotseq 173.2\,\text{N}$$

$\Sigma Y = 0$ より　　$V_A + R_B - P_Y = 0$

$173.2 + R_B - 346.4 = 0 \quad \therefore R_B = 173.2\,\text{N}$

答 $H_A = 200\,\text{N},\ V_A = 173.2\,\text{N},\ R_B = 173.2\,\text{N}$

【問4】 図に示した力とつりあうために，A，B点を通る鎖線上にどのような力を作用させたらよいか。算式解法により求めよ。

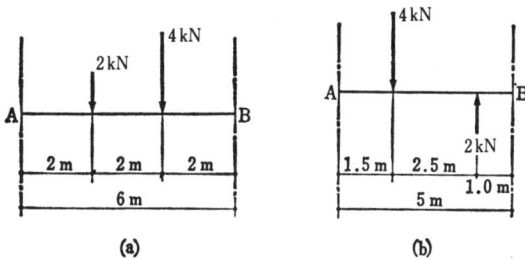

【問5】 図の力に対して，I軸，II軸にどのような力を作用させたらつりあうか。図式解法により求めよ。

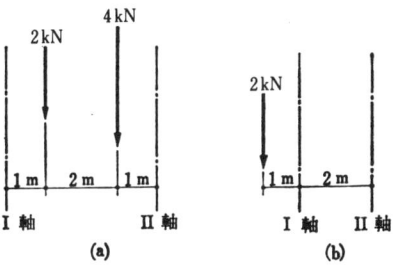

【問6】 図のようにC点に作用する力が，B点を通るI軸上の力およびA点を通る力とつりあうとき，これらの2力を求めよ。

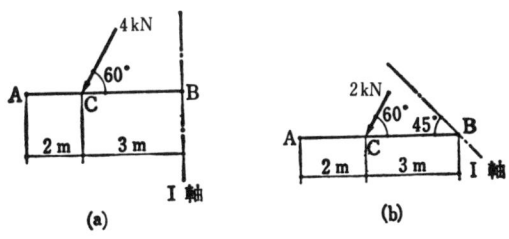

<演 習 問 題>

1. 図のように，構造物に3力が作用するときの合力を求めよ。

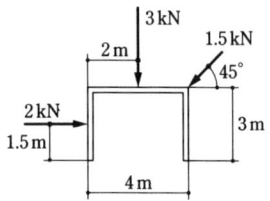

2. 図のように，構造物に力が作用するときの合力を求めよ。

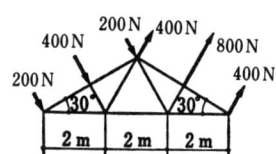

3. 右図において，A点に $P_1=2.0$ kN, $P_2=2.5$ kN が作用するとき，AB材，AC材にどのような力が作用すればつりあうか。

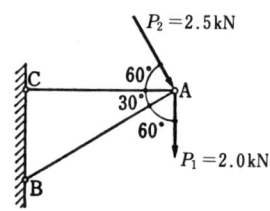

《第2章》 構　造　物

　構造物を設計するにあたっては，構造物自体の重さやその構造物にのる物体(人・家具など)，さらに，地震の力，風の力など外から作用する力に対して，構造物が倒壊・破壊あるいは過大な変形・振動を生じないよう，安全でかつ経済性の高いものでなければならない。
　このためには，構造物の形状や構造物を構成している骨組の特性，さらに作用する力の状態，使用する材料(木・コンクリート・鉄など)の性質などを十分に考慮して設計を進めていく必要がある。
　また，実際に構造物を設計するにあたっては，構造物を力学的に解くためにいくつかの条件と仮定を設ける必要がある。
　本章では，構造物を合理的に設計するにあたって必要な構造物の特性，解法のための条件などについて学ぶ。

§1. 構 造 物

= 基本事項 =

1. 力学的にみた構造物

(1) **構造物**：柱・はりなどの細長い棒状材と，床や壁などの板状材で立体的に組み合わせたものをいう。

(2) **骨　組**：構造物のうち柱やはりなどの棒状で組み立てられたものをいい，平面骨組と立体骨組とに大別される。

(3) **部　材**：骨組を形成する材をいう。

2. 支点と節点

(1) **支　点**：骨組をささえている点をいい，ふつう次の3種を考える。

支　持　法	記　号	反力数
移動端		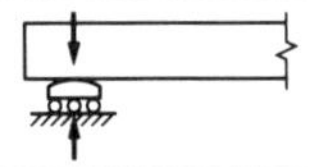  垂直反力　1
回転端		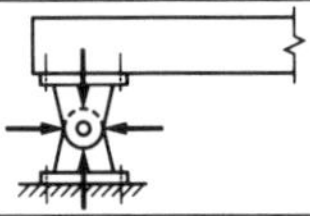  垂直反力 水平反力　2
固定端		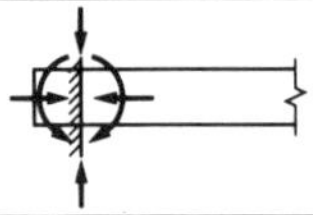  垂直反力 水平反力　3 支持モーメント

(注：ここには示さないが，回転固定ローラもある。)

図 2-1

　　移動端(ローラ)：支持台に平行に移動でき，回転も自由であるが，台に垂直な方向だけ移動できない支点。
　　　　　　(反力数：1)(ピンローラとも言う。)

　　回転端(ピン)：どの方向へも移動できないが，回転だけは自由な支点。
　　　　　　(反力数：2)(ヒンジとも言う。)

　　固定端(フィクス)：どの方向へも移動できないだけでなく，回転もできない支点。(反力数：3)

§1. 構造物　31

(2) **節　点**：骨組を構成する部材相互の接合点をいい，次の2種がある。

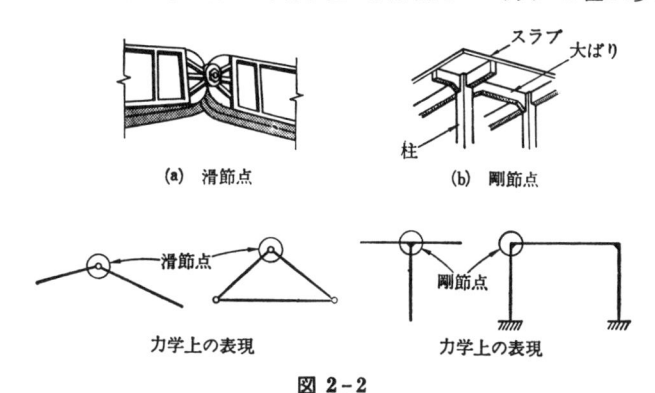

(a) 滑節点　　　　(b) 剛節点

力学上の表現　　　　力学上の表現

図 2-2

滑節点(ヒンジ・ピン)：部材どうし互いの回転は自由であるが，移動できない接合点。

剛節点(リジッド)：部材どうしが，互いに回転も移動もできない接合点。

---

1. 力学的にみた構造物

骨組を構成する部材には図2-3のように幅や厚みがあるが，力学では便宜上，断面の重心を通る単線で図のように表示し，これを材軸とよぶ。また，一平面で構成された骨組を**平面骨組**，各部材が同一平面上にない骨組を**立体骨組**という。実際の建築物の骨組は，ふつう立体的なものであるが，力学では便宜的に平面骨組の集まりとして扱うことが多い。

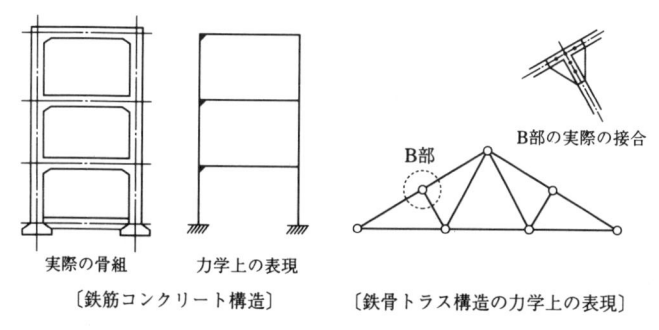

実際の骨組　　力学上の表現　　　　　　B部　　B部の実際の接合
〔鉄筋コンクリート構造〕　　〔鉄骨トラス構造の力学上の表現〕

図 2-3

2. 支点と節点

骨組をささえている点を**支点**といい，図2-1の3種がある。実際の建築物の支点には，いろいろな構造方法がとられている。たとえば，鉄骨造の柱脚は，柱にベースプレートを用い，基礎アンカーボルトに緊結する。また，木構造のはりは，軒けたに仕口を作り補強金物を用いて緊結するなどの方法で骨組をささえている。このように，支持法には種々の形式があるが，力学上では，構造物の支持方法や状態により，**移動端**，**回転端**あるいは**固定端**の3種の中のいずれかの支持法によると考えて設計を進めていく。これは構造物の部材応力算定の取扱いの便宜上からの仮定に基づくものである。

節点についても同様である。ふつうトラスの骨組の接合点は**滑節点**(ピン)として，また，鉄筋コンクリート造の骨組や溶接を用いた鉄骨造の骨組接合点は，**剛節点**(リジッド)として取り扱われる。

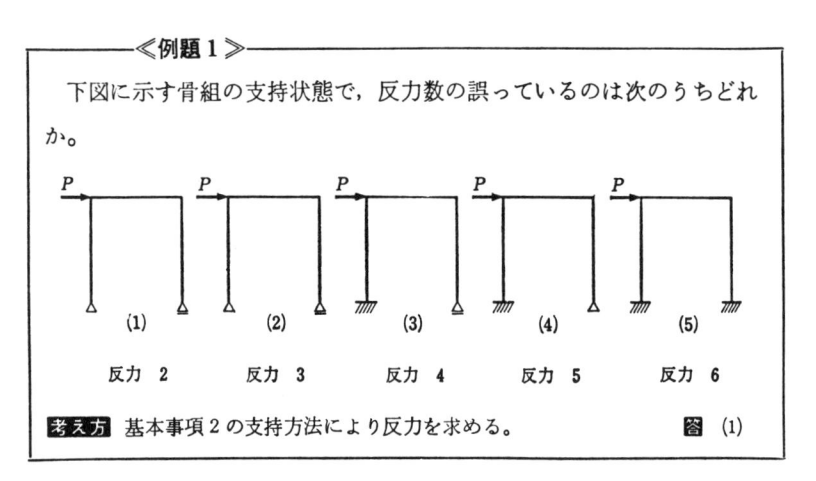

―≪例題1≫――――――――――――――――――――――――

下図に示す骨組の支持状態で，反力数の誤っているのは次のうちどれか。

(1) 反力 2
(2) 反力 3
(3) 反力 4
(4) 反力 5
(5) 反力 6

考え方 基本事項2の支持方法により反力を求める。　　答 (1)

【問1】 図(1)〜(5)に示す構造物の支点の反力数はそれぞれいくつか。

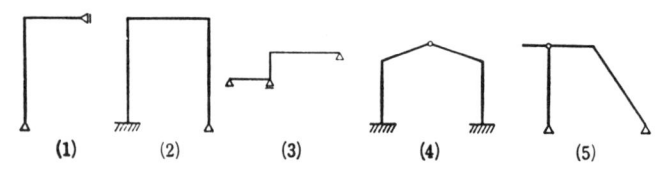

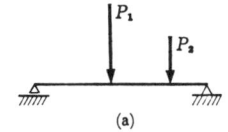

§2. 荷　　　重

=== 基本事項 ===

荷重の種類

(1) **集中荷重**
　　記号：P または W　　単位：N，kN

(2) **等分布荷重**
　　記号：w　　単位：N/m，kN/m

(3) **等変分布荷重**
　　記号：w　　単位：N/m，kN/m

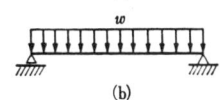

(4) **移動荷重**
　　記号：P または W　　単位：N，kN

(5) **モーメント荷重**
　　記号：M　　単位：N·m，kN·m

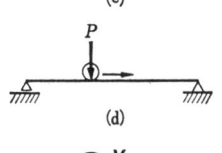

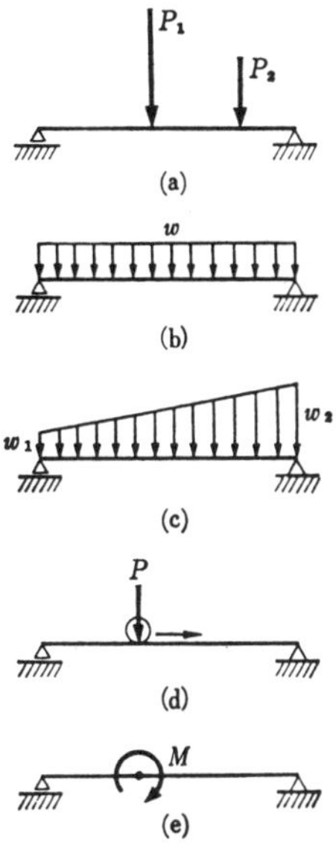

図 2-4

荷重の種類

　構造物には，材料の自重，物品などの積載物の重さ，地震・雪・風などの各種の力が作用する。これら構造物に作用する力を**荷重**という。構造設計を学ぶにあたっては，まず最初に，積載物あるいは地震・風などという具体的な荷重を考えないで，その作用する状態から区別し，構造物の計算を進めていく。荷重の作用する状態から**集中荷重**(部材の1点に作用する荷重)，**等分布荷重**(部材に均等に分布して作用する荷重)，**等変分布荷重**(大きさが一定の割合で変化する荷重)，**移動荷重**(部材上に移動して作用する荷重)，**モーメント荷重**(部材上の1点に作用するモーメントの荷重)がある。

≪例題1≫

下図(a), (b)に示した荷重の合力の大きさと作用位置を求めよ。

考え方 等分布荷重および等変分布荷重の合力の大きさはその図形の面積で、作用する位置は、図形の重心である。

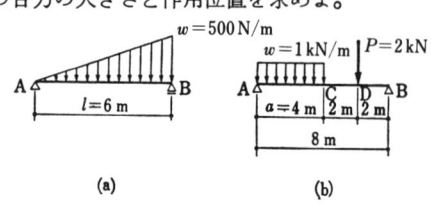

(図2-5(a), (b))

解き方 図2-5(a)において、合力の大きさ(全荷重 W)は、

$$W = w \times l \times \frac{1}{2} = 500 \times 6 \times \frac{1}{2} = 1500\text{N}$$

合力の作用する位置は重心の位置に相当する。

$$r = \frac{2l}{3} = \frac{2 \times 6}{3} = 4\text{m}$$

答 合力1500N、作用する位置Aより4m

図2-5(b)において、等分布荷重の合力の大きさ(全荷重 W)は、

$$W = w \times a = 1 \times 4 = 4\text{kN}$$

$W=4$kNと集中荷重 $P=2$kNの合力の作用する位置は、バリニオンの定理により求めればよい。A点から合力の作用する距離を r とすれば、$r = \dfrac{4 \times 2 + 2 \times 6}{6} ≒ 3.3$m

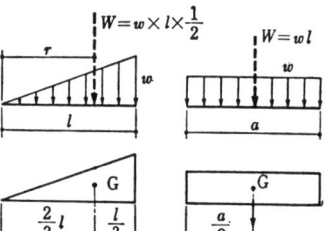

A点より3.3mの位置。 **答** 合力6kN 作用する位置A点より3.3m

図2-5

【問1】 図に示した荷重の合力の大きさを求めよ。

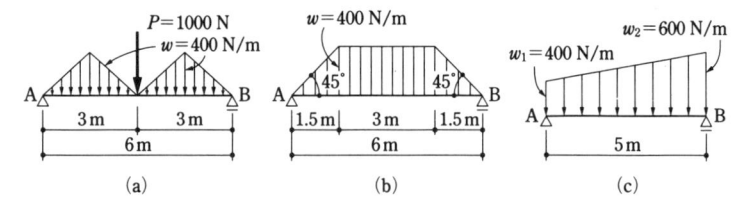

(a) $P=1000$N, $w=400$N/m, 3m + 3m = 6m

(b) $w=400$N/m, 45°, 1.5m + 3m + 1.5m = 6m

(c) $w_1=400$N/m, $w_2=600$N/m, 5m

§3. 骨組の種類，構造物の安定・不安定

基本事項

1. 骨組の種類

構造物は，部材の形状・組み合わせ方・節点および支点の構造から次のように分類する。

① はり　　　(a) 片持ばり　(b) 単純ばり　(c) 固定ばり　(d) 連続ばり

② トラス　　(e) 片持ばり系トラス　(f) 単純ばり系トラス　(g) 平行弦トラス

③ ラーメン

④ 合成骨組　(h) 3ヒンジトラス　(i) 2ヒンジトラス

⑤ アーチ

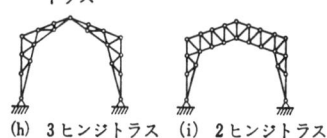

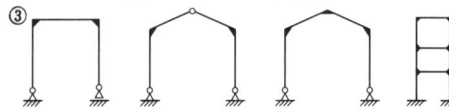

⑥ シェル　　(j) 静定ラーメン　(k) 3ヒンジラーメン　(l) 2ヒンジラーメン　(m) 長方形ラーメン

⑦ 折板

(n) 合成骨組　(o) 3ヒンジアーチ　(p) 2ヒンジアーチ　(q) 固定アーチ

(r) シェル(円筒形)　(s) 球形シェル(ドーム)　(t) 折板構造

図 2-6

2. 構造物の安定・不安定

(1) 安定構造物
  - 形の安定……滑節点で接合されている骨組は，各部が3材で区切られる必要がある。
  - 支持の安定……支点の反力数が3以上で，次の条件を

みたすもの。
a) 左右に移動しないこと。
b) 上下に移動しないこと。
c) 回転しないこと。

(2) **不安定構造物** ｛支持の不安定……支点の反力数が2以下の場合。
　　　　　　　　　（外的不安定）
　　　　　　　　　形の不安定……滑節点で接合される骨組では，各
　　　　　　　　　（内的不安定）　部が4材で区切られている場合。

3. 構造物の静定・不静定

安定構造物 ｛静定構造物……力のつりあい条件のみで，反力，応力
　　　　　　　　　　　　　　が求められる構造物。
　　　　　　不静定構造物……力のつりあい条件だけでなく，骨組各
　　　　　　　　　　　　　　部の変形条件などを考えないと，反力，
　　　　　　　　　　　　　　応力が求められない構造物。

---

1. 骨組の種類

① は　　り：1あるいは2以上の支点でささえられ，曲げ作用を受ける部
　　　　　　材をいう。(図2-6(a)〜(d))
② トラス：部材が滑節点で接合されている骨組で，ふつうは，部材が三
　　　　　　角形で組み合わされている。(図2-6(e)〜(i))
③ ラーメン：部材が剛に接合された骨組で，鉄筋コンクリート造や全溶
　　　　　　　接の鉄骨構造の骨組に用いる場合が多い。(図2-6(j)〜(m))
④ 合成骨組：トラスとラーメンを組み合わせた骨組。(図2-6(n))
⑤ アーチ：材軸が曲線状をしている構造体。(図2-6(o)〜(q))
⑥ シェル：材が曲面板状をしている構造物。(図2-6(r)〜(s))
⑦ 折　　板：平面板をある角度に折り曲げて構成した構造物。(図2-6(t))

2. 構造物の安定・不安定

構造物にいろいろな外力が作用したとき，その構造物が移動したり，形が

くずれたりしてはならない。つまり，構造物は安定でなければならない。

構造物の安定，不安定の判別は，力のつりあい条件式やその他の判別式で判別する方法もあるが，視察によってもある程度判別することができる。

(1) 形の安定　図2-7(a)のように滑節点で四辺形を構成する骨組は，外力によって容易に変形するので**不安定構造物**である。しかし，図(b)のように斜材を入れるか，図(c)のように節点の一つを剛にすれば**安定構造物**となる。

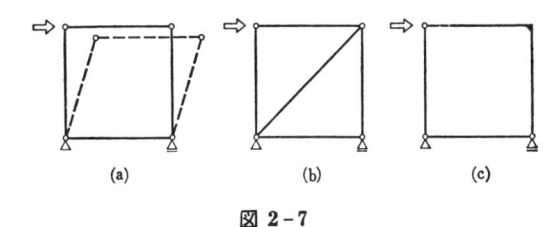

図 2-7

(2) 支持の安定　構造物は，その支点の支持のしかたによって不安定となることがある。支持の安定の条件は基本事項に示すとおりで，図2-8(a)は形はくずれないが移動するから不安定構造物で，図2-8(b)のように一端を回転端とすれば，移動がとまり安定構造物となる。

3. 構造物の静定・不静定

構造物の静定・不静定の判別も各種の方法や判別式があるが，視察によってもある程度判別することができる。

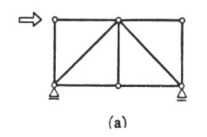

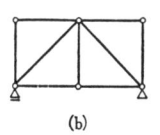

図 2-8

図2-9に示すトラスの支持法は，いずれも静定であるから構造物は移動しないが，図(a)の骨組は，滑節点で四辺形 a b c d を構成しているから，形は不安定であり，不安定構造物である。図(b)，(c)はいずれも滑節点で三角

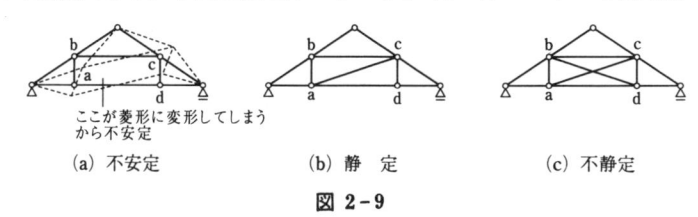

ここが菱形に変形してしまうから不安定

(a) 不安定　　　(b) 静　定　　　(c) 不静定

図 2-9

形が構成されているから安定構造物である。しかし，図(b)の骨組は，部材 a c を 1 本取り除くと図(a)の形となり不安定となる。また図(c)の骨組は，部材 b d を取り除いても，図(b)と同じ形となり安定性はくずれない。

また図 2 - 10(a)のような形は安定であるが，図(c)のように 1 個の節点を滑節点にかえれば形が不安定となる。したがって，図 2 - 9(b)，図 2 - 10(a)のように，1 部材を取り去るか，節点の接合をかえることにより不安定となる構造物は**静定構造物**である。

同じように，図 2 - 11(b)の四辺形内の部材を 1 本取り除いても図(a)と同じ形になり，安定性はくずれない。また，図 2 - 10(b)の剛節点の 1 個を図(d)のように滑節点にかえても，安定性はくずれない。このように，1 部材を取り去るか，または節点の接合をゆるめても，なお，安定の構造物は**不静定構造物**である。

支持の不静定を外的不静定，形の不静定を内的不静定という。

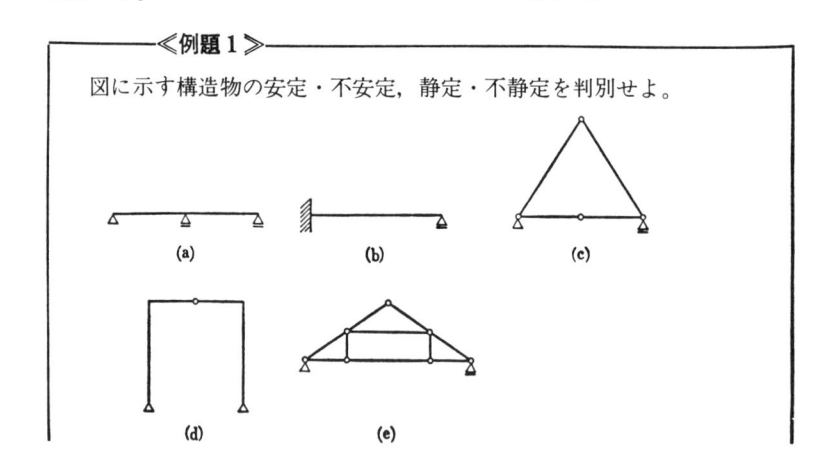

静定ラーメン　不静定ラーメン　静定ラーメン　不安定
(d)　(b)　(a)　(c)

図 2 - 10

不静定トラス　静定トラス　不安定
(b)　(a)　(c)

図 2 - 11

―≪例題 1 ≫―

図に示す構造物の安定・不安定，静定・不静定を判別せよ。

(a)　(b)　(c)

(d)　(e)

§3. 骨組の種類，構造物の安定・不安定　39

> **考え方** 基本事項および解説により判別する。
>
> **答** a) 反力数4，安定，不静定。
> b) 反力数4，安定，不静定。
> c) 不安定構造物　垂直な材を1本入れることにより安定構造物となる。
> d) 反力数は4であるが，部材の中央部に滑節点があるので静定構造物。
> e) 不安定構造物　中央の四辺形のところに斜材を1本入れることにより安定構造物とすることができる。

【問1】 図に示す構造物について安定・不安定，静定・不静定を判別し，不安定構造物については，安定構造物とするためにはどんな方法があるかを考えよ。

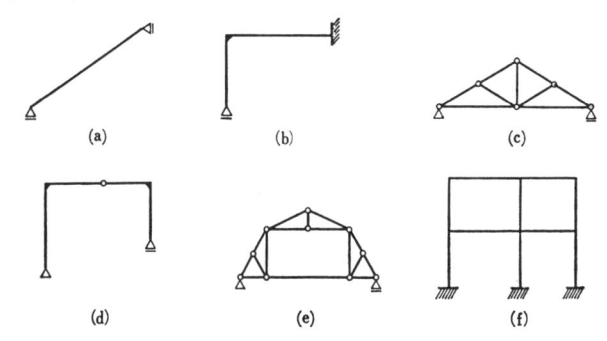

(a)　(b)　(c)

(d)　(e)　(f)

【問2】 図の構造物の判別で，誤っているのは次のうちどれか。

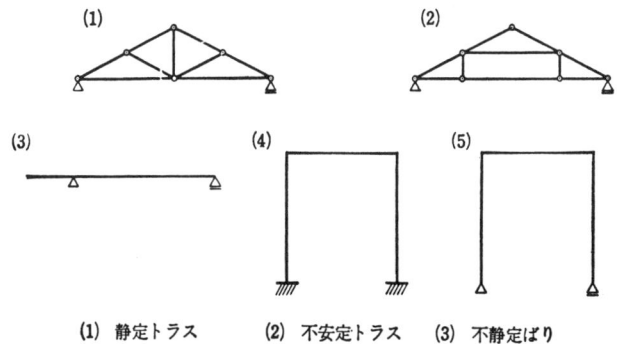

(1)　(2)

(3)　(4)　(5)

(1) 静定トラス　(2) 不安定トラス　(3) 不静定ばり
(4) 不静定ラーメン　(5) 静定ラーメン

§4. 反　　力

基本事項

1. 反力と反力数

(1) **移動端**　　垂直反力
　　　　反力数：1
(2) **回転端**　　垂直反力,
　　　　　　　　水平反力
　　　　反力数：2
(3) **固定端**　　垂直反力, 水平反力, 支持モーメント
　　　　反力数：3

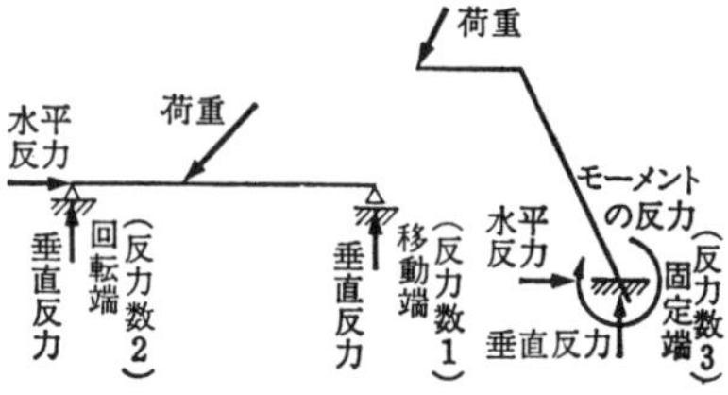

図 2-12

2. 反力の求め方

(1) **算式条件**
　　$\sum X=0$, $\sum Y=0$, $\sum M=0$ の力の条件式がなりたつこと。(2-1)
(2) **図式条件**
　　示力図・連力図が閉じること。(2-2)

---

1. 反力と反力数

　構造物に荷重が作用したとき，構造物全体は，作用した荷重と構造物をささえている支点に生じる力とがつりあうことにより，移動も回転もしないで静止の状態を保つことができる。このように荷重に対応して構造物の支点に生じる力を**反力**という。前に学んだように，反力の数は3種類の支持法によって図2-12のように決める。実際の構造物は，荷重が作用すると微少な変形を生じるが，静定構造物の反力を求めるときは，その変形による影響を無視して求めるのがふつうである。

2. 反力の求め方

　構造物の反力の大きさや向きは，作用する荷重の作用のしかた，荷重の状

§4. 反　　　力

態，支点の種類により図式解法または算式解法により求めるが，それぞれの条件は力のつりあいで学んだように算式条件(2-1)および図式条件(2-2)である。これから学ぶ静定構造物の解法にあたっては，まず最初に，支点に生じる反力の大きさ，向きを正確に求めることがたいせつである。

≪例題1≫

図(a)のように，はりに集中荷重 P が作用するとき，支点 A，B に生じる反力を算式解法により求めよ。また，$P=20\mathrm{kN}$，$l=5\,\mathrm{m}$，$a=2\,\mathrm{m}$，$b=3\,\mathrm{m}$，$\theta=60°$ として計算してみよ。

考え方 荷重 P を X，Y 方向に分解し，A，B点の反力の方向を仮定し，$\Sigma X=0$，$\Sigma Y=0$，$\Sigma M=0$ により求めればよい。一般式の次の括弧内は数値によって計算したものである。

解き方 図(b)のようにA，B点に生じる反力を H_A，V_A および R_B とし，その方向を図のように仮定する。

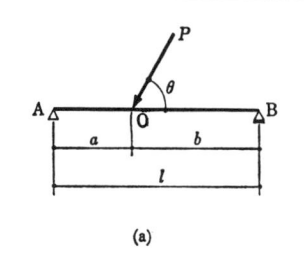

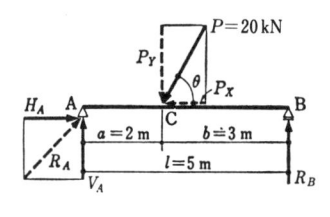

図 2-13

荷重 P を X，Y 方向に分解すれば，

$P_X = P\cos\theta$ 　　　　$P_Y = P\sin\theta$

$(=20\times\cos 60°=20\times\dfrac{1}{2}=10\mathrm{kN})$ 　$(=20\times\sin 60°=20\times\dfrac{\sqrt{3}}{2}=17.3\mathrm{kN})$

$\Sigma X=0$ より

　　$-P\cos\theta + H_A = 0$ 　　∴ 　$H_A = P\cos\theta$

　　$(-10\mathrm{kN}+H_A=0)$ 　　　　$(H_A=10\mathrm{kN})$

$\Sigma M_B=0$ より 　（$\Sigma M_B=0$ とは，B点での回転運動のつりあいを示す）

　　$V_A\times l - P\sin\theta\times b = 0$ 　$(V_A\times 5 - 17.3\times 3 = 0)$

　　$V_A = \dfrac{Pb\sin\theta}{l}$ 　$\left(V_A = \dfrac{51.9}{5} = 10.4\mathrm{kN}\right)$

42　第2章　構　造　物

A点の反力の合力 R_A は $R_A=\sqrt{H_A{}^2+V_A{}^2}$ で求められる。

$\Sigma Y=0$ より

$$V_A+R_B-P\sin\theta=0$$

$$\frac{Pb\sin\theta}{l}+R_B-P\sin\theta=0 \quad \therefore \quad R_B=\frac{Pa\sin\theta}{l}$$

$$(10.4+R_B-17.3=0) \quad (R_B=6.9\text{kN})$$

V_A, R_B の反力は上向きを仮定し，方程式を解いて結果が正(+)であるから仮定は正しい。もし，結果が負(−)の場合は仮定が逆であり，反力の方向は下向きである。

また，$\Sigma Y=0$ の条件によらないで，

$\Sigma M_A=0$ より　$-R_B \times l+P\sin\theta \times a=0 \quad (-R_B\times 5+17.3\times 2=0)$

$$\therefore \quad R_B=\frac{Pa\sin\theta}{l} \text{ により求めてもよい。}$$

$\left(R_B=\dfrac{17.3\times 2}{5}=6.9\text{kN}\right)$ 　【答】 $H_A=10\text{kN}$, $V_A=10.4\text{kN}$, $R_B=6.9\text{kN}$

【問1】　下図(a), (b)のはりに図のような荷重が作用するとき，A, B点の反力を算式解法により求めよ。

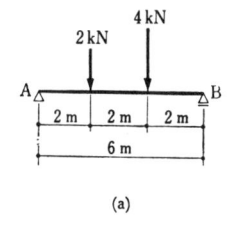

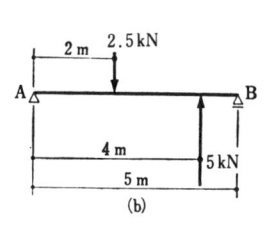

(a)

(b)

≪例題2≫

図に示すはりに集中荷重 P が作用するとき，B点の反力を求めよ。また，$P=3\text{kN}$, $l=5\text{m}$, $a=4\text{m}$, $\theta=60°$ として計算せよ。

考え方　固定端Bに生じる反力は，水平および垂直方向と支持モーメントであるから，条件式に基づいて解けばよい。

解き方　B点の反力を H_B, V_B および R_{MB} とし，

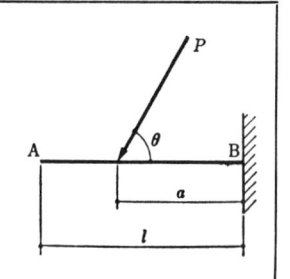

§4. 反　　　力　**43**

その向きを図のように仮定する。荷重 P を X, Y 方向に分解する。＜例題1＞と同様に，一般式の次の括弧内は数値によって計算したものである。

$\Sigma X = 0$ より

$-P\cos\theta + H_B = 0$　∴　$H_B = P\cos\theta$

$(-3 \times \cos 60° + H_B = 0)$　$(H_B = 1.5\text{kN})$

$\Sigma Y = 0$ より

$-P\sin\theta + V_B = 0$　∴　$V_B = P\sin\theta$

$(-3 \times \sin 60° + V_B = 0)$

$\left(V_B = 3\sin 60° = 3 \times \dfrac{\sqrt{3}}{2} = 2.6 \text{ kN}\right)$

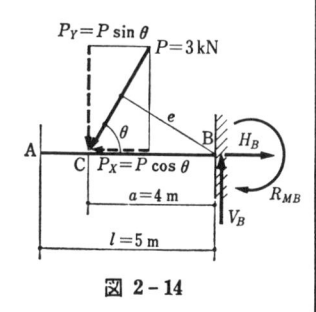

図 2-14

$\Sigma M_B = 0$ より

$-P\sin\theta \times a + R_{MB} = 0$　∴　$R_{MB} = Pa\sin\theta$

$(-2.6 \times 4 + R_{MB} = 0)$　$(R_{MB} = 10.4\text{kN}\cdot\text{m})$

また R_{MB} は，次の方法によって求めてもよい。

B点から P の作用線までの距離を e とすれば，

$e = a\sin\theta$　$\left(e = 4 \times \sin 60° = 4 \times \dfrac{\sqrt{3}}{2} = 2\sqrt{3}\text{ m}\right)$

$-Pe + R_{MB} = 0$　∴　$R_{MB} = Pe$

$(-3 \times 2\sqrt{3} + R_{MB} = 0)$　$(R_{MB} = 10.4\text{kN}\cdot\text{m})$

答　$H_B = 1.5\text{kN},\quad V_B = 2.6\text{kN},\quad R_{MB} = 10.4\text{kN}\cdot\text{m}$

≪例題3≫

図に示すはりに，等分布荷重 $w = 400$ N/m 作用するとき，A，B点の反力を求めよ。

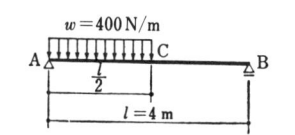

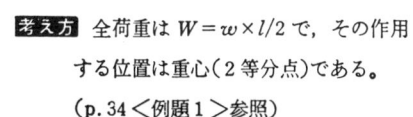

考え方　全荷重は $W = w \times l/2$ で，その作用する位置は重心（2等分点）である。
（p.34＜例題1＞参照）

解き方　反力の向きを図のように仮定する。

全荷重 $W = w \times l/2$ であるから，

$W = 400\text{N/m} \times 2\text{m} = 800\text{N}$

X方向の力はないので $\Sigma X=0$ の方程式を作る必要はない。

$\Sigma Y=0$ より　　$R_A-800+R_B=0\cdots(1)$

$\Sigma M_A=0$ より　　$-R_B\times 4+800\times 1=0$

$\therefore R_B=\dfrac{800}{4}=200\,\mathrm{N}\cdots\cdots(2)$

$R_B=200\,\mathrm{N}$ を(1)式に代入すると，

$R_A-800+200=0$

$\therefore R_A=600\,\mathrm{N}$

図 2-15

答　$R_A=600\,\mathrm{N}$，$R_B=200\,\mathrm{N}$

荷重$W=800\,\mathrm{N}$（下向き）に対して，反力の合計 $R_A+R_B=800\,\mathrm{N}$（上向き）であり，力はつりあっている。

【問2】 図に示すはりに等分布荷重が作用するとき，支点に生じる反力を求めよ。

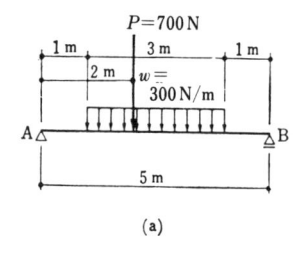

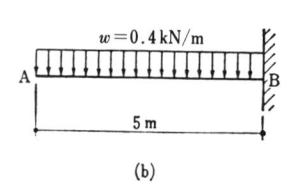

(a)　　　　　　　　　　　　　　　(b)

≪例題 4≫

図に示す骨組のA点に $P=400\,\mathrm{N}$ が作用するとき，B，C点の反力を図式解法，算式解法により求めよ。

(1) **図式解法**

考え方 力のつりあい条件によって示力図が閉じればよい。

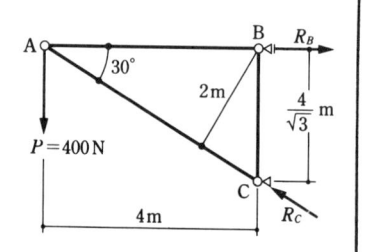

解き方 図2-16のように $P=400\,\mathrm{N}$ を適当な尺度（たとえば1cm=100 N）でかき，$\overline{ab}$であらわし，bから反力 R_B に，aから反力 R_C にそれぞれ平行線を引き，その交点をcとし，作図の順序により a$\longrightarrow$b，b$\longrightarrow$c，

§4. 反 力　45

c → a の順に矢印をつければ，$\overline{bc}$ は R_B，$\overline{ca}$ は R_C の大きさと向きをあらわす。なお，R_C の水平・垂直方向の分力を求めると V_C，H_C である。

　　　答　$R_B = 693\,\text{N}$，$R_C = 800\,\text{N}$

図 2-16

(2) 算式解法

[考え方]　＜例題1〜3＞と骨組の形は違うが，条件式 $\Sigma X = 0$，$\Sigma Y = 0$，$\Sigma M = 0$ により求めればよい。

[解き方]　反力 R_B，R_C の向きを図 2-17 のように仮定する。

$\Sigma M_C = 0$ より

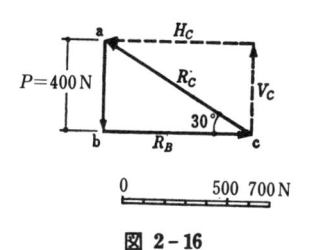

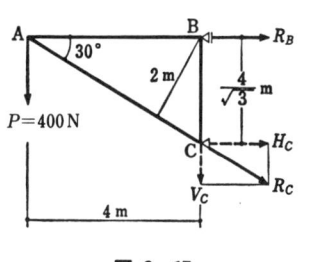

図 2-17

$$-400 \times 4 + R_B \times \frac{4}{\sqrt{3}} = 0$$

$$\therefore\ R_B = \frac{1600\sqrt{3}}{4} \fallingdotseq 692.8\,\text{N}$$

$\Sigma M_B = 0$ より　（つりあう3力は1点に会するので，R_C の作用線はAを通る）

$$-400 \times 4 + R_C \times 2 = 0 \quad \therefore\ R_C = \frac{1600}{2} = 800\,\text{N}$$

反力 R_C を水平・垂直の方向に分解すると，

$$H_C = R_C \times \cos 30°$$

$$= 800 \times \frac{\sqrt{3}}{2} \fallingdotseq 692.8\,\text{N}$$

$$V_C = R_C \times \sin 30°$$

$$= 800 \times \frac{1}{2} = 400\,\text{N}$$

　　　　　　　　答　$R_B = 692.8\,\text{N}$，$R_C = 800\,\text{N}$

【問3】 右図に示す構造物のA，B点の反力を求めよ。

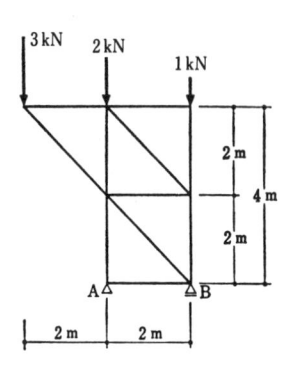

―≪例題5≫―

図に示す荷重 $P_1=3\text{kN}$, $P_2=2\text{kN}$ が作用するラーメンのA，B点の反力を求めよ。

考え方 $\Sigma X=0$, $\Sigma Y=0$, $\Sigma M=0$ の条件により求める。

解き方 図のように反力 H_A, V_A, R_B を仮定する。

$\Sigma X=0$ より $\quad -H_A+3\text{kN}=0$

$$\therefore\ H_A=3\text{kN}$$

$\Sigma M_B=0$ より

$$V_A\times 3+3\times 2-2\times 1.5=0$$

$$\therefore\ V_A=\frac{-3}{3}=-1\text{kN}$$

結果が負(−)になったのは，仮定が反対であったためで，V_A は下向きとなる。

$\Sigma M_A=0$ より

$$-R_B\times 3+2\times 1.5+3\times 2=0$$

$$\therefore\ R_B=\frac{9}{3}=3\text{kN}\ (仮定どおりでよい)$$

答 $H_A=3\text{kN}(左向き)$, $V_A=1\text{kN}(下向き)$, $R_B=3\text{kN}(上向き)$

§4. 反　　　力　**47**

<演　習　問　題>

1. 下図に示す荷重が作用する構造物の支点に生じる反力を，それぞれ算式解法により求めよ。

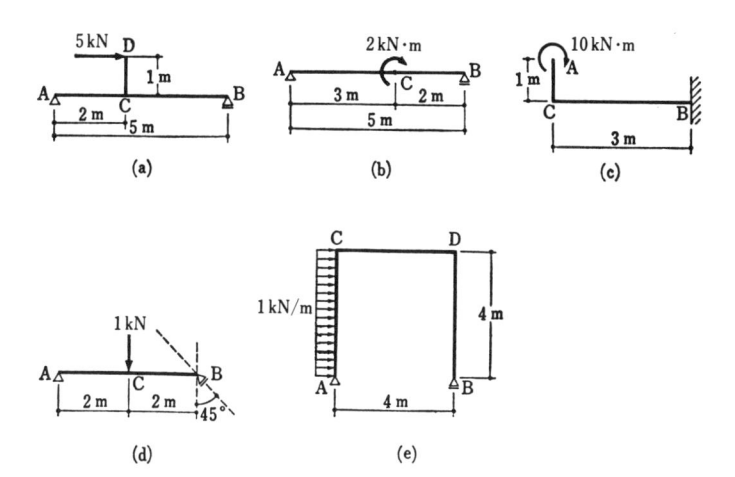

(a) (b) (c) (d) (e)

2. 図のようなはりのA点の反力の大きさで，正しいものは次のうちどれか。

1)　−2kN　　2)　−1kN　　3)　0
4)　+1kN　　5)　+2kN

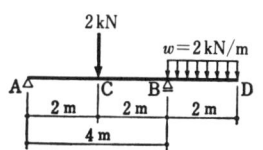

3. 図に示す荷重が作用するはりのA，B両支点の反力の組み合わせで，正しいものは次のうちどれか。

	A点の反力	B点の反力
1)	0,	上向き 1.0kN
2)	上向き 0.5kN,	上向き 0.5kN
3)	上向き 0.2kN,	上向き 1.2kN
4)	下向き 0.2kN,	上向き 1.2kN
5)	上向き 1.0kN,	0

4. 図に示すようにはしごを掛けたとき，B点の水平反力 R_B で正しいものは次のうちどれか。

1) 12.5N　　2) 25.0N
3) 37.5N　　4) 45.0N
5) 50.0N

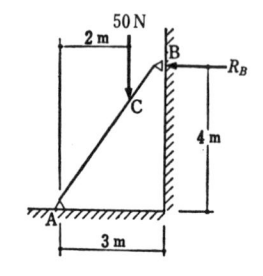

5. 図のラーメンのC点に水平力Pが作用して，B点に上向き2kNの反力が生じたとき，Pの大きさで正しいものは次のうちどれか。

1) 2kN　　2) 3kN　　3) 4kN
4) 5kN　　5) 6kN

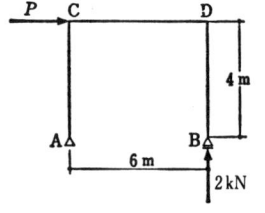

6. 右図のA点に反力が生じないとき，集中荷重Pと等分布荷重 w との関係で正しいものは，次のうちどれか。

1) $P=0.5\,wl$　　2) $P=wl$
3) $P=1.5\,wl$　　4) $P=2\,wl$
5) $P=2.5\,wl$

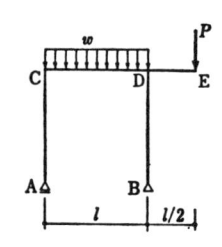

《第3章》
静定構造物の応力

　これまで学んできたように，構造物にはいろいろな形式のものがあり，これにはたらく荷重にもいろいろな種類がある。このように，構造物に荷重が作用すると，構造物の各部材内には部材を曲げようとする力，部材を引っぱる力，あるいは押しつぶそうとする力など各種の力がはたらく。これらを応力とよび，本章で学ぶ。この章では，各種の構造物のうち，前章で学んだように"力のつりあい条件"だけを用いて応力を求めることのできる静定構造物のはり，ラーメン，トラスを対象として学ぶ。

第3章 静定構造物の応力

§1. 応　　　力

===== 基本事項 =====

1. 外力と応力

(1) **外　力**：構造物の外部から作用する力。すなわち，荷重と反力
　　記号：〔荷重〕P, W,　〔反力〕R, V, H

(2) **応　力**：構造物に外力が作用したとき，骨組の部材内に力が生じ，外部からの力とつりあい，骨組は一定の形を保つ。この部材内に生ずる力を部材の応力という。

2. 応力の種類

(1) **軸方向力**：外力が材軸方向に作用するときの応力　（図3-1(a)）
　　記号：N　　単位：N, kN　　符号：引張力($+$)　圧縮力($-$)

(2) **せん断力**：外力が，部材の材軸に対して垂直の方向にせん断しようとするときに生ずる応力　（図3-1(b)）
　　記号：Q　左図の場合($+$)，右図の場合($-$)　　単位：N, kN
　　符号：ずれが時計回りのときを($+$)，反時計回りを($-$)とする。

(3) **曲げモーメント**：外力が部材を曲げようとするとき生じる1対のモーメント　（図3-1(c)）

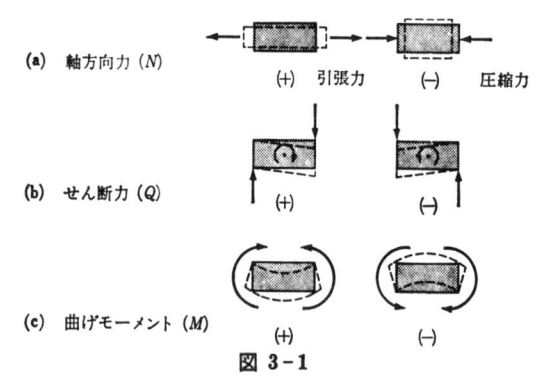

(a)　軸方向力 (N)
(b)　せん断力 (Q)
(c)　曲げモーメント (M)

図 3-1

　　記号：M　　単位：N・cm, N・m, kN・m

§1. 応　　　力　51

符号：水平材の場合下側にふくらむとき（下側が凸に曲がる）（＋）
　　　上側にふくらむとき（上側が凸に曲がる）（－）

1. 外力と応力

図 3-2 (a) のように1本の棒 AB の A 点に外力 W がかかるとき，B点には反力 R_B が生じ，$R_B=W$ で向きが反対で力のつりあい条件を満足している。（図 3-2 (b)）

このつりあい条件は，部材のどの部分についてもなりたたなければならない。

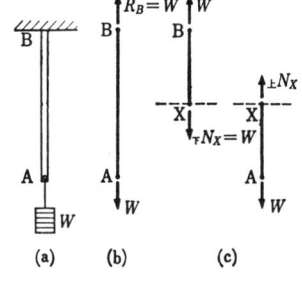

図 3-2

いま，図 3-2(c) のように部材を任意の点 X で仮りに切断すれば，X 点の下方 AX 部分では，X点に力 $_LN_X$ が生じ W とつりあう。すなわち，$_LN_X=W$ である。同じようにX点の上部においても $_FN_X=R_B$ である。このように，構造物に外力が作用すると，構造物の内部には，大きさが等しく，向きが反対の力が生じて力がつりあう。この1対の力を**応力**とよぶ。

2. 応力の種類

(1) **軸方向力**　外力が材軸方向に作用するときの力をいい，材を互いに引っぱろうとする力を**引張力**，また，材を互いにおしあう力を**圧縮力**という。

図 3-3 のはりにおいて，反力は

$$H_A = P\cos\theta, \quad V_A = \frac{Pb\sin\theta}{l}, \quad R_B = \frac{Pa\sin\theta}{l}$$

であるから (p.53＜例題1＞参照)，図 3-4(a) のように A～C 間の任意の点 X_1 で仮に切断して考えれば，点 X_1 では，左側 $H_A=P\cos\theta$，右側 $P_{X_1}=P\cos\theta$ がはたらき，互いに部材を圧縮する力であるから（－）とする。

したがって，$N_{X_1} = -H_A$
$$= -P\cos\theta$$

次に，C～B 間の任意の点 X_2 では，その左側の部分にはたらく力のつりあいを考えると，X_2 点の左側には

$$H_A - P_X = P\cos\theta - P\cos\theta = 0 \quad \therefore \quad N_{X_2} = 0$$

したがって，A～C間のみ圧縮力がはたらき，

$$N_{A\sim C} = -P\cos\theta$$
$$N_{C\sim B} = 0$$

である。

(2) **せん断力** 部材の材軸に対し垂直方向にせん断するように生ずる応力をいう。

図3-4(b)でA～C間の任意の点X_1でのせん断力 左Q_{X_1} は，X_1で切断した仮想部材AX_1のつりあい条件より，

$$左Q_{X_1} = V_A = \frac{Pb\sin\theta}{l}$$

これはA～C間のすべてになりたつので $Q_{A\sim C} = \dfrac{Pb\sin\theta}{l}$

C～B間の任意の点X_2では

$$左Q_{X_2} = \frac{Pb\sin\theta}{l} - P\sin\theta$$
$$= -\frac{Pa\sin\theta}{l}$$

したがって

$$Q_{C\sim B} = -\frac{Pa\sin\theta}{l}$$

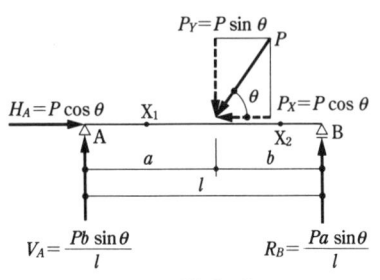

図 3-3

$V_A = \dfrac{Pb\sin\theta}{l}$ $\quad R_B = \dfrac{Pa\sin\theta}{l}$

(a) 軸方向力
$N_{X_1} = -P\cos\theta$

(b) せん断力
$V_A = \dfrac{Pb\sin\theta}{l}$

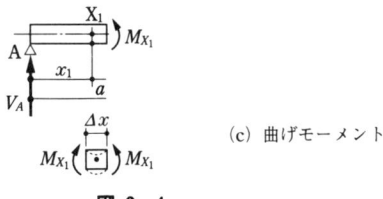

(c) 曲げモーメント

図 3-4

(3) **曲げモーメント** 外力が，部材を曲げようとするときに生じる1対のモーメントをいう。

図3-4(c)について，A～C間の任意の点X_1において，A点からの距離

§1. 応　　　力　53

を x_1 とすれば，A～C間にはたらく力の X_1 点に対するモーメントの和と，仮想切断面の右側に生ずる M_{X1} とのつりあい条件 $\Sigma M=0$ より，

$$_{左}M_{X1}=V_A x=\left(\frac{Pb\sin\theta}{l}\right)x$$

これは，右側に作用する P_Y と R_B の X_1 点に作用するモーメントの和と同じであって，材を下側にふくらませる（下側が凸になる（･））作用をしている。

同様に，C～B間の任意の X_2 では

$$M_{X2}=V_A x_2-P\sin\theta(x_2-a)$$
$$=\frac{Pb\sin\theta}{l}\cdot x_2-P\sin\theta(x_2-a)$$

また，C点では $x=a$ であるから，$M_C=V_A a=\dfrac{Pab\sin\theta}{l}$

すなわち，曲げモーメントの値は，A点で $M_A=0$（∵ $x=0$） A～C間では，A点から距離に比例して増加し，C点で最大値となり，C～B間では減少し，B点では $M_B=0$ となる。

軸方向力，せん断力，曲げモーメントはもちろん，右側の部分の力のつりあいから求めてもさしつかえない。

───≪例題１≫───

図に示すはりに集中荷重 $P=100\,\mathrm{N}$ が作用するとき，各点の軸方向力，せん断力，曲げモーメントを求めよ。

考え方 反力 H_A, V_A, R_B を求め，ついで各点の N, Q, M を順次求めればよい。

解き方 (1) 反力を求める。

$\Sigma X=0$ より　$H_A-P\cos\theta=0$

$\qquad H_A=P\cos\theta$　∴　$H_A=50\,\mathrm{N}$

$\Sigma M_B=0$ より　$V_A\times 5-P\sin\theta\times 2=0$　　$5V_A-100\times\dfrac{\sqrt{3}}{2}\times 2=0$

$\qquad$ ∴　$V_A=100\times\dfrac{\sqrt{3}}{5}=20\sqrt{3}\fallingdotseq 34.6\,\mathrm{N}$

$\Sigma M_A = 0$ より　　$-R_B \times 5 + P\sin\theta \times 3 = 0$

$$-5R_B + 100 \times \frac{\sqrt{3}}{2} \times 3 = 0$$

$$\therefore R_B = 100 \times \frac{3\sqrt{3}}{10} = \sqrt{3} \fallingdotseq 52\,\mathrm{N}$$

(2) 軸方向力(N)を求める。解説2のように，**はりのある点の軸方向力はその点から左(または右)の外力の軸方向分力の総和を求めればよい。**

したがって，　$N_{A \sim C} = -H_A = -50\,\mathrm{N}$ （($-$)は向きが図と反対 ← になることを示す）

$$N_{C \sim B} = H_A - P\cos\theta = 50 - 50 = 0$$

(3) せん断力(Q)を求める。**はりのある点のせん断力は，その点から左(または右)の材軸に直角な分力の総和を求めればよい。**

A〜C間では，　A点　$Q_A = V_A = 34.6\,\mathrm{N}$　($\uparrow\downarrow(+)$)

　　　　　　　　C点　$_左Q_C = V_A = 34.6\,\mathrm{N}$　($\uparrow\downarrow(+)$)

したがって，$Q_{A \sim C}$ 間では 34.6 N の一定のせん断力がはたらく。

C〜B間では，

$$_右Q_C = V_A - P_Y = 20\sqrt{3} - 50\sqrt{3} = -30\sqrt{3} \fallingdotseq -52\,\mathrm{N}\ (\downarrow\uparrow(-))$$

$$Q_B = V_A - P_Y = 20\sqrt{3} - 50\sqrt{3} = -30\sqrt{3} \fallingdotseq -52\,\mathrm{N}\ (\downarrow\uparrow(-))$$

したがって，C〜B間では $-52\,\mathrm{N}$ の一定のせん断力がはたらく。

(4) 曲げモーメント(M)を求める。**はりのある点の曲げモーメントは，その点から左(または右)の外力のモーメントの総和を求めればよい。**

$$M_A = V_A \times 0 = 0$$

$$M_C = V_A \times 3\,\mathrm{m} = 20\sqrt{3}\,\mathrm{N} \times 3\,\mathrm{m} = 103.9\,\mathrm{N\cdot m}$$

$$M_B = V_A \times 5\,\mathrm{m} - P_Y \times 2\,\mathrm{m} = 20\sqrt{3}\,\mathrm{N} \times 5\,\mathrm{m} - 50\sqrt{3}\,\mathrm{N} \times 2\,\mathrm{m} = 0$$

答　軸方向力　$N_{A \sim C} = -50\,\mathrm{N}$(圧縮力)，$N_{C-B} = 0$

　　　せん断力　$Q_{A \sim C} = 34.6\,\mathrm{N}(+)$, $Q_{C \sim B} = -52\,\mathrm{N}(-)$

　　　曲げモーメント　$M_A = 0$, $M_C = 103.9\,\mathrm{N\cdot m}$, $M_B = 0$

【問1】　図に示すはりの各点のせん断力および曲げモーメントを求めよ。

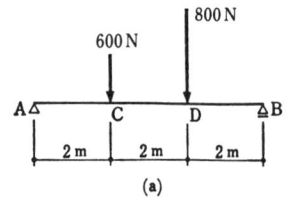

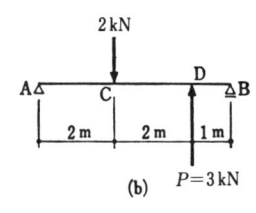

§2. 単 純 ば り

1. 単純ばりの解法

基本事項

1. 解法の順序

(1) **支点の反力を求める。** 力のつりあい条件により ($\sum X=0$, $\sum Y=0$, $\sum M=0$)，両支点の反力を求める。

(2) **応力を求める。** はりの各点について，

 a) 曲げモーメント(M)
 b) せん断力(Q)   を求める。
 c) 軸方向力(N)

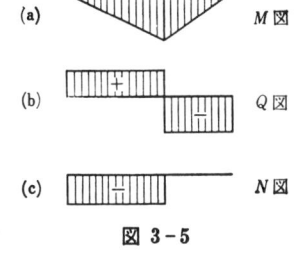

2. 応力図をかく。

求めた M, Q, N により，

 曲げモーメント図 (M図) 図3-5(a)
 せん断力図 (Q図)   図3-5(b)   をかく。
 軸方向力図 (N図)   図3-5(c)

図 3-5

---

1. 単純ばりの解法の順序

単純ばりとは，図3-5のように一端を**回転端**，他端を**移動端**によってささえられたはりで，この支持法を**単純支持**という。はりの各部の曲げモーメント，せん断力，軸方向力の大きさや向きを求めることを，**はりを解く**という。また，これらを図にあらわしたものを**応力図**といい，**曲げモーメント図**（M図），**せん断図**（Q図），**軸方向力図**（N図）がある。求める順序は，必ずしも上記によらなくてもよく，せん断力を先に求めることもある。ここでは，基本事項1によった。

2. 応力図のかきかた

(1) 曲げモーメント図（M図）

はりを解いて求めた各点の曲げモーメントの大きさを図3-5(a)のようにあらわしたものを，曲げモーメント図という。求めた曲げモーメントの**値が正の場合ははりの下側に，負の場合ははりの上側に**，材軸に垂直な長さであらわす。すなわち，曲げモーメント図は材が水平，鉛直にかかわらず，引張側（凸側）にあらわす。

(2) せん断力図（Q図）

求めた各点のせん断力の大きさを図3-5(b)のようにあらわしたものを，せん断力図という。**正のせん断力をはりの上側に，負のせん断力をはりの下側にあらわす。**

(3) 軸方向力図（N図）

求めた各点の軸方向力を材軸に垂直な長さであらわし，ふつう，**正の軸方向力（引張力）をはりの上側に，負の軸方向力（圧縮力）をはりの下側に**あらわす。

≪例題1≫

図に示す集中荷重 P が作用するはりを解け。

考え方 A，B点の反力を求め，M，Q を求めればよい。

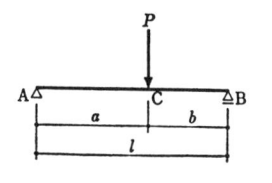

解き方 (1) 反力を求める。

R_A，R_B の方向を図3-6(a)のように仮定する。

$\sum M_B = 0$ より　　$R_A \times l - P \times b = 0$

$$\therefore R_A = \frac{Pb}{l}$$

$\sum M_A = 0$ より　　$R_B \times l - P \times a = 0$

$$\therefore R_B = \frac{Pa}{l}$$

(2) 曲げモーメントを求める。

§2. 単 純 ば り　57

　前述のように曲げモーメントを求めるには，はりのある点の曲げモーメントは，その点の左（または右）の外力のモーメントの総和である。

　いま，A〜C間の任意の点を X_1，C〜B間の任意の点を X_2 とし，それぞれの点の曲げモーメントは上記の要領により，

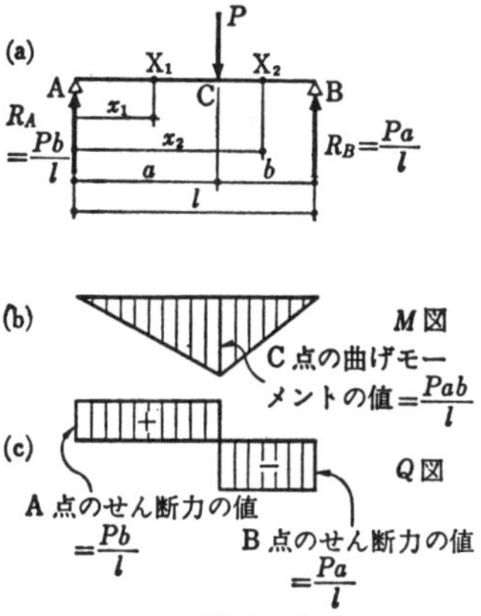

A〜C間においては，

$$M_{x1}=R_A \times x_1 = \frac{Pb}{l} \times x_1$$

　　（M_{x1} とは X_1 点の曲げモーメントを意味する）

$M_A = 0$　　（∵ $x_1=0$）

$M_C = R_A \times a = \frac{Pb}{l} \times a = \frac{Pab}{l}$

図3-6

C〜B間においては，

$$M_{x2} = R_A \times x_2 - P(x_2-a)$$

$$= \frac{Pb}{l} \times x_2 - P(x_2-a)$$

$$= \frac{Pa}{l}(l-x_2)$$

$M_B = 0$　　（∵ $x_2=l$）

1) C〜B間で，X_2 の右側を計算すると，

$$M_{x2} = -R_B(l-x_2) = \frac{Pa}{l}(l-x_2)$$

　　（X_2 点で ⊙ の曲げモーメントが作用し，下側が凸になるように作用する）

2) 両支点の曲げモーメントは0で，C点が最大であり，A〜C，C〜B間の変化は一次式となるので M 図をかくと，図3-6(b)のようになる。

(3) せん断力(Q)を求める。

　せん断力を求めるには，前述のように，はりのある点のせん断力は，その点から左（または右）の外力の材軸に直角な力の総和である。

58　第3章　静定構造物の応力

A～C間　　$Q_A = R_A = \dfrac{Pb}{l}$

　　　　　　$Q_{x1} = R_A = \dfrac{Pb}{l}$　　$Q_{A\sim C} = \dfrac{Pb}{l}$

C～B間　　$Q_{x2} = R_A - P = \dfrac{Pb}{l} - P = -\dfrac{Pa}{l}$

　　　　　　$Q_{C\sim B} = R_A - P = \dfrac{Pb}{l} - P = -\dfrac{Pa}{l}$

　　同じように　$Q_B = -\dfrac{Pa}{l}$

1) C～B間では，X_2 の右側を計算すると，
   $Q_{x2} = -R_B$（X_2 点では反時計回り（↓↑）のせん断力が作用する）
2) A～C間とC～B間では，それぞれ，せん断力の値が一定で，Q図は図3-6(c)のようになり，C点でせん断力が(+)から(−)へ P だけ変化することがわかる。

≪例題2≫

図に示す集中荷重　$P_1 = 500\,\text{N}$，$P_2 = 200\,\text{N}$ が作用する単純ばりを解け。

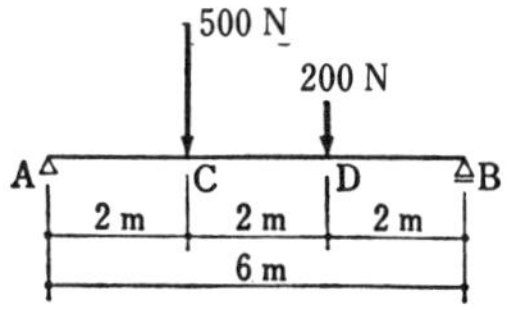

考え方　＜例題1＞にならって反力を求め，各点の M, Q を求める。

解き方　(1) 反力を求める。

$\sum M_A = 0$　より

$-R_B \times 6 + 200 \times 4 + 500 \times 2 = 0$

$\therefore R_B = \dfrac{800 + 1000}{6}$

$= 300\,\text{N}$

$\sum Y = 0$　より

$R_A + R_B - 500 - 200 = 0$

$\therefore R_A = -300 + 500 + 200 = 400\,\text{N}$

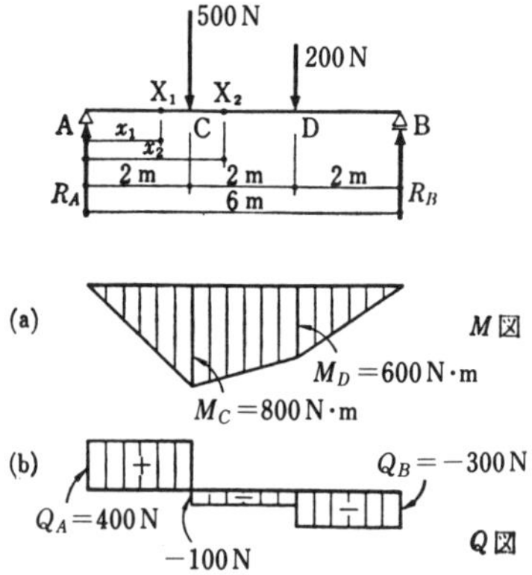

図3-7

(a) M 図　$M_D = 600\,\text{N·m}$　$M_C = 800\,\text{N·m}$

(b) Q 図　$Q_A = 400\,\text{N}$　$Q_B = -300\,\text{N}$　$-100\,\text{N}$

§2. 単純ばり　**59**

(2) 曲げモーメントを求める。

図のように，A〜C，C〜D間の任意の点を X_1，X_2 とし，その距離Aから x_1，x_2 とすれば，　　$M_{x_1} = R_A \times x_1$

$M_A = 0$ 　（∵ $x_1 = 0$）

$M_C = R_A \times 2 = 400 \times 2 = 800 \text{N} \cdot \text{m}$ 　（∵ $x_1 = 2$）

$M_{X_2} = R_A \times x_2 - 500 \times (x_2 - 2)$

$M_D = R \times 4 - 500 \times 2 = 400 \times 4 - 500 \times 2 = 600 \text{N} \cdot \text{m}$

　（∵ $x_2 = 4\text{m}$）

D〜B間では，D点から右側のモーメントの総和を求めると計算しやすい。すなわち，

$M_D = -R_B \times 2 = 300 \times 2 = -600 \text{N} \cdot \text{m}$

（右側のモーメントの総和を求めたときは，符号が逆になるから注意する）

$M_B = R_A \times 6 - 500 \times 4 - 200 \times 2$ 　（∵ $x_2 = 6\text{m}$）

　　　$= 400 \times 6 - 500 \times 4 - 200 \times 2 = 0$ 　∴ $M_B = 0$

M 図をえがくと，図3-7(a)のとおりである。

(3) せん断力を求める。

$Q_A = R_A = 400 \text{N}$

$Q_{X_1} = Q_{A \sim C} = R_A = 400 \text{N}$ 　　$_{た}Q_C = 400 \text{N}$

$Q_{X_2} = Q_{C \sim D} = R_A - 500 = 400 - 500 = -100 \text{N}$

$Q_{D \sim B} = 400 - 500 - 200 = -300 \text{N} = R_B$

Q 図をえがくと，図3-7(b)のとおりである。

【問1】　図に示す荷重が作用する単純ばりを解け。

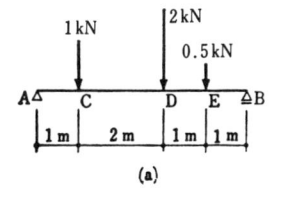

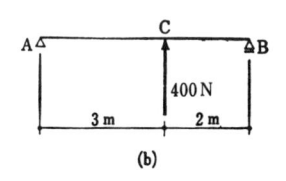

(a)

(b)

≪例題3≫

図に示す等分布荷重 w が作用する単純ばりを解け。

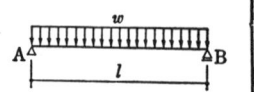

[考え方] ＜例題1＞と同じように，まず両支点の反力を求め，任意のＸ点について M, Q を求める。

[解き方] (1) 反力を求める。

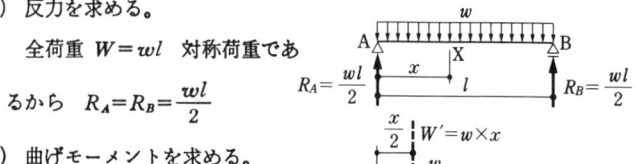

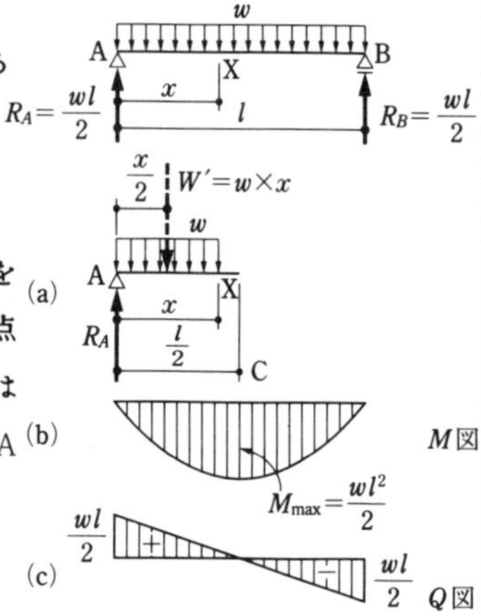

全荷重 $W = wl$　対称荷重であるから　$R_A = R_B = \dfrac{wl}{2}$

(2) 曲げモーメントを求める。

Ａ点からの距離 x の任意の点をＸとすれば，図(a)のようにＸ点の左側の等分布荷重の全荷重は $W' = wx$ で，その作用位置はＡ点から $\dfrac{x}{2}$ の距離にある。

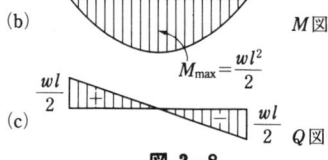

$$M_x = R_A x - W' \times \dfrac{x}{2}$$
$$= \dfrac{wl}{2}x - wx\dfrac{x}{2} = \dfrac{wl}{2}x - \dfrac{w}{2}x^2 = \dfrac{wx(l-x)}{2} \cdots\cdots\cdots ①$$

はりの中央Ｃでは，$x = \dfrac{l}{2}$ であるから，これを①式に代入すると，

$$M_C = \dfrac{w \cdot \dfrac{l}{2}\left(l - \dfrac{l}{2}\right)}{2} = \dfrac{wl^2}{8} \cdots\cdots\cdots ②$$

はりの中央で曲げモーメントは最大となる。

①式は二次式であるから，等分布荷重が作用するはりの曲げモーメント図は，図(b)のように放物線(二次曲線)になり，中央で最大値をとる。

(3) せん断力を求める。

任意の点Ｘのせん断力 Q_x は，

$$Q_x = \dfrac{wl}{2} - wx = w\left(\dfrac{l}{2} - x\right) \cdots\cdots\cdots ③$$

図 3-8

A点では $Q_A = R_A = \dfrac{wl}{2}$

はりの中央C点では $x=\dfrac{l}{2}$ で，③式に代入すると，

$$Q_C = w\left(\dfrac{l}{2} - \dfrac{l}{2}\right) = 0$$

また，B点では $x=l$ であるから，③式より，

$$Q_B = w\left(\dfrac{l}{2} - l\right) = -\dfrac{wl}{2} \cdots\cdots\cdots ④$$

③式は一次式であるから，せん断力図は図(c)のように傾斜した直線となる。

【問2】 図に示す荷重が作用する単純ばりを解け。

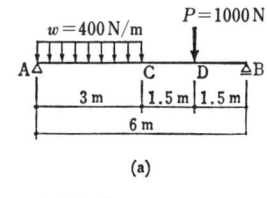

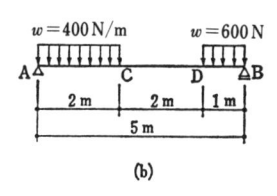

(a) (b)

≪例題4≫

図に示す等分布荷重と集中荷重が作用するはねだしのある単純ばりを解け。

考え方 はねだしのある場合も＜例題3＞と同様で，まず，反力を求め，左端から順次 M, Q を考えてゆけばよい。このとき，B点の反力 R_B の向きに注意する。

解き方 (1) 反力を求める。

反力 R_A, R_B を図3-9(a)のように仮定する。

$\sum M_A = 0$ より

$-R_B \times 4 + P \times 2 - W' \times 1 = 0$

$-4R_B + 600 \times 2 - 400 \times 1 = 0$

$\therefore R_B = 200 \text{N}$

（R_B の向きは図の仮定でよい）

$\sum M_B = 0$ より

$R_A \times 4 - 400 \times 5 - 600 \times 2 = 0$

∴ $R_A = 800\text{N}$ (R_A の向きも図の仮定でよい)

(2) 曲げモーメントを求める。

図3-9(a)のように, 任意の点 X_1, X_2 をとり, その距離を x_1, x_2 とすれば,

$M_{X1} = -wx_1 \times \dfrac{x_1}{2} = -\dfrac{wx_1^2}{2}$

$M_A = -\dfrac{wx_1^2}{2} = -\dfrac{200 \times 2^2}{2}$

　　$= -400\text{N} \cdot \text{m}$　($\because x_1 = 2\text{m}$)

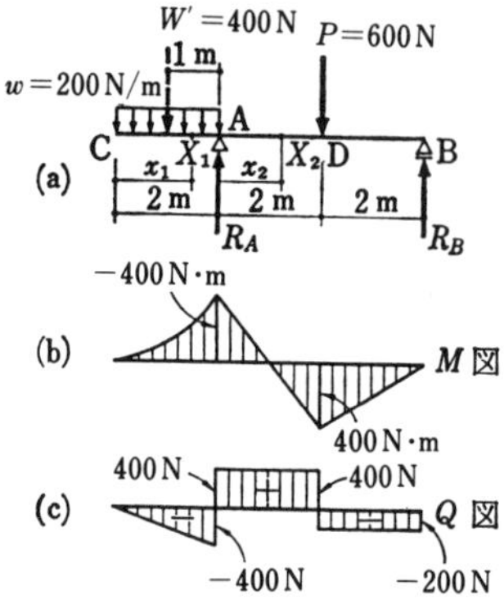

図 3-9

＜例題3＞にあるように等分布荷重が作用するときは M 図は二次曲線となる。C～A間では符号は負(−)であるから図(b)のようになる。

$M_{X2} = -W' \times (1 + x_2) + R_A \times x_2$

$M_D = -W' \times 3 + R_A \times 2 = -400 \times 3 + 800 \times 2 = 400\text{N} \cdot \text{m}$

　　($\because x_2 = 2$)

$M_B = -W' \times 5 + R_A \times 4 - P \times 2$

　　$= -400 \times 5 + 800 \times 4 - 600 \times 2 = 0$

M_D を求めるとき, D点の右側の力を考えれば,

　　$M_D = -R_B \times 2 = -200 \times 2 = -400\text{N} \cdot \text{m}$

(3) せん断力を求める。

$Q_{X1} = -wx_1$

左$Q_A = -W' = -400\text{N}$

右$Q_A = -W' + R_A = -400 + 800 = 400\text{N}$

C～A間では, ＜例題3＞のように等分布荷重と同様, 一次式で直線となる。

$Q_{A\sim D} = -W + R_A = -400 + 800 = 400\text{N}$

$Q_{D\sim B} = -W + R_A + P = -400 + 800 - 600 = -200\text{N}$

この場合も $Q_{D\sim B}$ を求めるときD点の右側の力を考えれば, 直ちに $Q_{D\sim B} = -200\text{N}$ がわかる。

§2. 単純ばり

【問3】 図に示すはねだしのある単純ばりを解け。

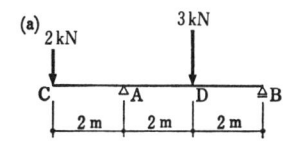

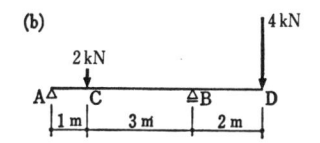

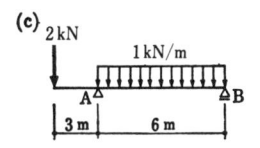

(a) 2kN ↓　3kN ↓
C —— A —— D —— B
  2m　2m　2m

(b) 2kN ↓　　　　4kN ↓
A —— C —— B —— D
  1m　3m　2m

(c) 2kN ↓　1kN/m
　　　A ↓↓↓↓↓ B
　3m　　6m

≪例題5≫

図に示すモーメント荷重の作用する単純ばりを解け。

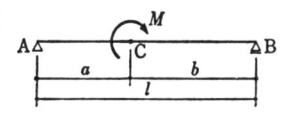

[考え方] モーメント荷重は，はりABを回転させるようなはたらきをもつ。この場合もまず，力のつりあい条件により反力を求める。

[解き方] (1) 反力を求める。

反力 R_A, R_B の方向を図のように仮定する。

$\sum M_B = 0$ より

$$-R_A \times l + M = 0$$

$$\therefore R_A = \frac{M}{l}$$

$\sum Y = 0$ より

$$-R_A + R_B = 0$$

$$\therefore R_A = R_B = \frac{M}{l}$$

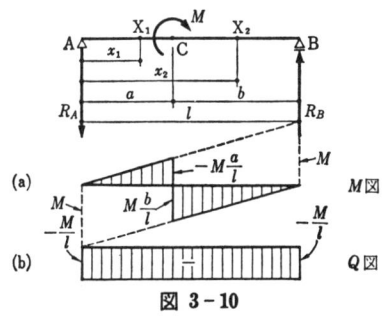

図 3-10

(2) 曲げモーメントを求める。

A〜C間, C〜B間の任意の点をそれぞれ X_1, X_2 とすれば，

A〜C間　$M_{x_1} = -R_A \times x_1 = -\dfrac{M}{l} \times x_1$ ……………①

左 $M_C = -M \times \dfrac{a}{l}$　($\because x_1 = a$)

C〜B間　　$M_{x2} = -R_A \times x_2 + M = -\dfrac{M}{l} \times x_2 + M$ ……………②

右$M_C = M \times \dfrac{b}{l}$　$(\because x_2 = b)$

①，②式は一次式であるから，M_{x1}，M_{x2} の値は直線となる。したがって，曲げモーメントは平行な2直線で，モーメント荷重が作用する点で変化し，図3-10(a)のようになる。

(3) せん断力を求める。

A〜C間　　$Q_{x1} = -R_A = -\dfrac{M}{l}$

C〜B間　　$Q_{x2} = -R_A = -\dfrac{M}{l}$

したがって，A〜B間のせん断力は一定で，図(b)のようになる。

―――≪例題6≫―――

図に示すモーメント荷重がA点に作用する単純ばりを解け。

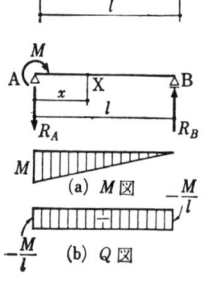

考え方　＜例題5＞と同様に考えればよい。

解き方　(1) 反力を求める。

両端の反力を R_A，R_B とし，その向きを図のように仮定する。

$\sum M_B = 0$ より

$M - R_A l = 0$　$\therefore R_A = \dfrac{M}{l}$

$\sum Y = 0$ より

$-R_A + R_B = 0$　$\therefore R_B = R_A = \dfrac{M}{l}$

図 3-11

(2) 曲げモーメントを求める。

任意の点Xの曲げモーメントを M_x とすれば，

$M_x = -R_A \times x + M$

$\quad = -\dfrac{M}{l} \times x + M = M\left(\dfrac{l-x}{l}\right)$

$\therefore M_A = M$　$(\because x=0)$　　$M_B = 0$　$(\because x=l)$

したがって，M図は図3-11(a)のようになる。

(3) せん断力を求める。

任意の点Xのせん断力 Q_X は，

$$Q_X = -\frac{M}{l}$$

したがって，せん断力は一定で，Q図は図3-11(b)のようになる。

【問4】 図に示す荷重が作用するときの単純ばりを解け。

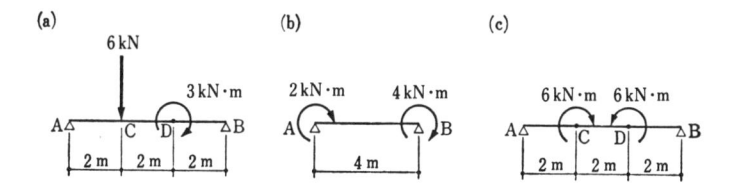

(a) 6kN, 3kN·m, A-C-D-B, 2m 2m 2m
(b) 2kN·m, 4kN·m, A-B, 4m
(c) 6kN·m, 6kN·m, A-C-D-B, 2m 2m 2m

2. 荷重とせん断力および曲げモーメントの関係

=== 基本事項 ===

1. 集中荷重が作用するとき

（図3-12）

(1) **M図の形状**

a) 荷重ののらない部分（A〜C，C〜D，D〜B）は傾斜した直線である。

b) 荷重の作用する点（C，D）で，荷重の方向に凸な折れ線になる。

(2) **Q図の形状**

a) 荷重ののらない部分（A〜C，C〜D，D〜B）は，材軸に平行な直線である。

b) 荷重の作用する点（C，D）で，その点の荷重だけ変化する。

図3-12: 7kN, 2kN, $R_A = 4.8$kN, $R_B = 4.2$kN, $M_D = 6.3$kN·m, $M_C = 9.6$kN·m, $Q_A = 4.8$kN, $Q_C = 2.2$kN, $Q_B = 4.2$kN

66　第3章　静定構造物の応力

　　c)　Q 図のプラスの部分の面積とマイナスの部分の面積は等しい。
(3)　M 図と Q 図の関係
　　a)　Q 図がプラスの部分の M 図のこう配は ↘ 向き，Q 図がマイナスの部分の M 図のこう配は ↗ 向きである。
　　b)　Q 図がプラスからマイナスに変化する点で M が最大となる。

2. 等分布荷重が作用するとき

　　　　　　　　　（図 3-13）
(1)　**M 図の形状**
　　荷重が作用する部分（A～B）は，荷重の方向に二次曲線である。
(2)　**Q 図の形状**
　　a)　荷重の作用する部分（A～B）は，傾斜する直線である。
　　b)　Q 図のプラスの部分とマイナスの部分の面積は等しい。
(3)　**Q 図と M 図の関係**
　　a)　Q 図がプラスの部分の M 図のこう配は ↘ 向きで，マイナスの部分の M 図のこう配は ↗ 向きである。
　　b)　Q 図がプラスからマイナスに変化する点で，M は最大である。すなわち，$Q=0$ のとき M_{max} である。

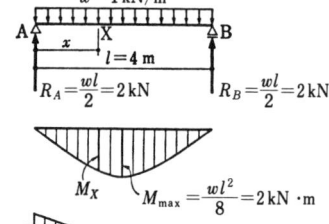

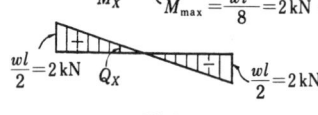

図 3-13 の図中の表示：
$w=1\,\mathrm{kN/m}$，$l=4\,\mathrm{m}$
$R_A=\dfrac{wl}{2}=2\,\mathrm{kN}$，$R_B=\dfrac{wl}{2}=2\,\mathrm{kN}$
$M_{max}=\dfrac{wl^2}{8}=2\,\mathrm{kN\cdot m}$
$\dfrac{wl}{2}=2\,\mathrm{kN}$

図 3-13

　各例題を解いて M 図，Q 図をえがいてみると，集中荷重，等分布荷重などの荷重の状態によって一定の関係があることがわかる。図 3-12 のように集中荷重が作用するとき，任意の点 X_1 の曲げモーメントは，

$$M_{X_1}=R_A\times x_1$$

同じように，任意の点 X_2 については

$$M_{X_2}=R_A\times x_2-7\times(x_2-2)$$

となり，これらの式は一次式で，荷重ののらない部分は傾斜した直線となることを示している。

§2. 単純ばり

さらに，せん断力についても

$$Q_{x_1}=R_A \qquad Q_{x_2}=R_A-7$$

となるので，荷重ののらない部分は材軸に平行な直線となり，荷重の作用する点で荷重の分だけ変化して段形となる。

なお，M 図と Q 図の関係は，いま各点の曲げモーメントを求めてみると，

$$M_C=R_A\times 2=4.8\times 2=9.6\mathrm{kN\cdot m}$$
$$M_D=R_A\times 3.5-7\times 1.5=6.3\mathrm{kN\cdot m}$$
$$M_B=R_A\times 5-7\times 3-2\times 1.5=0$$

となり，基本事項(3)の図 3-12 のように，せん断力の符号が同一の間は，曲げモーメントの絶対値は傾斜直線的に増減する。しかし，正から負へ，または負から正に変化する点では，曲げモーメントの絶対値の増加分は 0 となり，その点を過ぎると，曲げモーメントの絶対値は減少する。すなわち，**せん断力の正負のかわる点で曲げモーメントの絶対値は最大となる。**

また，図 3-13 のような等分布荷重が作用したときも同様である。任意の点 X の曲げモーメント M_X およびせん断力 Q_X は，それぞれ

$$M_x=R_A\times x-wx\times \frac{x}{2}=\frac{wlx}{2}-\frac{wx^2}{2} \quad (\text{二次式})$$
$$Q_x=R_A-wx \qquad\qquad (\text{一次式})$$

で求めることができる。したがって，等分布荷重が作用するとき，曲げモーメントは荷重が作用する部分は二次曲線（放物線）となり，また，せん断力は荷重が作用する部分は一次式で傾斜した直線となる。

さらに M 図と Q 図の関係では，集中荷重のときと同じように，せん断力の正負のかわる点，すなわち，せん断力が 0 となる点で，曲げモーメントの絶対値は最大となる。

したがって，
$$Q_x=R_A-wx=\frac{wl}{2}-wx=0$$
$$\therefore\ x=\frac{l}{2}$$

この $x=\frac{l}{2}$ を $M_x=R_Ax-\frac{wx^2}{2}$ に代入すれば，

$$M_x = \frac{wl}{2} \times \frac{l}{2} - \frac{w\left(\frac{l}{2}\right)^2}{2} = \frac{wl^2}{8}$$

$$M_{max} = \frac{wl^2}{8}$$

このように，M図とQ図は相互に関連がある。したがって，M図とQ図をえがく場合，以上のことがたいせつな知識である。

また，図3-14のように，モーメント荷重が作用するときには，次のような関係がある。

(1) M図の形状
 a) 荷重Mの作用する点でMだけ変化する二つの平行線である。
 b) 荷重Mが時計回り(+)のときは，左側がマイナス，右側がプラス，反対回りのときはM図も反対となる。
 c) 荷重点における正負の曲げモーメントの比は，支点までの距離の比に等しい。

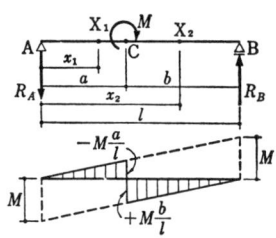

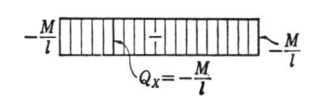

図 3-14

(2) Q図の形状
 a) はりの全長を通じて材軸に平行な直線である。
 b) 荷重Mが時計回りのときのQ図はマイナス，反対回りのときのQ図はプラスである。

≪例題7≫

図に示す等分布荷重が作用する単純ばりの最大曲げモーメントの値と位置を求めよ。

考え方 せん断力が0となる点が，最大曲げモーメントの位置であることに着眼する。

解き方 (1) 反 力 $\sum M_B = 0$ より

$R_A \times 5 - 1500 \times 3.5 = 0$ ∴ $R_A = 1050 \mathrm{N}$

$\sum Y = 0$ より

$$1050-1500+R_B=0 \quad \therefore \quad R_B=450\text{N}$$

(2) 曲げモーメント

任意の点 X の曲げモーメントの一般式は，

$$M_x=R_A x-wx\times\frac{x}{2}$$

$$=R_A x-\frac{wx^2}{2}\ \cdots\cdots\cdots\text{①}$$

$$M_C=1050\times3-500\times\frac{3^2}{2}$$

$$=900\text{N}\cdot\text{m}\quad(\because\ x=3)$$

(3) せん断力

任意の点 X のせん断力は　　$Q_x=R_A-wx$

したがって

$$Q_A=R_A=1050\text{N}\qquad Q_C=1050-1500=-450\text{N}$$

せん断力が 0 となる点で曲げモーメントが最大値となるから，

$Q_x=R_A-wx=0$ とおけば，

$$x=\frac{R_A}{w}=\frac{1050}{500}=2.1\text{m}$$

$x=2.1\text{m}$ を ① 式に代入し，

$$M_{\max}=1050\times2.1-500\times\frac{2.1^2}{2}=1102.5\text{N}\cdot\text{m}$$

よって，図 3-15 の M 図，Q 図ができる。

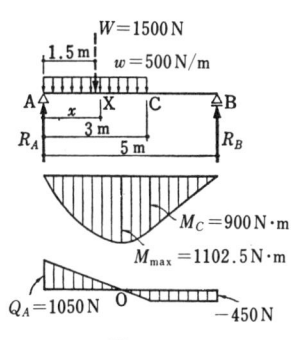

図 3-15

圏　$M_{\max}=1102.5\text{N}\cdot\text{m}$，A 点より 2.1 m

【問 5】 図のような荷重が作用する単純ばりを解き，M 図，Q 図をえがき，最大曲げモーメントの値とその作用する位置を求めよ。

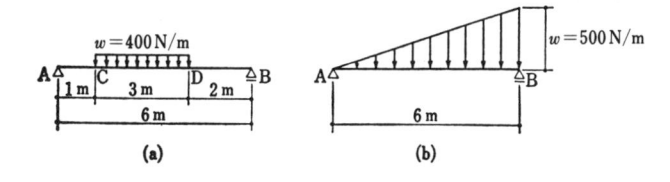

(a)　(b)

≪演習問題≫

1. 図のはりにモーメント荷重 $M=5\text{kN}\cdot\text{m}$ がA点に作用するとき，C点の曲げモーメント M_C の値で正しいものは次のうちどれか。

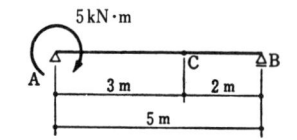

1) $2\text{kN}\cdot\text{m}$ 2) $3\text{kN}\cdot\text{m}$ 3) $4\text{kN}\cdot\text{m}$
4) $5\text{kN}\cdot\text{m}$ 5) $10\text{kN}\cdot\text{m}$

2. 図のような等分布荷重が作用する単純ばりで，A点に生じる曲げモーメント，B点に生じるせん断力の組み合わせで，正しいものは次のうちどれか。

	（曲げモーメント）	（せん断力）
1)	$16\text{kN}\cdot\text{m}$	4kN
2)	$8\text{kN}\cdot\text{m}$	4kN
3)	$16\text{kN}\cdot\text{m}$	8kN
4)	$32\text{kN}\cdot\text{m}$	16kN
5)	$21\text{kN}\cdot\text{m}$	8kN

3. 図のようなモーメント図が与えられているとき，荷重 P の大きさで，正しいものは次のうちどれか。

1) 3kN 2) 5kN 3) 8kN
4) 10kN 5) 15kN

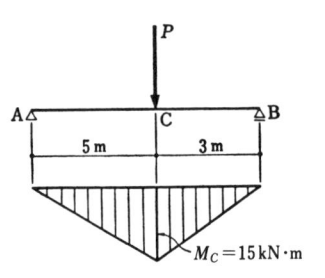

4. 図3-16のような単純ばりに荷重が作用したとき，正しい曲げモーメント図と反力の方向はどれか。

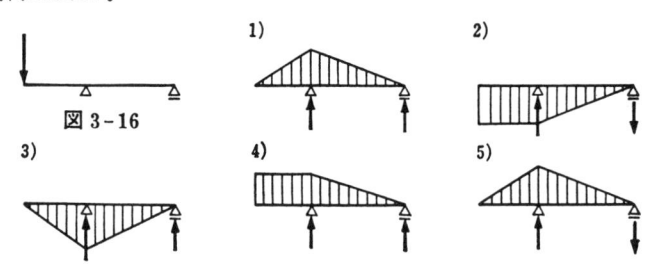

§2. 単 純 ば り　**71**

5. 図3-17のような荷重がかかるとき，1)〜5)のうちで正しい曲げモーメント図はどれか。

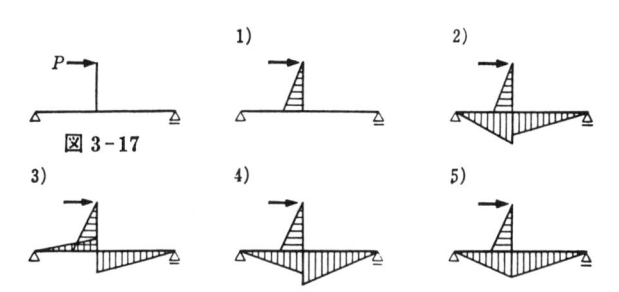

図 3-17

6. 図の単純ばりの中央の曲げモーメントが0になるためには，次のはりの長さで正しいものはどれか。

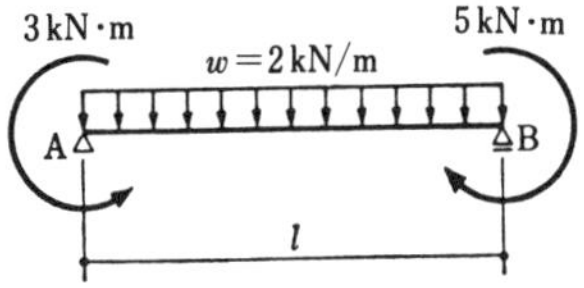

1) 3 m　2) 4 m　3) 5 m
4) 6 m　5) 7 m

7. 図のような荷重がかかる単純ばりで，C点の曲げモーメントが0になるようなPの値で正しいものはどれか。

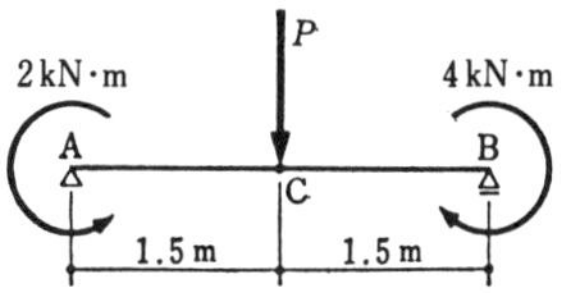

1) 2kN　2) 3kN　3) 4kN
4) 5kN　5) 6kN

8. 図の単純ばりのE点における曲げモーメント M_E とせん断力 Q_E の組み合わせで，次のうち正しいものはどれか。

1) $M_E=+2$kN·m　　$Q_E=+2$kN
2) $M_E=+2$kN·m　　$Q_E=0$
3) $M_E=-2$kN·m　　$Q_E=0$
4) $M_E=+2$kN·m　　$Q_E=-2$kN
5) $M_E=-2$kN·m　　$Q_E=+2$kN

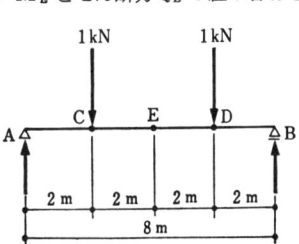

72　第3章　静定構造物の応力

§3. 片持ばり

======== 基本事項 ========

解法の順序

(1) 自由端の側から応力を求める。
　　a) 曲げモーメント(M) ⎫
　　b) せん断力(Q)　　　 ⎬ を求める。
　　c) 軸方向力(N)　　　 ⎭

(2) 応力図をかく。
　　求めた M, Q, N により M 図, Q 図, N 図をかく。
　　(図 3-18 (a) (b) (c))

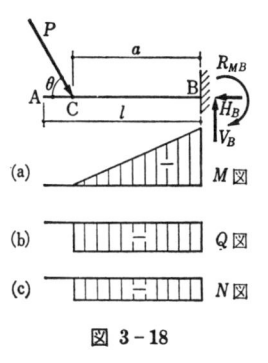

図 3-18

解法の順序

　図 3-18 のように，一端が自由，他端を固定端で支持したはりを**片持ばり**という。片持ばりを解くには，自由端の側より，曲げモーメント，せん断力，軸方向力を求めるのがふつうである。このように，自由端の側から求める場合には，反力を求めておかなくてもよい。しかし，固定端の側から応力を求める場合には，あらかじめ反力を求めておく必要がある。片持ばりの反力の大きさは，固定端における応力の大きさに等しくなる。

≪例題1≫

　図に示す集中荷重が作用する片持ばりを解け。

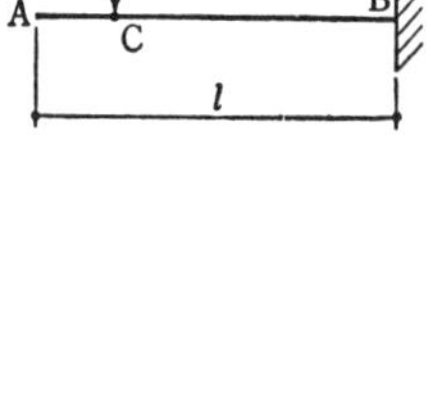

考え方 単純ばりの解法と同じように各点の曲げモーメントは，その点の左側の外力のモーメントの総和を，せん断力は，その点の左側の外力の総和を求めて解けばよい。

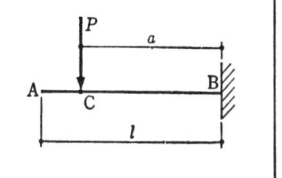

§3. 片 持 ば り　73

解き方　A〜C間の任意の点を X_1, C〜B間の任意の点を X_2 とする。
（図 3-19(a)）

(1) 曲げモーメントを求める。

A〜C間ではその左側に力が作用していないから $M_{x1}=0$

C〜B間で X_2 点の左側のモーメントは $M_{x2}=-P\times x_2$

∴ $M_C=0$　（∵　$x_2=0$）

$M_B=-P\times a$

(2) せん断力を求める。

A〜C間　　$Q_{x1}=0$

C〜B間　　$Q_{x2}=-P$

図 3-19

(3) 応力図をかく。

はりのC〜B部分では，上側が引張側になるから，曲げモーメン図は図(b)のように，はりの上側にかく。

また，せん断力は x に関係なくC〜B間では同じ値で，反時計回りであるから負(−)で，図(c)のようにはりの下側にかく。

なお，固定端に生じるモーメントの反力 R_{MB} を支持モーメントといい，大きさは Pa である。すなわち，$\sum M=0$ であるから，B点の力のモーメント M_B と R_{MB} との絶対値は等しくかつ符号は反対である。

$$M_B=-R_{MB}=-Pa$$

≪例題 2≫

図に示す集中荷重が作用する片持ばりを解け。

考え方　集中荷重 $P=20\mathrm{N}$ を X 方向 P_X と Y 方向 P_Y に分解してから，＜例題1＞に準じて各点の M, Q, N を求める。

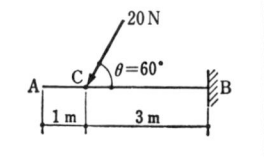

解き方　$P_X=20\mathrm{N}\times\cos 60°=10\mathrm{N}$　　$P_Y=20\mathrm{N}\times\sin 60°=10\sqrt{3}\,\mathrm{N}=17.3\mathrm{N}$

74 第3章 静定構造物の応力

(1) 曲げモーメントを求める。

C～B間のXでは

$$M_X = -P_Y x$$

∴ $M_C = 0$　　$M_B = -10\sqrt{3} \times 3$
$= -30\sqrt{3} = -52 \text{N·m}$

(2) せん断力を求める。

$$Q_X = -P_Y$$

∴ $Q_C = -P_Y = -10\sqrt{3} = -17.3\text{N}$
$Q_B = -P_Y = -10\sqrt{3} = -17.3\text{N}$

(3) 軸方向力を求める。

$N_X = P_X$（応力の向きは材軸方向で，N図の大きさを示す方向ではない。以下同様）

$N_C = P_X = 10\text{N}$　　$N_B = 10\text{N}$

M図，Q図，N図をえがけば図3-20となる。

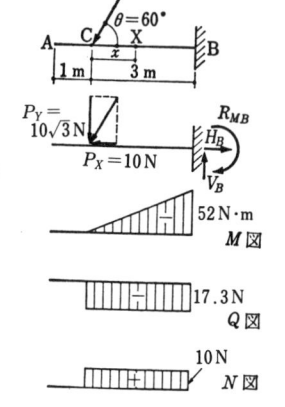

図 3-20

答 $M_B = -52\text{N·m}$, $Q_B = -17.3\text{N}$, $N_B = 10\text{N}$

≪例題3≫

図に示す集中荷重 $P_1 = 500\text{N}$, $P_2 = 800\text{N}$ が作用する片持ばりを解け。

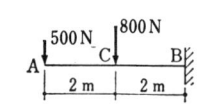

考え方　＜例題1＞と同じように解けばよい。

解き方　A～C間の任意の点をX_1, C～B間の任意の点をX_2とする。

(1) 曲げモーメントを求める。

A～C間　$M_{X1} = -P_1 x_1$

∴ $M_A = 0$　　$M_C = -500 \times 2$
$= -1000\text{N·m}$

C～B間　$M_{X2} = -\{P_1 x_2 + P_2 (x_2 - 2)\}$

$M_B = -(500 \times 4 + 800 \times 2)$
$= -3600\text{N·m}$

(2) せん断力を求める。

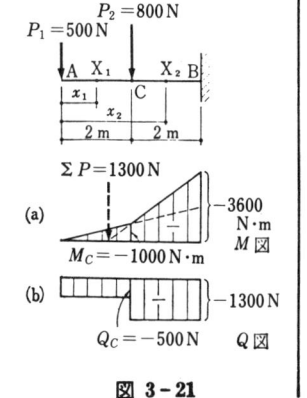

図 3-21

§3. 片持ばり　75

A〜C間　$Q_{X1}=-P_1$

∴ $Q_{A\sim C}=-P_1=-500\,\mathrm{N}$

C〜B間　$Q_{X2}=-(P_1+P_2)$

∴ $Q_{C\sim B}=-(P_1+P_2)$

$=-(500+800)$

$=-1300\,\mathrm{N}$

このような場合には，図3-22のように，P_1(図(a))とP_2(図(b))とが別々に作用したときの応力を求め，これを加えあわせてP_1とP_2が同時に作用した場合の応力を求めることができる。これを重ね合せの原理という。

図 3-22

答 $M_B=-3600\,\mathrm{N\cdot m}$, $Q_B=-1300\,\mathrm{N}$

【問1】 図に示す集中荷重が作用する片持ばりを解け。

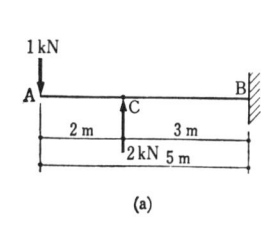

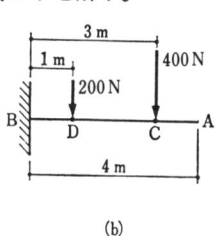

(a)　　　　　　(b)

≪例題4≫

図のように，等分布荷重が部分的に作用する片持ばりを解け。

考え方 等分布荷重の合力の大きさと作用位置を求める。また，等分布荷重の任意の点に対するモーメントの求め方に注意する。

解き方 A〜C間の任意の点をX_1，C〜B間の任意の点をX_2とする。

(1) 曲げモーメントを求める。

A〜C間　$M_{x1}=-w\times x_1\times\dfrac{x_1}{2}=-400\times x_1\times\dfrac{x_1}{2}=-400\times\dfrac{x_1^2}{2}$

(二次式であるから，M 図は放物線になる)

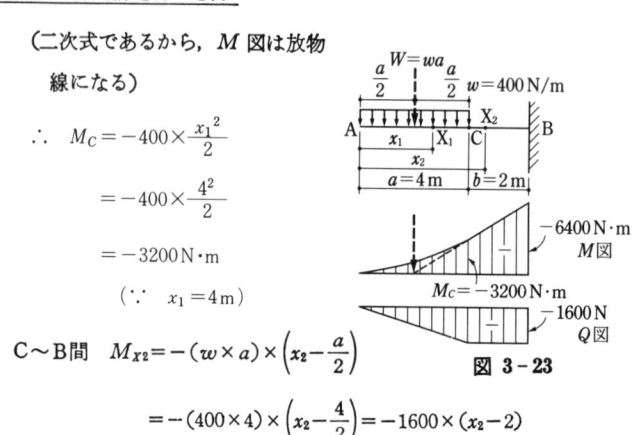

$$\therefore M_C = -400 \times \frac{x_1^2}{2}$$

$$= -400 \times \frac{4^2}{2}$$

$$= -3200 \,\mathrm{N \cdot m}$$

$$(\because x_1 = 4\,\mathrm{m})$$

C〜B間 $M_{X2} = -(w \times a) \times \left(x_2 - \dfrac{a}{2}\right)$

$$= -(400 \times 4) \times \left(x_2 - \frac{4}{2}\right) = -1600 \times (x_2 - 2)$$

(一次式であるから，M 図は傾斜した直線となる)

$$\therefore M_B = -1600 \times (6-2) = -1600 \times 4 = -6400\,\mathrm{N \cdot m} \quad (\because x_2 = 6\,\mathrm{m})$$

(2) せん断力を求める。

A〜C間 $Q_{X1} = -wx_1 = -400x_1$ （Q 図は傾斜した直線の変化）

$$\therefore Q_C = -400 \times 4 = -1600\,\mathrm{N}$$

C〜B間 $Q_{X2} = -wa$ （Q 図は材軸に平行）

$$\therefore Q_B = -w \times 4 = -400 \times 4 = -1600\,\mathrm{N}$$

M 図，Q 図をえがけば，図 3-23 のとおりである。

答 $M_B = -6400\,\mathrm{N \cdot m}$, $Q_B = -1600\,\mathrm{N}$

【問2】 図に示す等分布荷重が作用する片持ばりを解け。

$w = 400\,\mathrm{N/m}$, 4 m

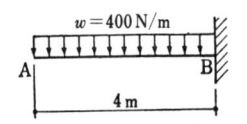

≪例題5≫

図のように，モーメント荷重 M が作用する片持ばりを解け。

$3\,\mathrm{kN \cdot m}$，2 m，4 m，6 m

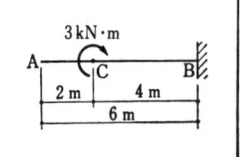

考え方 ＜例題4＞に準じて，自由端より M, Q を考えてゆけばよい。

解き方 A〜C間の任意の点を X_1，C〜B間の任意の点を X_2 とする。

§3. 片持ばり

(1) 曲げモーメントを求める。

$M_{x1}=0$ （A〜C間には曲げモーメントは生じない）

$M_{x2}=M$ （C〜B間の曲げモーメントは一定）

∴ $M_C=M_B=M=3{\rm kN\cdot m}$

M 図は，図 3-24 のとおりである。

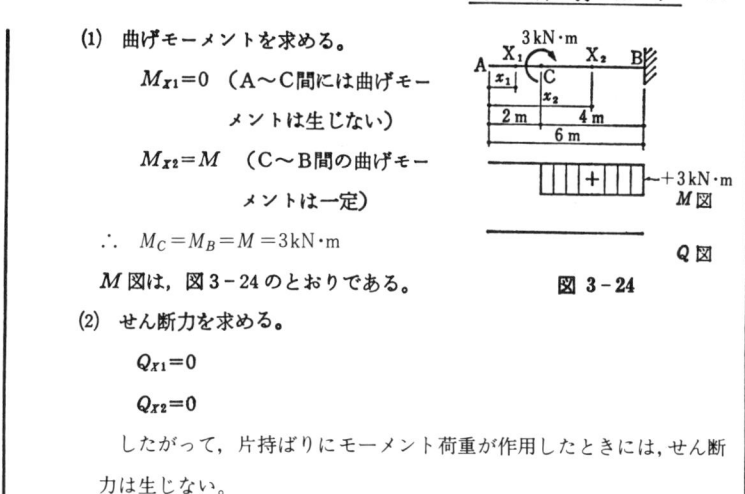

(2) せん断力を求める。

$Q_{x1}=0$

$Q_{x2}=0$

したがって，片持ばりにモーメント荷重が作用したときには，せん断力は生じない。

図 3-24

【問 3】 図(a), (b)において，それぞれの荷重が作用したときの片持ばりを解け。

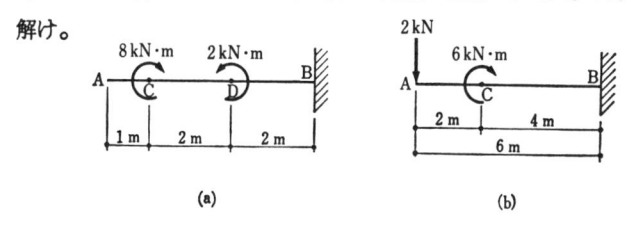

(a)

(b)

≪演 習 問 題≫

1. 図の片持ばりに荷重が作用したとき，C, B点の曲げモーメントの組み合わせで，正しいものは次のうちどれか。

	（C点）	（B点）
1)	5.25 kN·m	2.0 kN·m
2)	2.0 kN·m	10.5 kN·m
3)	3.5 kN·m	2.0 kN·m
4)	3.5 kN·m	0 kN·m
5)	5.25 kN·m	3.5 kN·m

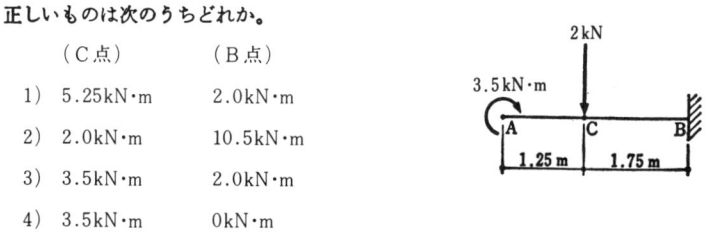

2. 図3-25のような荷重が作用したとき，次の曲げモーメント図のうちで正しいものはどれか。

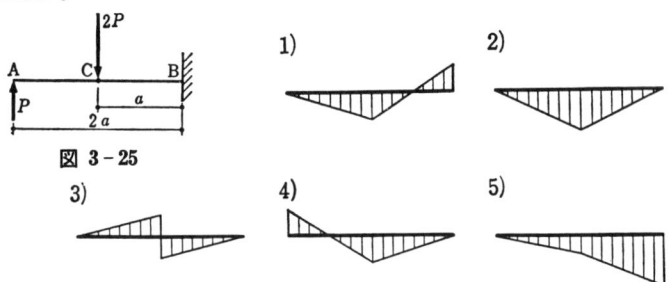

図 3-25

1) 2) 3) 4) 5)

3. 図3-26のような片持ばりにモーメント荷重が作用したとき，次の曲げモーメント図のうちで正しいものはどれか。

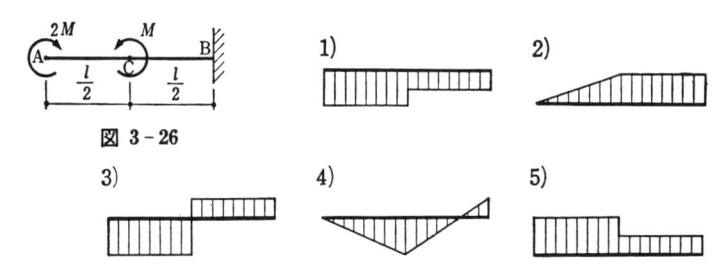

図 3-26

1) 2) 3) 4) 5)

4. 図に示す荷重と曲げモーメント図の関係で，次のうち誤っているものはどれか。

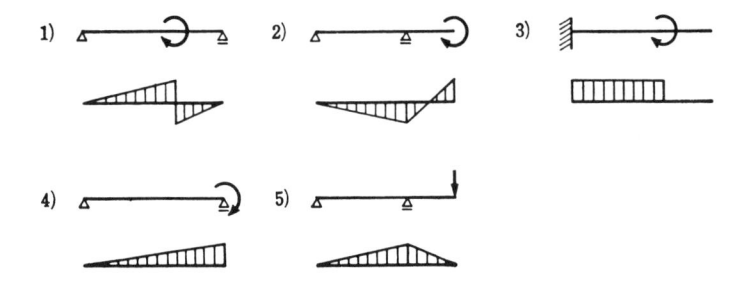

1) 2) 3) 4) 5)

§4. 静定ラーメン

=== 基本事項 ===

1. 静定ラーメンの種類
(1) 片持ばり系ラーメン
(2) 単純ばり系ラーメン
(3) 3ヒンジ系ラーメン

2. 静定ラーメンの解法
　片持ばり系ラーメンでは自由端から求め，その他のラーメンの場合は，まず反力を求める。
(1) 応力を求める。
　　a) 曲げモーメント(M) ⎫
　　b) せん断力(Q)　　　　⎬ を求める。
　　c) 軸方向力(N)　　　　⎭

図 3-27

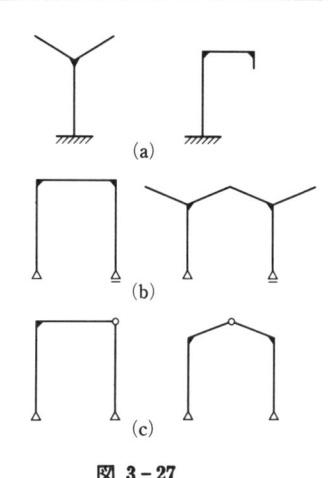

(2) 応力図をかく。
　求めた M, Q, N により M 図, Q 図, N 図をかく。

---

1. 静定ラーメンの種類
(1) **片持ばり系ラーメン**　図3-27(a)のように部材は剛に接合され，一端が固定端で，それ以外の端が自由な構造物をいう。
(2) **単純ばり系ラーメン**　図3-27(b)のように各節点は剛に接合され，一支点を回転端，他を移動端でささえられている構造物をいう。
(3) **3ヒンジ系ラーメン**　図3-27(c)のように両支点は回転端であるから反力数は4となり，不静定構造物のように見えるが，接合点の一か所にヒンジがあって，ヒンジの点について，外力の曲げモーメントが0となる性質を利用した静定ラーメンである。

2. ラーメンの解法

静定ラーメンの応力を求めることを**静定ラーメンを解く**という。応力の求め方は，単純ばり，片持ばりと同様に，曲げモーメント，せん断力，軸方向力を求める。すなわち，片持ばり系ラーメンでは，片持ばりと同様に反力を求めなくても，自由端から応力を求めることができるが，単純ばり系ラーメン，3ヒンジ系ラーメンでは，まず，反力を求めてから各部材の応力を求める。さらに，これらの応力の分布状態を図示し，M 図，Q 図，N 図をえがけばよい。ただし曲げモーメント図は，一般のラーメンでは（＋），（−）の区別をつけにくいから，（＋），（−）をつけないで，計算の結果から得られた曲げモーメントの回転方向から部材の引張側を判定し，部材の引張側（部材の凸に曲がる側）にえがく。また，Q 図，N 図は材軸に対していずれの側にかいてもよいが，正負の符号を記入しておく。

≪例題1≫

図のような集中荷重 P が作用する片持ばり系ラーメンを解け。

考え方 片持ばりと同様に，自由端から M，Q，N を求める。

解き方 力 P を垂直，水平方向に分解し，$P_X=3\text{kN}$，$P_Y=4\text{kN}$，A～C間の任意の点をX，B～C間の任意の点をYとし，それぞれの点で切断して，自由端から各応力を求める。

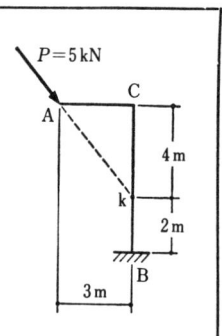

A～C間について

(1) 曲げモーメントを求める。

$$M_X = -P_Y x \quad (\text{一次式であるから，}M\text{図は傾斜した直線})$$

$$\therefore\ M_C = -4 \times 3 = -12\text{kN}\cdot\text{m} \quad (\text{A～C間では上側が引張り})$$

(2) せん断力を求める。

$$Q_X = -P_Y = -4\text{kN} \quad (Q\text{図は材軸に平行な直線})$$

$$\therefore\ Q_{A\sim C} = -4\text{kN} \quad (\text{A～C間のせん断力は一定})$$

(3) 軸方向力を求める。

§4. 静定ラーメン 81

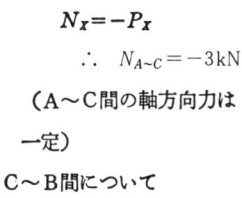

$N_x = -P_x$

∴ $N_{A\sim C} = -3\mathrm{kN}$

(A～C間の軸方向力は一定)

C～B間について

(1) C点からYまでの距離を y として，曲げモーメント，せん断力，軸方向力を求める．

$M_Y = -P_Y \times 3 + P_x \times y$

C点 $M_C = -12\mathrm{kN\cdot m}$

(∴ $y = 0$)

k点 $M_k = -4\times 3 + 3\times 4 = 0$

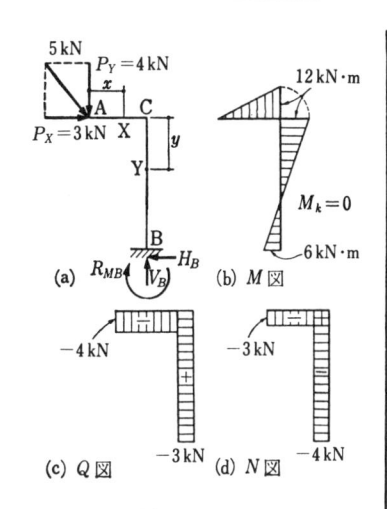

k点は荷重 P の作用線上の点であるから，当然 $M_k = 0$ となる．

$M_B = -4\times 3 + 3\times 6 = 6\mathrm{kN\cdot m}$

B点で左側が引張側となる．

(2) せん断力，軸方向力は，

$Q_Y = +3\mathrm{kN}$ ∴ $Q_{C\sim B} = +3\mathrm{kN}$

$N_Y = -4\mathrm{kN}$ ∴ $N_{C\sim B} = -4\mathrm{kN}$

(C～B間のせん断力，軸方向力とも一定)

M 図，Q 図，N 図をえがけば，図3-28 のとおりである．

図 3-28

【問1】 図のような荷重が作用するとき，その片持ばり系のラーメンを解け．

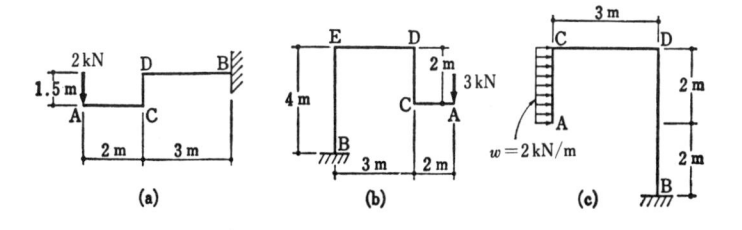

(a)   (b)   (c)

≪例題2≫

図のような荷重が作用する単純ばり系ラーメンを解け。

考え方 単純ばりの解き方と同じように反力を求め,各点の応力を求めればよい。

解き方 $\sum M_A = 0$ より

$$-R_B \times l + P \times a = 0$$

$$\therefore R_B = \frac{Pa}{l}$$

$$\therefore R_B = \frac{3 \times 2}{6} = 1 \text{kN}$$

同様に,$R_A = \frac{Pb}{l} = \frac{3 \times 4}{6} = 2 \text{kN}$

図 3-29

各部材の応力は,単純ばりと同様にA点から順次応力を求めればよい。

(1) 曲げモーメントを求める。

A〜C間の任意の点を Y_1 とし,A点からの距離を y_1 とすれば,

Y_1 の曲げモーメントは, $M_{Y1} = 0$

したがって, $M_A = M_C = 0$

C〜E間の任意の点を X_1 とし,単純ばりと同様に A_{X1} 側(左側)で求めればよい。

$$M_{X1} = R_A \times x_1 \quad \therefore \quad M_C = 0 \quad (\because x = 0)$$

$$M_E = 2 \times 2 = 4 \text{kN·m}$$

E〜D間の任意の点を X_2 とすれば,

$$M_{X2} = R_A \times x_2 - P \times (x_2 - 2)$$

$$M_D = 2 \times 6 - 3 \times 4 = 0 \quad (\because x_2 = 6 \text{ m})$$

したがって,C〜D間では図(b)のように単純ばりと同様となる。

D〜B間の任意の点を Y_2 とし,B点からの距離を y_2 とすれば,

A〜C間と同様に, $M_B = M_D = 0$

(2) せん断力を求める。

両柱 AC, BD では材軸に直角方向にはたらく力がないので,
$Q_{Y1}=0$　　$Q_{Y2}=0$　　∴　$Q_{A\sim C}=0$,　$Q_{B\sim D}=0$

C～D 間については単純ばりと同様に,
$Q_{X1}=R_A$　　∴　$Q_{C\sim E}=2\mathrm{kN}$

$Q_{X2}=R_A-P$　　∴　$Q_{E\sim D}=2-3=-1\mathrm{kN}$

(3) 軸方向力を求める。

両柱 AC, BD で材軸方向の力を考えると,
$N_{Y1}=-R_A=-2\mathrm{kN}$　　∴　$N_{A\sim C}=-2\mathrm{kN}$

$N_{Y2}=-R_B=-1\mathrm{kN}$　　∴　$N_{B\sim D}=-1\mathrm{kN}$

C～D 間には材軸方向の力はない。
$N_{X1}=0$　　$N_{X2}=0$　　∴　$N_{C\sim D}=0$

M 図, Q 図, N 図をえがけば, 図 3-29 のとおりである。

≪例題 3≫

図のように水平荷重 $P=6\mathrm{kN}$ が作用している単純ばり系ラーメンを解け。

考え方　＜例題 2＞と同様に, まず, 反力を求める。門形ラーメン各点の応力の符号は, 門形の内側からみて正負を考える。

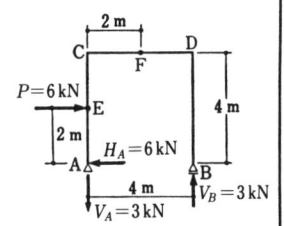

解き方　＜例題 2＞のように任意の点 X あるいは Y を考えずに, 各点の応力を求める。また, CD 材の中央の点を F とする。

(1) 反力を求める。

$\Sigma X=0$ より　$6\mathrm{kN}-H_A=0$　∴　$H_A=6\mathrm{kN}$

V_A, V_B の反力を図のように仮定する。

$\Sigma M_B=0$ より　$-V_A\times 4+6\times 2=0$

∴　$V_A=3\mathrm{kN}$（下向き）

$\Sigma Y=0$ より　$R_B=3\mathrm{kN}$（上向き）

(2) 曲げモーメントを求める。

左側より順次求めてゆけば,

$M_A = 0$

$M_E = H_A \times 2 = 6 \times 2 = 12 \text{kN·m}$

$M_C = H_A \times 4 - P \times 2 = 6 \times 4 - 6 \times 2 = 12 \text{kN·m}$

$M_F = H_A \times 4 - V_A \times 2 - P \times 2$
$= 6 \times 4 - 3 \times 2 - 6 \times 2 = 6 \text{kN·m}$

$M_D = H_A \times 4 - V_A \times 4 - P \times 2$
$= 6 \times 4 - 3 \times 4 - 6 \times 2 = 0$

（M_FについてF点の右側から曲げモーメントを計算すると，$_右M_F = -V_B \times 2 = -3 \times 2 = -6 \text{kN·m}$ したがって，符号は逆であるが絶対値は等しい。したがって，曲げモーメントはどちら側から求めてもさしつかえないが，符号には十分に注意する）

$M_B = V_A \times 4 - P \times 2 = 3 \times 4 - 6 \times 2 = 0$

D～B間には，曲げモーメントは生じない。

（D点の下側から求めると，$_下M_D = 0$ となる）

(3) せん断力を求める。

材軸に直角方向にはたらく力は，

$Q_{A \sim E} = H_A = 6 \text{kN}$

$Q_{E \sim C} = H_A - P = 6 - 6 = 0$

$Q_{C \sim D} = -V_A = -3 \text{kN}$

$Q_{D \sim B} = -H_A + P = 0$

（D～B間ではBから計算すれば $Q_{D \sim B} = 0$）

(4) 軸方向力を求める。

$N_{A \sim C} = +V_A = +3 \text{kN}$（引張）

$N_{C \sim D} = H_A - P = 6 - 6 = 0$

$N_{B \sim D} = -V_B = -3 \text{kN}$（圧縮）

M図，Q図，N図をえがけば，図3-30のとおりである。

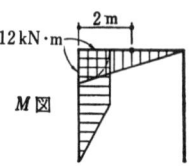

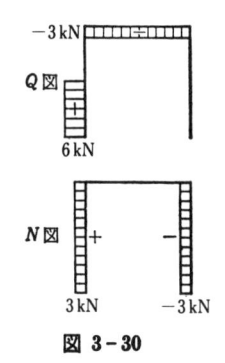

図 3-30

§4. 静定ラーメン 85

【問2】 図に示す荷重が作用する単純ばり系ラーメンを解け。

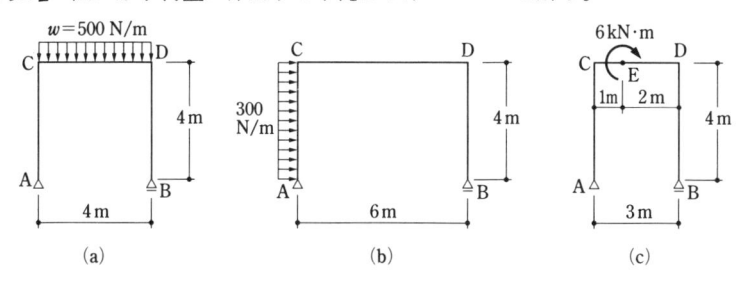

(a) $w=500\,\text{N/m}$、C-D 上辺に等分布、高さ $4\,\text{m}$、スパン $4\,\text{m}$、A:ピン、B:ローラ

(b) $300\,\text{N/m}$ が C-A 左辺に水平分布、高さ $4\,\text{m}$、スパン $6\,\text{m}$

(c) $6\,\text{kN·m}$ のモーメントが点Eに作用（C から 1m、D まで 2m）、高さ $4\,\text{m}$、スパン $3\,\text{m}$

―≪例題 4≫―

図のような集中荷重 $P=8\,\text{kN}$ が作用する 3 ヒンジ系ラーメンを解け。

考え方 両支点の反力数は合計 4 であるが，力のつりあい条件式のほかにヒンジ（滑節点）の曲げモーメント $M_E=0$ となる性質を利用して連立方程式をつくり求める。

解き方 (1) 反力を求める。図 3-31 のように反力の向きを仮定し，

$\sum X=0$

$H_A - H_B = 0$

$\therefore\ H_A = H_B$ ……………①

$\sum Y=0$

$-P + V_A + V_B = 0$

$\therefore\ -8 + V_A + V_B = 0$ ……②

$\sum M_B=0$

$V_A \times 4 - P \times 3 = 0$

$4V_A - 8 \times 3 = 0$

$\therefore\ 4V_A - 24 = 0$ …………③

$M_E = 0$ より

$V_A \times 2 - H_A \times 4 - P \times 1 = 0$

$\therefore\ 2V_A - 4H_A - 8 = 0$ …④

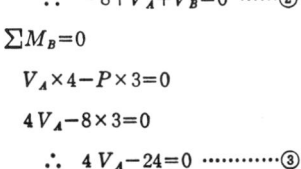

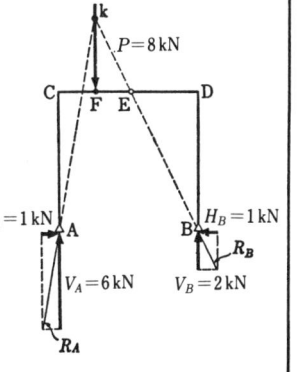

図 3-31

式①〜④の連立方程式を解く。

　　　　　　③式より　　　$V_A = 6\text{kN}$

これを②式に代入して　$V_B = 2\text{kN}$

これらを④式および①式に代入して　$H_A = 1\text{kN} = H_B$

(2) 曲げモーメント

$M_A = 0$

$M_C = H_A \times 4 = 1 \times 4 = 4\text{kN} \cdot \text{m}$

$M_F = V_A \times 1 - H_A \times 4 = 6 \times 1 - 1 \times 4 = 2\text{kN} \cdot \text{m}$（下側が引張り側となる）

$M_E = V_A \times 2 - H_A \times 4 - P \times 1 = 6 \times 2 - 1 \times 4 - 8 \times 1 = 0$

$M_D = V_A \times 4 - H_A \times 4 - P \times 3 = 6 \times 4 - 1 \times 4 - 8 \times 3 = -4\text{kN} \cdot \text{m}$

（M_DをD点の下側から求めると，$M_D = H_B \times 4 = 1 \times 4 = 4\text{kN} \cdot \text{m}$
符号を逆にすれば結果は同じである）

M図をえがけば，図3-32(a)である。

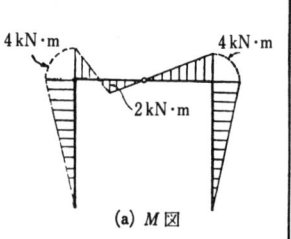

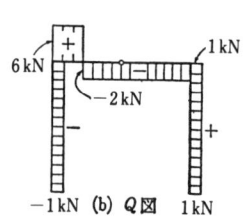

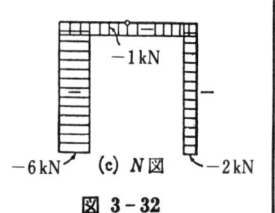

(3) せん断力　材軸方向に対して直角にはたらく力のつりあいを考えて，

$Q_{A \sim C} = -H_A = -1\text{kN}$

$Q_{C \sim F} = V_A = 6\text{kN}$

$Q_{F \sim D} = V_A - P = 6 - 8 = -2\text{kN}$

$Q_{D \sim B} = H_B = 1\text{kN}$

Q図をえがけば図3-32(b)である。

(4) 軸方向力　材軸方向の力は，

$N_{A \sim C} = -V_A = -6\text{kN}$

$N_{C \sim D} = -H_A = -1\text{kN}$

$N_{D \sim B} = -V_B = -2\text{kN}$

N図をえがけば，図3-32(c)である。

図3-32

§4. 静定ラーメン　87

【問3】 図に示す荷重が作用する3ヒンジ系ラーメンの M 図をえがけ。

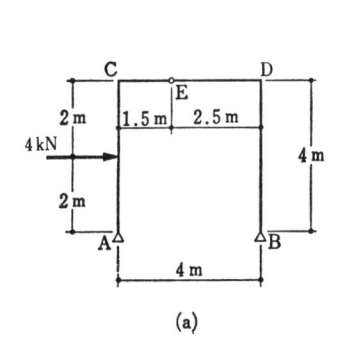

(a) 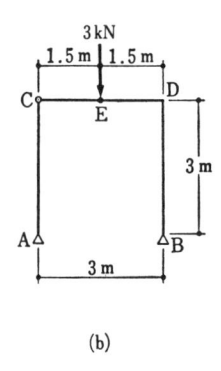　(b)

＜演習問題＞

1. 図に示す片持ばり系ラーメンの固定端A点の曲げモーメントのうち正しいのは次のうちどれか。

　　1) 8 kN·m　　4) 32 kN·m
　　2) 16 kN·m　　5) 40 kN·m
　　3) 24 kN·m

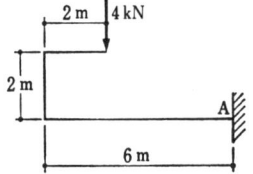

2. 次の(1)～(5)の荷重と曲げモーメント図の組み合わせのうち，正しいものはどれか。

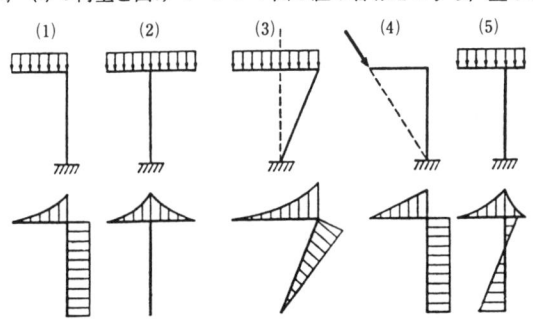

3. 次の(1)〜(5)の曲げモーメント図で，誤っているものはどれか。

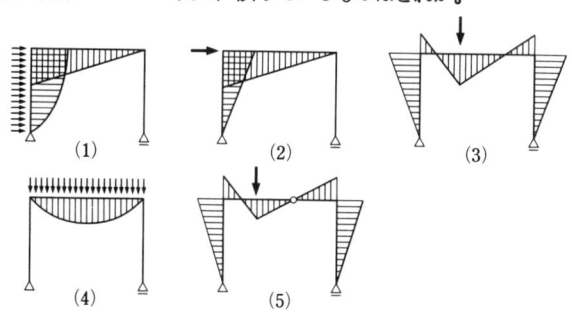

4. 図3-33のような曲げモーメントが生じるラーメンは，次のうちどれか。

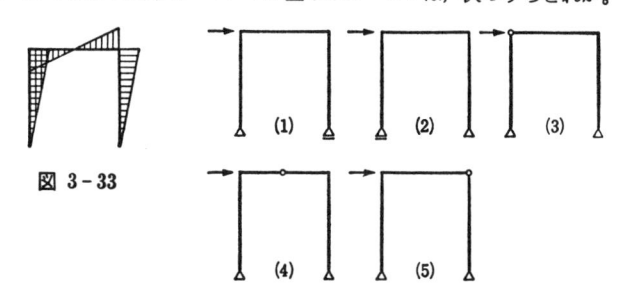

図 3-33

5. 図3-34の単純ばり系ラーメンにモーメント荷重が作用するとき，正しいモーメント図は次のうちどれか。

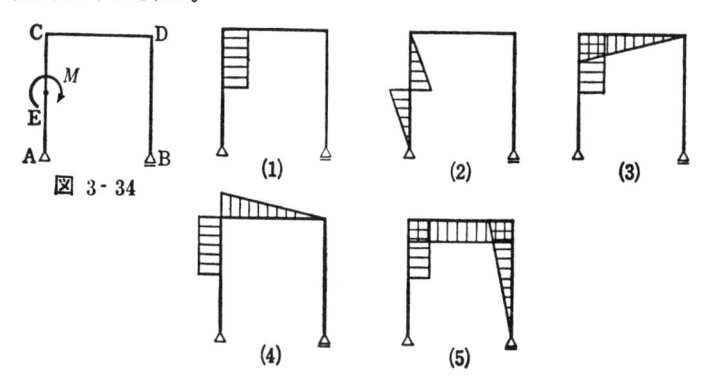

図 3-34

§4. 静定ラーメン　89

6. 図のはりの反力を求め, M 図と Q 図とをかけ。

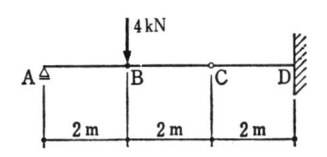

7. 図に示すような単純ばりの応力および反力で, 誤っているのは次のうちどれか。

　　1) C点の曲げモーメント　$\dfrac{Pl}{2}$
　　2) C点の反力　P
　　3) B点の曲げモーメント　0
　　4) B点のせん断力　P
　　5) A端の曲げモーメント　Pl

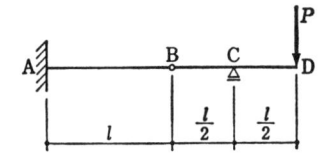

8. 図に示すはりのD点における曲げモーメントの大きさで, 正しいものは次のうちどれか。

　　1) $5\,\text{N·m}$　　4) $30\,\text{N·m}$
　　2) $10\,\text{N·m}$　　5) $20\,\text{N·m}$
　　3) $15\,\text{N·m}$

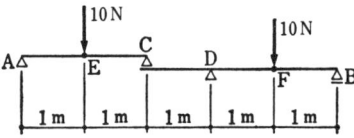

§5. 静定トラス

基本事項

1. 静定トラスの種類

(1) 単純ばり系トラス
(2) 片持ばり系トラス
(3) 平行弦トラス

2. 静定トラスの解法

解法の種類
    a) 節点法
        {図式解法（クレモナ法）
         算式解法
    b) 切断法
        {図式解法
         算式解法（リッター法）

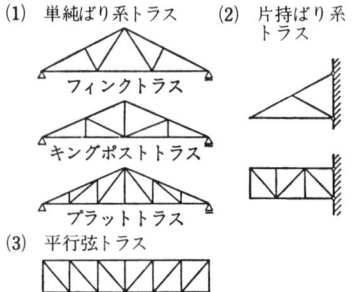

(1) 単純ばり系トラス
  フィンクトラス
  キングポストトラス
  プラットトラス

(2) 片持ばり系トラス

(3) 平行弦トラス
  プラットトラス
  ハウトラス
  ワーレントラス

(注：トラス構造では，部材の集まる節点をピンと仮定して○印で表わすが，ここでは○印を省略して図示している。)

図 3-35

1. 静定トラスの種類

トラスとは平面内にある直線部材を滑節点で互いに接合したものでいろいろな形式があるが，一般的なものとして図3-35の形式のものが多い。

2. 静定トラスの解法

トラスの部材の応力を求めることを**トラスを解く**という。応力算定には，ふつう次の仮定をおく。

① 節点はすべてピン（滑節点）で接合される。
② 部材は直線材で，その材軸は各節点で1点に集まる。
③ 外力（荷重および反力）はすべて節点に作用する。
④ 各部材の変形（伸縮）はきわめて少なく，その二次的な応力は考えなく

てもよい。

以上の仮定によって，部材には曲げモーメントとせん断力は生じない。したがって，トラス部材には，軸方向力(引張力，圧縮力)のみが生じるものと考えて解くことができる。

実際の構造物は，1本の長い材を用いたり，各節点は，リベット，高力ボルトなどで緊結するので，上記の仮定通りではないが，実用計算上では上記の仮定に基づき応力を求めることが多い。

トラスの解き方は，1点に集まる力のつりあい条件によって各節点ごとに解く**節点法**と，力のつりあい条件を用いて任意の中間部材だけの応力を求める**切断法**とがあり，それぞれについて，図式解法と算式解法とがある。しかしふつうは，節点法による**クレモナ**図式解法と切断法による算式解法が多く用いられている。

(1) 節点法

節点法はトラスの各節点の力はつりあうという条件から，各部材の応力を求める方法である。したがって，節点の未知数が2以下でなければ解くことができない。図式解法では示力図を用い，算式解法では，力のつりあい条件式 ($\sum X=0$, $\sum Y=0$) を用いる。

≪例題1≫

図に示す単純ばり系トラスを，図式解法(節点法)を用いて解け。

考え方 各節点において示力図をえがき，部材の応力を求めればよい。図式解法にあたっては，トラスを適当な尺度で正確に作図し，また，定めた力の尺度に従って正しくかくことがたいせつである。

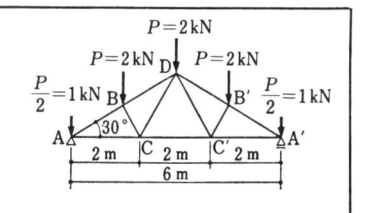

解き方 まず，節点に符号(A，B，C……)をつけ，図3-36(a)のように部材または外力によって囲まれた空間に番号(1，2，3，4……)を記する。これを領域記号という。

(1) 反力を求める。

第3章　静定構造物の応力

対称形の荷重であるから

$$R_A = R_B = \frac{\Sigma P}{2} = \frac{8}{2} = 4\text{kN}$$

(2) 各節点について応力を求める。

A点：A～C材とA～B材の応力は図3-37(b)の示力図をかくことによって求められる。すなわち，適当な力の尺度(たとえば1kN＝1cm)で，既知の力から時計回りの順序に示力図が閉じるよう作図していく。

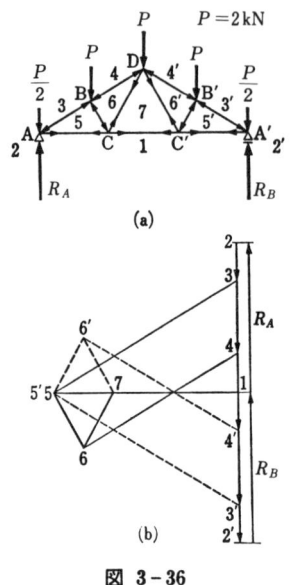

作図順序は $1 \to 2$ ($R_A = 4\text{kN}$)，$2 \to 3$ ($P = 1\text{kN}$)，3からA～B材に平行な線をひき，また，1からA～C材に平行な線をひく。その交点を5とすると，これが示力図となり，$1 \to 2 \to 3 \to 5 \to 1$ と進むように矢印をつけると，この示力図は閉じる。

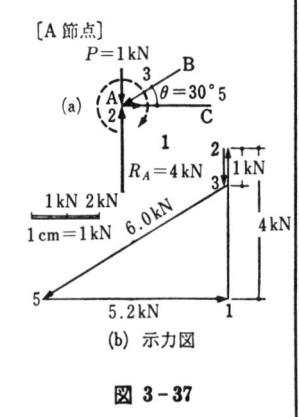

$3 \to 5$ はA～B材，$5 \to 1$ はA～C材の応力の大きさである。次に，各材の圧縮力(－)，引張力(＋)の判別は，図3-37(b)の作図の順序の矢印をそのまま図3-37(a)に移す。A～C材は，節点Aから離れる方向に向く力 ○───▶ であるから引張力を，A～B材は逆に節点Aを押しつぶす力 ○◀─── であるから圧縮力を示す。すなわち A○────▶○C は引張材であり，A○◀────●B は圧縮材である。

B点：A点と同じ考えでよい。B点は図3-38(a)のような部材(B～D材，B～C材)と外力 $P = 2\text{kN}$ ($3 \to 4$)，合掌A～B材 (A点で $3 \to 5$，

図 3-36

図 3-37

§5. 静定トラス　93

6.0 kN が求められている)

　したがって、作図順序は図 3-38(b) の既知の力よりはじめる。すなわち、5→3 (6.0 kN)、3→4 (P=2kN)、4→6 (合掌 C～D 材に平行)、6→5 (方づえ C～B 材に平行) の順にかけば示力図は閉じる。A 点と同様に、B～D 材 (4→6、5.0kN、圧縮力)、B～C 材 (6→5、1.7kN、圧縮力) を求めることができる。

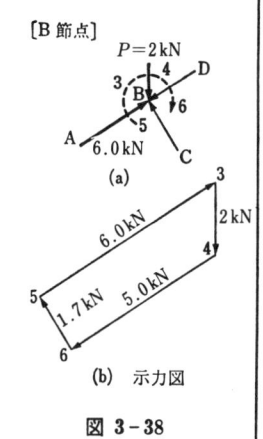

　C 点：C 点では図 3-39(a) のように、既知部材と未知部材が集まっている。作図の順序は 1→5、5→6 (いずれも A、B 点で求められている)、6→7、7→1 の順にかけばよく、C～D 材 (6→7、1.7kN)、C～C′材 (7→1、3.5kN) となる。

　このトラスは D 点において対称形であるから A′～B′材、A′～C′材、D～B′材、B′～C′材、C′～D 材は、それぞれ A～B 材、A～C 材、D～B 材、B～C 材、C～D 材と等しい応力が生じる。(図 3-36(b) の点線の部分)

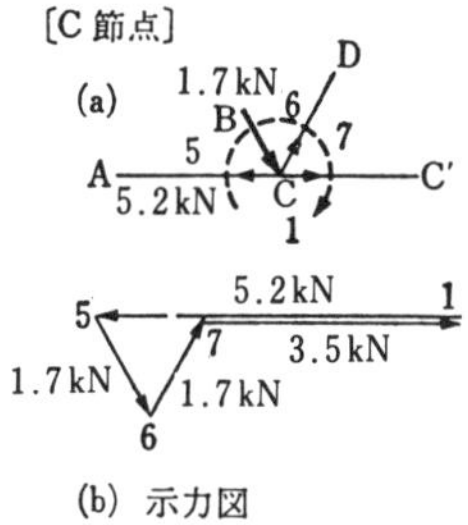

(3)　クレモナ図

　このように、各節点ごとに別個の示力図をかいて応力を求めることは能率的でなく、誤差も生じやすいので、まず、荷重と反力だけの示力図をかき、この示力図をもとにして、いままでの説明の順序によって示力図をえがいてゆけば、図 3-36(a)、(b) を得ることができる。この方法を**クレモナ法**といい、図形を**クレモナ図**という。具体的な作図の方法は荷重 (2→3、3→4、4→4′、4′→3′、3′→2′) から反力 (R_B=4kN　2′→1、R_A=4kN、1→2) の示力図をかき、いままでの説明の順序に示力図をかく。各部材の応力はクレモナ

[B 節点]

(a)

(b) 示力図

図 3-38

[C 節点]

(a)

(b) 示力図

図 3-39

図の線の長さをはかり求め，引張，圧縮の区別は，クレモナ図をえがいたときの向きをトラスの図中に各節点ごとに記入し判断すればよい。結果をまとめれば表のとおりである。

部　材　名	符号	応力(kN)
A～B，A′～B′	−	6.0
B～D，B′～D	−	5.0
A～C，A′～C′	+	5.2
C～C′	+	3.5
B～C，B′～C′	−	1.7
C～D，C′～D	+	1.7

【問1】 図に示すトラスを図式解法（クレモナ法）により解け。

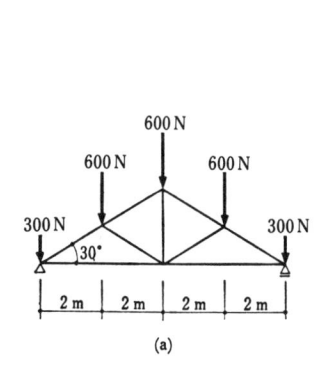

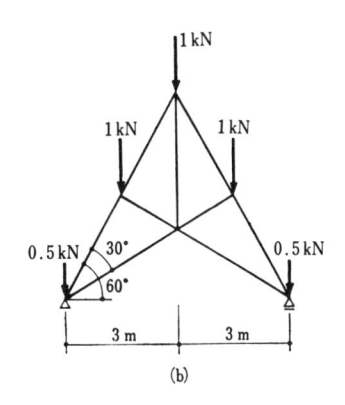

(a)

(b)

≪例題2≫

図に示す片持ばり系トラスを図式解法によって解け。

考え方 片持ばり系トラスでは，片持ばりの解法と同じように反力を求めなくても解くことができる。節点Aから，順次示力図をえがく。

解き方 ＜例題1＞にならって，クレモナ図

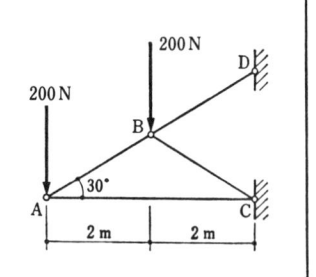

をA点，B点の順にえがき，各部の応力を求めればよい．

参考のために，反力 $R_D(3\to 4)$, $R_C(4\to 1)$ を求めておく．

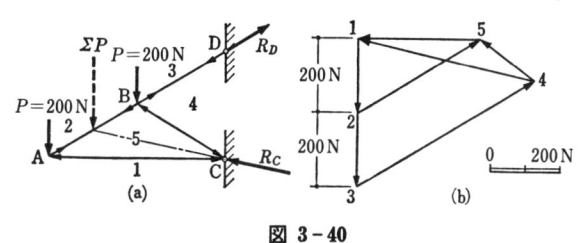

図 3-40

結果をまとめると，右の表のとおりである．

部材名	符号	応力（N）
A〜B	＋	400
A〜C	－	346
B〜D	＋	600
B〜C	－	200

【問2】 図に示す片持ばり系トラスを解け．

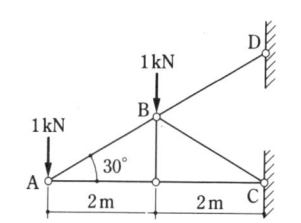

≪例題3≫

図に示す平行弦トラスを図式解法によって解け．

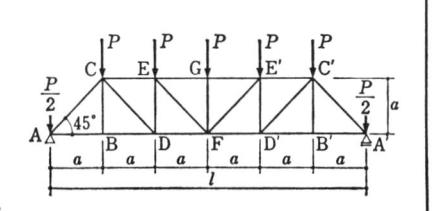

考え方 前例と同じく，クレモナ図をえがいて求める．

解き方 図3-41(a)，(b)のように，節点A，B，C，D，E，F，Gの順に左半分のクレモナ図をえがき，部材の応力の向きを図(a)に記入し，クレモナ図の線分の長さをはかり，応力の大きさを求めればよい．この場合，図(b)で7，6と7′，6′とは同

一点となる。これはC～B材，C′～B′材の応力は0であることを示す。

(a) (b)

図3-41

【問3】 図に示す平行弦トラスを図式解法で解け。

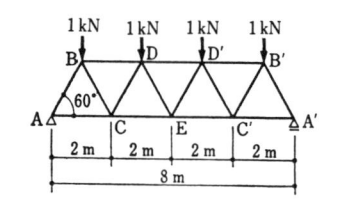

―《例題4》―

図に示すトラスを，算式解法により解け。

考え方 解く順序は図式解法の場合と同じである。両支点の反力を求めて，各節点において，$\sum X=0$，$\sum Y=0$ により解けばよい。

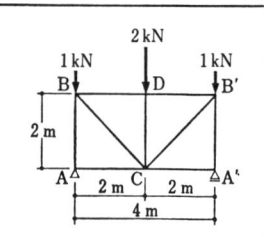

解き方 反力 $R_A=R_B=\dfrac{4\,\mathrm{kN}}{2}=2\,\mathrm{kN}$

A点：X軸，Y軸を考え，A～B材をC_1，A～C材をN_1とし，応力の方向を図3-42(a)のように仮定する。

$\sum Y=0$ より，

$-C_1+R_A=0 \qquad -C_1+2\,\mathrm{kN}=0$

∴ $C_1=2\,\mathrm{kN}$ (圧縮)

$\sum X=0$ より $N_1=0$ (応力は生じない)

B点：B～D材，B～C材をC_2，N_2とし，図3-42(b)のように仮定する。(A～B材はA点で求めたように，圧縮力2kNである)

§5. 静定トラス

$\sum Y = 0$ より $-P + C_1 - N_2 \sin 45° = 0$

$$-1\text{kN} + 2\text{kN} - N_2 \frac{1}{\sqrt{2}} = 0$$

$$N_2 = \frac{1}{\frac{1}{\sqrt{2}}} = \sqrt{2} \fallingdotseq 1.4 \text{kN（引張）}$$

$\sum X = 0$ より $-C_2 + N_2 \cos 45° = 0$

$$C_2 = \sqrt{2} \times \frac{1}{\sqrt{2}} = 1 \text{kN（圧縮）}$$

D点：D〜C材をC_3，D〜B'材をC_2'とし，図3-42(c)のように仮定する。（$C_2 = 1$kN である）

$\sum Y = 0$ より $-P + C_3 = 0 \quad -2 + C_3 = 0$

$$\therefore C_3 = 2\text{kN（圧縮）}$$

$\sum X = 0$ より $C_2 - C_2' = 0 \quad \therefore C_2 = C_2'$

$$\therefore C_2' = 1\text{kN（圧縮）}$$

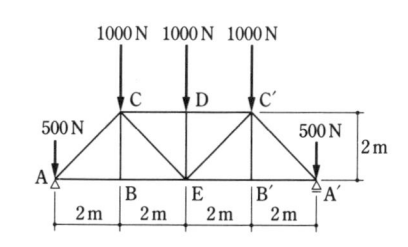

答 $A \sim B = -2\text{kN}$，$B \sim D = -1\text{kN}$，$A \sim C = 0$
$B \sim C = \sqrt{2} = 1.4\text{kN}$，$C \sim D = -2\text{kN}$

(a) A節点
(b) B節点
(c) D節点

図 3-42

【参考】クレモナ図によって解くと，図3-43となる。算式解法と対比してみよ。

図 3-43

【問4】 図に示すトラスを算式解法を用いて解け。

≪例題 5≫

図のような風荷重を受けたトラスの各部材の応力を図式解法により求めよ。

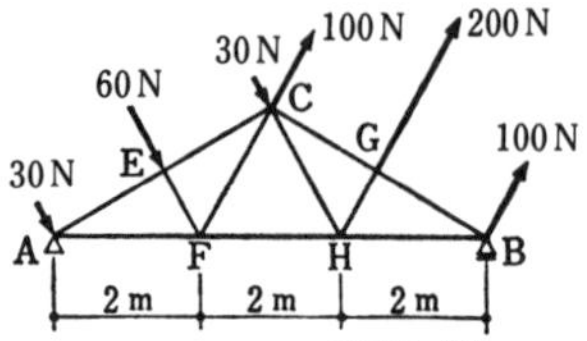

考え方・解き方 両端の反力を求めるために，最初に荷重の合力を求める。

すなわち，図 3-44(a)のように左側 A～C 部分の $\sum P_1$ と右側 B～C 間の合力 $\sum P_2$ を別々に求めたのちに，図式により $\sum P_1$ と $\sum P_2$ の合力 $\sum P$ を求める。

次に，B点は移動端であるから反力 R_B の方向は垂直で，R_B の作用線と $\sum P$ との交

図 3-44

点Dを求め，支点AとDを結べば，ADは反力 R_A の作用線を示す。（つりあう3力は1点に集まる）

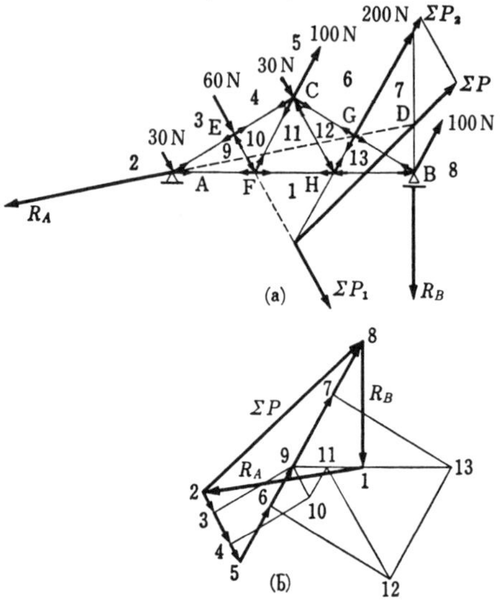

この反力 R_A, R_B は $\sum P$ とつりあっているから，R_A, R_B の大きさと向きを求めるには，力の三角形を用いて図 3-44(b)の2，8から図 3-44(a)の R_A, R_B の作用線に平行線を引き，その交点を1とすれば，8→1は R_B を，1→2は R_A の大きさと向きを示す。

次に，各例題と同じように，A節点から，E, F, C, G, H, Bの各節点の順序によってクレモナ線図をえがき，図 3-44(a)に応力の向きを記入し，クレモナ線図(b)の線の長さをはかって，各部材の応力を求めることができる。

§5. 静定トラス

【問5】 図に示す風荷重を受けるトラスを解け。

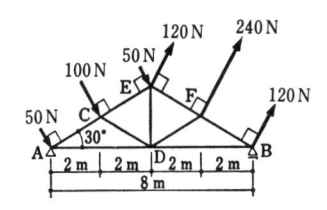

(2) 切断法

トラスの中間にある任意の部材の応力だけを算式解法によって求めたいときは，切断法を用いると便利である．ふつう，次の順序によって求める．

① トラスをある一つの仮想断面で切断する．（切断する部材は3以下）
② 切断した部材の軸方向にはたらく応力を仮定する．（仮定する向きを節点から離れる向きに仮定し，計算の結果から得られた正負が，そのまま，部材の正(引張)，負(圧縮)をあらわす）
③ 切断した左側の部分の荷重・反力と②の応力とにより，力のつりあい条件($\sum X=0$, $\sum Y=0$, $\sum M=0$)から応力を求める．

≪例題6≫

図のようなトラスのD～F材，D～E材，C～E材の応力を，切断法によって求めよ．

考え方 D～F，D～E，C～Eを含む断面で切断し，各材の応力をN_1, N_2, N_3とし，その左側の力のつりあい条件式より求める．

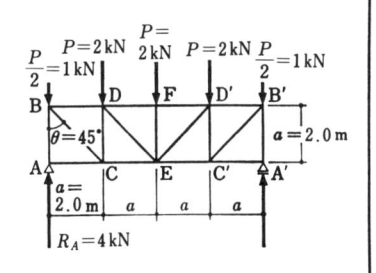

解き方 図3-45のように$Y-Y'$で切断し，N_1, N_2, N_3を各節点から離れるような向きに仮定する．

$\sum Y=0$ より $R_A - \dfrac{P}{2} - P - N_2 \cos\theta = 0$

$4\text{kN} - 1\text{kN} - 2\text{kN} - N_2 \cos\theta = 0$

$N_2 \cos\theta = 1\text{kN}$

$\therefore N_2 = \dfrac{1}{\cos 45°} = \dfrac{1}{\dfrac{1}{\sqrt{2}}} = \sqrt{2} = 1.4\text{kN}$ (引張)

$\sum M_E = 0$ より $\left(R_A - \dfrac{P}{2}\right) \times 2a - P \times a + N_1 \times a = 0$

$3\text{kN} \times 4\text{m} - 2\text{kN} \times 2\text{m} + N_1 \times 2\text{m} = 0$

$\therefore N_1 = -4\text{kN}$ （仮定が反対であるから圧縮）

$\sum M_D = 0$ より $\left(R_A - \dfrac{P}{2}\right) \times a - N_3 \times a = 0$

$3\text{kN} \times 2\text{m} - N_3 \times 2\text{m} = 0 \quad \therefore N_3 = 3\text{kN}$ (引張)

図 3-45

答 D〜F=4kN（圧縮），D〜E=1.4kN（引張），C〜E=3kN（引張）

【問6】 図に示すトラスの④，⑥，ⓒ材の応力を切断法によって求めよ。切断する位置は，それぞれ $Y-Y$ 線とする。

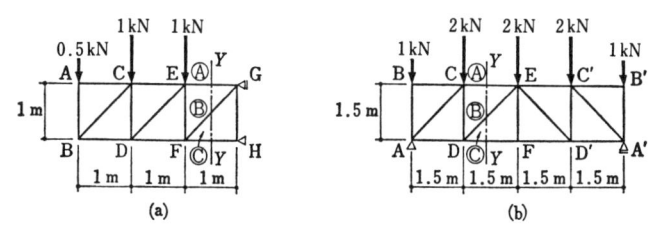

(a)

(b)

≪研究課題≫ 部材置換法

図3-46(a)に示すトラスを図式解法で解いてゆくと，節点A，B，Cの順に進み，節点DとFに達すると，ともに未知数が3個あるので図がえがけなくなる。そこで，DG，EGの2部材を取りはずし，かわりに図3-46(c)のようにEF部材（図の点線のx〜y）を入れてD，E，F節点の順にクレモナ線図をえがき，EH，FG部材の応力を求め，再びx〜y部材を取りはずし，もとのトラスにもどし，F，D，E節点の順にクレモナ線図をえがいてゆけば応力を求めることができる。この方法を**部材置換法**という。図3-46(b)は，置換法を用いてトラスを解いたものである。

§5. 静定トラス **101**

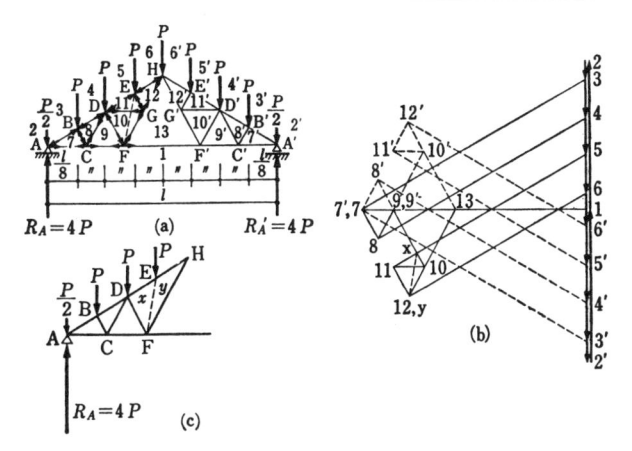

図 3-46

≪演 習 問 題≫

1. 図のトラスの各部材の応力で，誤っているのは次のうちどれか。

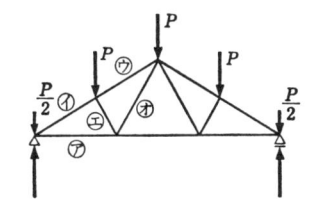

1) ⑦………引張力
2) ④………引張力
3) ⑨………圧縮力
4) ㊀………圧縮力
5) ㊅………引張力

2. 図のような組立柱(クレーン)のD点に荷重2kNがかかったとき，Ⓐ材に加わる軸力は次のうちどれか。

1) $\frac{1}{\sqrt{3}}$kN   4) 1kN
2) 2kN   5) 0kN
3) $2\sqrt{3}$kN

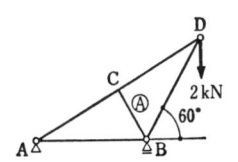

3. 図のトラスにおけるAB材の圧縮力で，次のうち正しいものはどれか。

1) $\sqrt{2}\,P$ 4) $2\sqrt{2}\,P$
2) $\sqrt{3}\,P$ 5) $2\sqrt{3}\,P$
3) $2P$

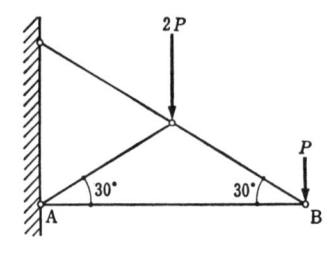

4. 図のように，こう配の異なる(A)および(B)の陸ばりの応力について，次のうち正しいものはどれか。

   1) (A)は(B)の$\dfrac{1}{4}$
   2) (A)は(B)の$\dfrac{1}{2}$
   3) (A)と(B)は等しい
   4) (A)は(B)の2倍
   5) (A)は(B)の4倍

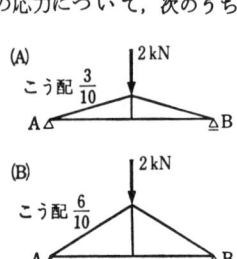

5. 図のような木造軸組に5kNの水平力が作用するとき，鉛直材ABに生じる軸力で正しいものは次のうちどれか。

   1) 6kNの圧縮力
   2) 2.5kNの圧縮力
   3) 応力0
   4) 2.5kNの引張力
   5) 5kNの引張力

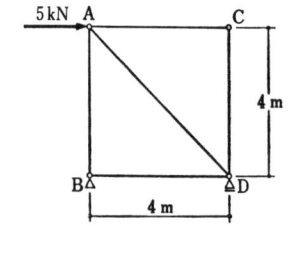

6. 図に示すトラスの部材Ⓐの応力は，次のうちどれか。ただし，引張力を(+)，圧縮力を(−)とする。

   1) $+2P$ 4) $+P$
   2) 0 5) $-P$
   3) $-2P$

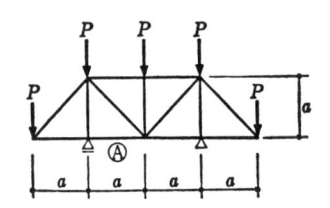

《第 4 章》
部材の性質と変形

　前章までは，部材を線材として扱ってきたが，現実の部材は，幅や厚みをもつものである。

　本章では，部材内部の全断面に生じる応力の変化と，部材母体である材料の性質について考える材料力学（応用力学）について学ぶ。

§1. 材料の性質

1. 応力度

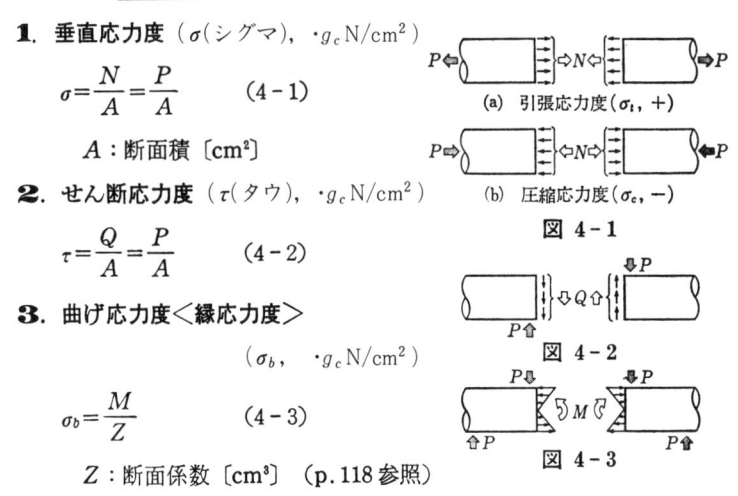

==== 基本事項 ====

1. 垂直応力度（σ（シグマ），$\cdot g_c\,\mathrm{N/cm^2}$）

$$\sigma = \frac{N}{A} = \frac{P}{A} \quad (4-1)$$

A：断面積〔$\mathrm{cm^2}$〕

2. せん断応力度（τ（タウ），$\cdot g_c\,\mathrm{N/cm^2}$）

$$\tau = \frac{Q}{A} = \frac{P}{A} \quad (4-2)$$

3. 曲げ応力度＜縁応力度＞

（σ_b，$\cdot g_c\,\mathrm{N/cm^2}$）

$$\sigma_b = \frac{M}{Z} \quad (4-3)$$

Z：断面係数〔$\mathrm{cm^3}$〕（p.118 参照）

(a) 引張応力度（σ_t, +）
(b) 圧縮応力度（σ_c, −）
図 4−1

図 4−2

図 4−3

断面の単位面積あたりの応力の大きさを**応力度**という。応力度のことを単に応力ということもあるが，外力に対する内力という意味の応力とはっきり区別するためにも，応力度とおぼえたほうがよい。

1. 垂直応力度は，ふつう，材軸に直角な断面に均一に分布していると考える。

2. せん断応力度は，いろいろな角度から考えなければならないが，ここでは，微少部分の単純せん断応力度だけをおぼえておけばよい。

3. 曲げ応力度は，本質的には部材軸に直交した断面に垂直に働く垂直応力度であるが，同一断面内均一分布ではなく，上端および下端の最大曲げ（垂直）応力度を縁応力度という。曲げ応力度と縁応力度は同義語と考えてよい。断面係数については後述する。

（注） 本書では国際単位系を基本としているが，第4章以降における応力計算を行うとき，建築基準法・同施行令などの各種規準が重力単位系となっている数値を用いる場合は，その数値に換算係数 g_c（$=9.80665$）を掛けて国際単位系に換算する。

§1. 材料の性質

≪例題1≫

径16mmの丸鋼を$1500 \cdot g_c$Nの荷重で引っぱったとき,
(1) 応力度は何$\cdot g_c$N/mm²になるか。
(2) 単位を$\cdot g_c$N/cm²であらわせばいくらか。

考え方 直径dの円の面積は$\dfrac{\pi d^2}{4}$である。単位に注意して,式(4-1)に代入する。

解き方 (1) $P = 1500 \cdot g_c$N $A = \dfrac{\pi}{4} \times 16^2 = 201$mm²

$\sigma = \dfrac{P}{A} = \dfrac{1500}{201} = 7.46 \cdot g_c$N/mm²

(2) $P = 1500 \cdot g_c$N $A = \dfrac{\pi}{4} \times 1.6^2 = 2.01$cm²

$\sigma = \dfrac{P}{A} = \dfrac{1500}{2.01} = 746 \cdot g_c$N/cm²

答 (1) $7.46 \cdot g_c$N/mm²   (2) $746 \cdot g_c$N/cm²

【問1】 直径15cm,高さ30cmの円筒形の短柱に,$20 \cdot g_c$kNの圧縮荷重を加えたら,応力度は何$\cdot g_c$N/cm²になるか。

【問2】 引張応力度が$1600 \cdot g_c$N/cm²になったとき,径19mmの丸鋼にはいくらの荷重がかかっているか。

≪例題2≫

図のリベットに$1.2 \cdot g_c$kN/cm²のせん断応力度が生じているとすると,荷重はいくらかかっているか。

考え方 せん断荷重を受ける場所はどこかを考え,その断面積を求める。

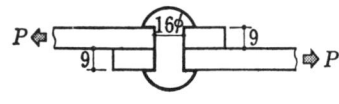

解き方 $\tau = 1.2 \cdot g_c$kN/cm²

$A = \dfrac{\pi}{4} \times 1.6^2 = 2.01$cm²

式(4-2)より $P = \tau A = 1.2 \times 2.01 = 2.41 \cdot g_c$kN   **答** $2.41 \cdot g_c$kN

【問3】 ＜例題2＞で $P=1500 \cdot g_c$ N とすると，せん断応力度はいくらか。

【問4】 鋼材のはりに $10 \cdot g_c$ kN·m の曲げモーメントが作用したとき，曲げ応力度が $2.4 \cdot g_c$ kN/cm² になったとすると，この鋼材の断面係数はいくらか。

2. ひ ず み 度

=== 基本事項 ===

1. 縦ひずみ度（ε（イプシロン），単位なし）

$$\varepsilon = \frac{\Delta l}{l} \quad (4-5)$$

2. せん断ひずみ度（γ（ガンマ），単位なし）

$$\gamma = \frac{\Delta s}{s} \quad (4-5)$$

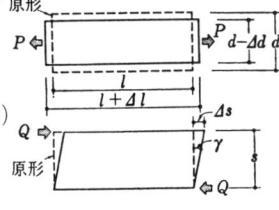

図 4-4

---

1. 縦ひずみ度には，引張ひずみ（伸び）と圧縮ひずみ（縮み）があり，単位は無次元であるが，伸び率（％）としてあらわす場合もある。

2. せん断ひずみ度は，角度（ラジアン）であらわすが，微少変化なので，$\gamma = \tan \gamma = \frac{\Delta s}{s}$ となる。

≪例題3≫

長さ3mの鋼線に引張荷重を加えたら，1.5mmだけ伸びた。
(1) ひずみ度はいくらか。
(2) 長さ1mあたりの伸び量はいくらか。

考え方 単位をそろえることに注意して計算する。

解き方 (1) $l = 3\text{m} = 3000\text{mm}$ $\Delta l = 1.5\text{mm}$

$$\varepsilon = \frac{\Delta l}{l} = \frac{1.5}{3000} = 0.0005$$

(2) $l = 3\text{m}$ $\Delta l = 1.5\text{mm}$ $\frac{1.5}{3} = 0.5\text{mm/m}$

答 (1) 0.0005 (2) 0.5mm/m

§1. 材料の性質　107

【問5】 長さ50cmの丸棒を引っぱったら50.015cmになった。ひずみ度はいくらか。

【問6】 1mの棒に $\dfrac{1}{10000}$ のひずみが生じると何mm変化するか。

3. 弾 性 係 数

　　基本事項

1. ヤング係数（E, N/cm^2）　　　$E = \dfrac{\sigma}{\varepsilon}$ または $\sigma = E\varepsilon$ 　　　(4-6)

2. せん断弾性係数（G, N/cm^2）　$G = \dfrac{\tau}{\gamma}$ または $\tau = G\gamma$ 　　　(4-7)

　すべての部材は弾性体として扱うので，各材料の弾性限度を考え，弾性範囲で使用しなければならない。弾性範囲内では，応力度はひずみ度に正比例する（**フックの法則**）。この比例定数を弾性係数という。

1. 引張・圧縮のときの弾性係数をヤング係数という。代表的な材料のヤング係数の値を次にあげる。

　　鋼　　材　　　$E = 2.1 \times 10^6 \cdot g_c$ N/cm^2　（注：鋼材の強度によらず一定である）
　　コンクリート　$E = 2.1 \times 10^5 \cdot g_c$ N/cm^2　（注：高い強度のコンクリート程大きくなる）
　　木　材（スギ）$E = 0.7 \times 10^5 \cdot g_c$ N/cm^2　（注：木材の種類によって異なる）

2. せん断弾性係数は，はじめのうちはあまり使用しない。

　　≪例題4≫

　引張応力度 $1300 \cdot g_c$ N/cm^2 が加わって 0.0006 のひずみ度が生じたとき，ヤング係数はいくらか。

　考え方　数値が大きくなったり小さくなったりするので，位取りに注意する。

　解き方　$E = \dfrac{\sigma}{\varepsilon} = \dfrac{1300}{0.0006} = 2170000 = 2.17 \times 10^6 \cdot g_c$ N/cm^2

　　　　　または　$\dfrac{13 \times 10^2}{6 \times 10^{-4}} = \dfrac{13}{6} \times 10^6 = 2.17 \times 10^6 \cdot g_c$ N/cm^2

　　　　　　　　　　　　　　　　　　　　　答　$2.17 \times 10^6 \cdot g_c$ N/cm^2

第4章 部材の性質と変形

【問7】 $1000 \cdot g_c \, \text{N/cm}^2$ の圧縮応力度を受けている鋼材のひずみ度はいくらになるか。ヤング係数は $E = 2.1 \times 10^6 \cdot g_c \, \text{N/cm}^2$ とする。

【問8】 $0.7 \times 10^5 \cdot g_c \, \text{N/cm}^2$ のヤング係数をもつ木材に 0.003 の引張ひずみ度を生じているときの応力度はいくらか。

≪例題5≫

長さ1.2m, 断面積 4cm^2 の角棒に, 引張力 $4200 \cdot g_c \, \text{N}$ が作用して, 1mにつき0.5mm伸びた。この材のヤング係数はいくらか。

考え方 式(4-1), (4-4), (4-6)を組み合わせて答を求める。

解き方 式(4-1)から $\sigma = \dfrac{P}{A} = \dfrac{4200}{4} = 1050 (\cdot g_c \, \text{N/cm}^2)$

式(4-4)から $\varepsilon = \dfrac{\Delta l}{l} = \dfrac{0.5}{1000} = 0.0005$

式(4-6)から $E = \dfrac{\sigma}{\varepsilon} = \dfrac{10.5 \times 10^2}{5 \times 10^{-4}} = 2.1 \times 10^6 \cdot g_c \, \text{N/cm}^2$

答 $2.1 \times 10^6 \cdot g_c \, \text{N/cm}^2$

【問9】 断面積 2cm^2, 長さ30cmのアルミ材に, $1400 \cdot g_c \, \text{N}$ の引張力が作用して0.03cm伸びた。ヤング係数はいくらか。

【問10】 長さ1.4m, 直径16mmの丸鋼に引張力が作用して0.4mm伸びた。作用した引張力はいくらか。$E = 2.1 \times 10^6 \cdot g_c \, \text{N/cm}^2$ とする。

4. 材料の強さと許容応力度

|基本事項|

1. 応力ひずみ図

① 比例限度
② 弾性限度
③ 降伏点
④ 終局強さ
⑤ 破断点

$\tan \alpha = \dfrac{\sigma}{\varepsilon} = E$

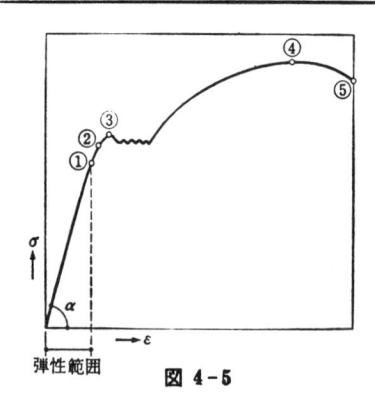

図 4-5

2. 許容応力度

$$\frac{\text{基準の強さ}}{\text{安全率}} \geqq \text{許容応力度}$$

1. 応力度とひずみ度の相関グラフを応力ひずみ図という。ふつう，鋼材の引張状況がモデルとして使われる。木材やコンクリートでは弾性範囲がはっきりしないが，実用上のヤング係数が決められている。

2. 材料の終局強さを，そのまま設計用強さとして考えるわけにはいかない。弾性範囲内で，なおかつ，**クリープ**による影響[※1]，**くりかえし応力**による[※2]疲れ，欠陥などを考え合わせた安全率をとりいれた設計用強さを，許容応力度という。構造物の自重や積載物などの荷重のような長期応力に対する許容応力度と，地震力などによる応力と長期応力を組み合わせた短期応力に対する許容応力度に分けて考える。（付録参照）

≪研究課題≫

(1) 傾斜断面の応力度

軸方向力を受ける部材の材軸に $\theta°$ 傾斜した断面について

$$p = \sigma \cos \theta \quad (4-8)$$
$$\sigma_\theta = \sigma \cos^2 \theta \quad (4-9)$$
$$\tau_\theta = \frac{1}{2} \sigma \sin 2\theta \quad (4-10)$$

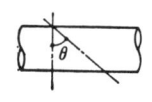

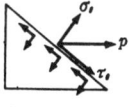

図 4-6

傾斜断面の垂直応力度 σ_θ は，$\theta = 0°$ のとき最大値 σ となり，せん断応力度 τ_θ は，$\theta = 45°$ のとき最大値 $\frac{1}{2}\sigma$ となる。特に重要なことは，軸方向力だけが作用している部材であっても，傾斜断面にはせん断応力度が生じるということである。曲げモーメントが生じている部材のせん断応力度については後述する(p.128)。

※1) 荷重が過大でなくても，作用期間が長いとひずみが増大する現象。

※2) 荷重を(0, +), (0, −), (+, −) などを繰り返し加えること。数万回以上も繰り返すと，材料は小さい応力で破壊する。これを材料の疲れと呼ぶ。

(2) ポアソン数とポアソン比

引張りを受ける部材は，加力方向の伸びとともに，必ずそれに直角な方向の縮みを伴う（横ひずみ）。圧縮についても同様に，軸方向に縮むと同時に断面が増大する。次式のように，この直角2方向のひずみ度の比をポアソン数といい，mであらわす。（図4-4参照）

$$m = \frac{\frac{\Delta l}{l}}{\frac{\Delta d}{d}} \qquad (4-11)$$

鋼材では $m \fallingdotseq 3.3$，コンクリートで $m \fallingdotseq 6$ である。このように，横ひずみ度は縦ひずみ度より小さいので，ふつうの計算では無視する。

ポアソン数の逆数 $\frac{1}{m}$ をポアソン比という。

なお，ポアソン数 m，ヤング係数 E，せん断弾性係数 G の間には，弾性範囲内で次の関係がなりたっている。

$$G = \frac{E}{2\left(1 + \frac{1}{m}\right)} \qquad (4-12)$$

(3) 曲げたわみとねじれ

部材の変形には，伸び，縮み，ずれによるせん断たわみのほか，曲げたわみおよびねじれもある。しかし，曲げたわみは伸びと縮みが同時に生じている状態であり，ねじれはずれの変形であるので，それぞれ，縦ひずみ，せん断ひずみと考えてよい。

＜演 習 問 題＞

1. 直径4cmの円形断面の鋼材を，$2500 \cdot g_c$ N の力で引っぱったときの応力度で，正しい値に最も近いのは次のうちどれか。

　　1）　$150 \cdot g_c \text{N/cm}^2$　　2）　$180 \cdot g_c \text{N/cm}^2$　　3）　$200 \cdot g_c \text{N/cm}^2$
　　4）　$220 \cdot g_c \text{N/cm}^2$　　5）　$250 \cdot g_c \text{N/cm}^2$

§1. 材料の性質　**111**

2. 力学用語と単位の組み合わせで，誤っているのは次のうちどれか。

1) 断面係数………………cm^3
2) ヤング係数………N/cm^2
3) 曲げモーメント……$N \cdot cm$
4) せん断応力度……N/cm^2
5) 縦ひずみ度…………cm

3. 材料の許容応力度に関する記述で誤っているのは，次のうちどれか。

1) 木材の許容圧縮応力度は，許容引張応力度よりも小さい。
2) 木材の短期許容応力度は，長期許容応力度の2倍の値である。
3) 鋼材の許容曲げ応力度は，許容引張応力度と同じである。
4) 鋼材の長期許容応力度は，短期許容応力度の$\frac{2}{3}$である。
5) コンクリートの短期許容圧縮応力度は，長期の値の1.5倍である。

4. 幅1cm，高さが1cmから2cmに変化する図のような角棒の両端を，中心軸方向に$60 \cdot g_c N$の力で引っぱるとき，棒の中央部における応力度はいくらになるか。

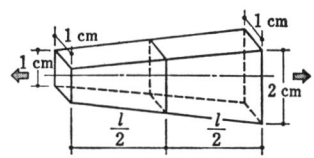

5. 径30mmの丸鋼を$12 \cdot g_c kN$の荷重で引っぱったときのひずみ度はいくらか。また，材の長さが50cmだとすると何cmに伸びるか。$E = 2.1 \times 10^6 \cdot g_c N/cm^2$とする。

6. 径19mmの棒鋼の引張許容応力度を$1600 \cdot g_c N/cm^2$とすれば，この鋼材は何kNの荷重まで安全と考えてよいか。

7. せん断応力度$1000 \cdot g_c N/cm^2$が生じて，材が0.07°だけすべったとすると，せん断弾性係数Gはいくらになるか。

（ヒント）$0.07° = \frac{0.07}{180} \times \pi = 0.001225$（ラジアン）

8. 図のような形に力が作用するとき，A部分は伸び，B部分は縮む。A，B部分は同一材料，同一断面積で$4 cm^2$とし，$P = 700 \cdot g_c N$とすれば，A，B部分の応力度はいくらか。

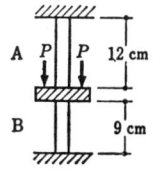

（**ヒント**）　$\Delta l_A = \Delta l_B$（A，B部分の伸び，縮みの量は等しい）

§2. 断面の諸係数

1. 断面一次モーメントと図心

==== 基本事項 ====

1. 断面一次モーメント (S, cm³)

$$\left.\begin{array}{l} S_x = A \times y_0 \\ S_y = A \times x_0 \end{array}\right\} \quad (4-13)$$

S_x：X 軸に対する断面一次モーメント
S_y：Y 軸に対する断面一次モーメント
A：断面積
y_0：断面の図心から X 軸までの距離
x_0：断面の図心から Y 軸までの距離

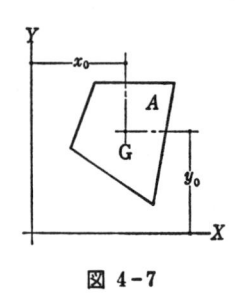

図 4-7

2. 図心の求め方

$$\left.\begin{array}{l} y_0 = \dfrac{S_x}{A} = \dfrac{a_1 y_1 + a_2 y_2 + a_3 y_3 + \cdots\cdots + a_n y_n}{a_1 + a_2 + a_3 + \cdots\cdots + a_n} \\[2mm] x_0 = \dfrac{S_y}{A} = \dfrac{a_1 x_1 + a_2 x_2 + a_3 x_3 + \cdots\cdots + a_n x_n}{a_1 + a_2 + a_3 + \cdots\cdots + a_n} \end{array}\right\} \quad (4-14)$$

a_n：分割された各断面積
y_n：a_n の図心から X 軸までの距離
x_n：a_n の図心から Y 軸までの距離

図心はここでは重心と同義語と考えてよい。断面の重心を通る軸についての断面一次モーメントは，つねに0である。また，断面を適当に分割し，その分割された各断面の，任意の軸についての断面一次モーメントの和は，その全断面のその軸についての断面一次モーメントと等しい。このことを知ることによって，複雑な形の断面でも図心の位置を求められる。

≪例題1≫

図の断面の各軸に対する断面一次モーメントを求めよ。

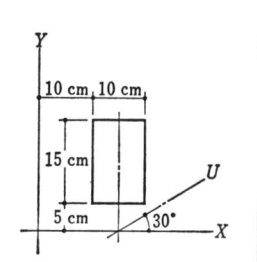

考え方 図心から各軸までの距離を正確に求めればよい。

解き方 (1) X軸に対して,
$$A = 10 \times 15 = 150 \text{ cm}^2$$
$$y_0 = 5 + \frac{15}{2} = 12.5 \text{ cm}$$
$$S_x = A \times y_0 = 150 \times 12.5 = 1875 \text{ cm}^3$$

(2) Y軸に対して,
$$x_0 = 10 + \frac{10}{2} = 15 \text{ cm}$$
$$S_y = A \times x_0 = 150 \times 15 = 2250 \text{ cm}^3$$

(3) U軸に対して,
$$v_0 = y_0 \cos 30° = 12.5 \times \frac{\sqrt{3}}{2} = 10.825 \text{ cm}$$
$$S_u = A \times v_0 = 150 \times 10.825 = 1623.75 \text{ cm}^3$$

答 (1) X軸に対して 1875 cm^3
(2) Y軸に対して 2250 cm^3
(3) U軸に対して 1624 cm^3

【問1】 図の断面の各軸に対する断面一次モーメントを求めよ。

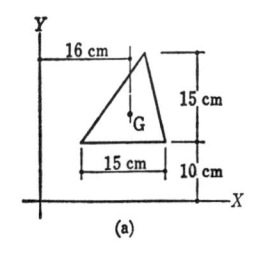

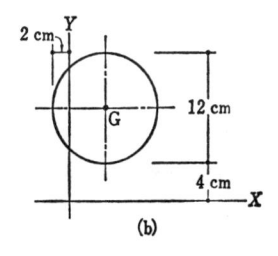

≪例題2≫

図の断面の図心の位置を求めよ。

考え方 断面積と図心がわかるような長方形に分割する。図にそれぞれの図心からの距離を記入するとわかりやすい。

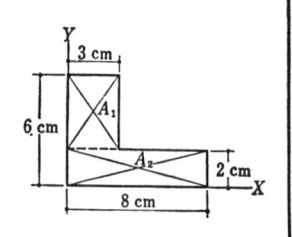

解き方 図のように軸を設定し、断面を分割する。

$A_1 = 3 \times (6-2) = 12 \text{ cm}^2$ $y_1 = 2 + \dfrac{4}{2} = 4 \text{ cm}$ $x_1 = \dfrac{3}{2} = 1.5 \text{ cm}$

$A_2 = 2 \times 8 = 16 \text{ cm}^2$ $y_2 = \dfrac{2}{2} = 1 \text{ cm}$ $x_2 = \dfrac{8}{2} = 4 \text{ cm}$

$y_0 = \dfrac{S_x}{A} = \dfrac{(12 \times 4) + (16 \times 1)}{12 + 16} = \dfrac{64}{28} \fallingdotseq 2.29 \text{ cm}$

$x_0 = \dfrac{S_y}{A} = \dfrac{(12 \times 1.5) + (16 \times 4)}{12 + 16} \fallingdotseq 2.93 \text{ cm}$

答 X 軸から 2.29 cm, Y 軸から 2.93 cm

【問2】 下図の断面の図心を求めよ。

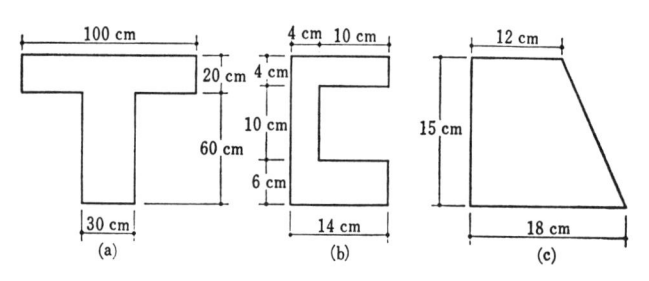

2. 断面二次モーメント

【基本事項】

1. 図心軸に対する断面二次モーメント (I, cm⁴)

a) 長方形断面

$$I_{x0} = \dfrac{bh^3}{12} \qquad (4\text{-}15)$$

§2. 断面の諸係数　115

b) 三角形断面

$$I_{x0} = \frac{bh^3}{36} \qquad (4-16)$$

c) 円形断面

$$I_{x0} = \frac{\pi d^4}{64} \qquad (4-17)$$

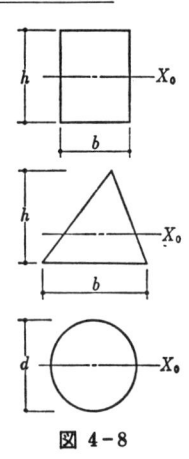

図 4-8

2. 図心軸から離れた平行軸に対する断面二次モーメント

$$I_x = I_{x0} + A \times y_0^2 \qquad (4-18)$$

　　I_x：X 軸に対する断面二次モーメント

　　I_{x0}：図心軸に対する断面二次モーメント

　　A：断面積

　　y_0：断面の図心から X 軸までの距離

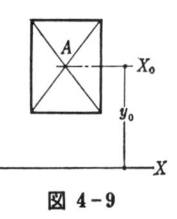

図 4-9

3. 分割された断面の断面二次モーメント

$$I_x = I_1 + I_2 + I_3 + \cdots\cdots + I_n \qquad (4-19)$$

　　I_x：X 軸に対する全断面の断面二次モーメント

　　I_n：X 軸に対する分割された個々の断面の断面二次モーメント

断面二次モーメントは，部材の断面形状が，どれだけ曲げの強さに影響するかをあらわす重要な係数である。式の誘導については《研究課題》および第3節で述べる。(p.128 参照)

1. 長方形断面はよく使われる式なので，必ず完全におぼえておくこと。図心を通る Y 軸に対しては，$I_{y0} = \dfrac{b^3 h}{12}$ となる。

2. 断面の図心から平行軸までの距離 y が大きいときは，I_0 は $A \times y^2$ に

比べて極めて小さくなるので省いてもよい。このときは，Ay^2を断面二次モーメントの近似値とする。

3. 分割される断面の断面二次モーメントは，それぞれの断面二次モーメントの和を求めればよく，中空の断面の場合は，空白部分の断面二次モーメントを全体のものから減らせばよい。

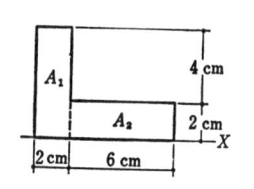

◁例題 3▷

図の断面の X_0，Y_0 軸に対する断面二次モーメントを求めよ。

解き方 $I_{x0} = \dfrac{bh^3}{12} = \dfrac{6 \times 12^3}{12} = 864 \text{ cm}^4$

$I_{y0} = \dfrac{b^3 h}{12} = \dfrac{6^3 \times 12}{12} = 216 \text{ cm}^4$

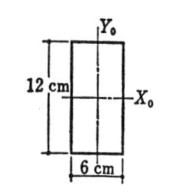

答 $I_{x0} = 864 \text{ cm}^4$，$I_{y0} = 216 \text{ cm}^4$

◁例題 4▷

図の断面の X 軸に対する断面二次モーメントを求めよ。

考え方 いろいろな方法があるが，ここではまず，二つの長方形に分割する。

解き方 A_1 部分　$I_{x0} = \dfrac{2 \times 6^3}{12} = 36 \text{ cm}^4$

$I_{x1} = I_{x0} + Ay^2$

$\phantom{I_{x1}} = 36 + (12 \times 3^2)$

$\phantom{I_{x1}} = 36 + 108 = 144 \text{ cm}^4$

A_2 部分　$I_{x0} = \dfrac{6 \times 2^3}{12} = 4 \text{ cm}^4$

$I_{x2} = 4 + (12 \times 1^2) = 4 + 12 = 16 \text{ cm}^4$

∴ $I_x = I_{x1} + I_{x2} = 144 + 16 = 160 \text{ cm}^4$

答 160 cm^4

§2. 断面の諸係数　**117**

【問3】 図の断面の X_0, X 軸に対する断面二次モーメントを求めよ。

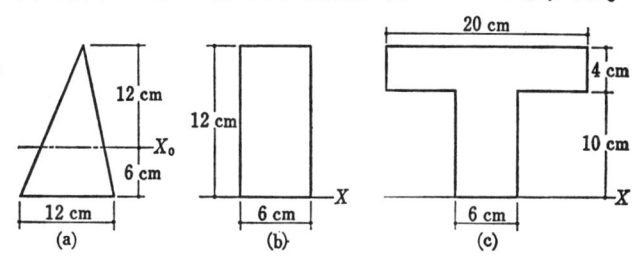

(a) 三角形：底辺12 cm、高さ12 cm（X_0軸から上6 cm、下6 cm）
(b) 長方形：幅6 cm、高さ12 cm
(c) T形：上辺20 cm、厚さ4 cm、下部高さ10 cm、幅6 cm

≪**例題5**≫

図の断面の図心軸についての断面二次モーメントを求めよ。

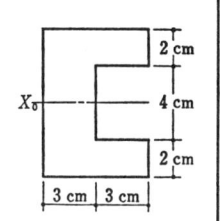

考え方　全体の断面二次モーメントから，中空部分のものをひけばよい。

解き方　全体部分

$$I_{x1} = \frac{bh^3}{12} = \frac{6 \times 8^3}{12} = 256 \text{ cm}^4$$

中空部分

$$I_{x2} = \frac{3 \times 4^3}{12} = 16 \text{ cm}^4$$

$$I_{x0} = I_{x1} - I_{x2} = 256 - 16 = 240 \text{ cm}^4$$

答　240 cm⁴

【問4】 図の断面の X_0 軸に対する断面二次モーメントを求めよ。

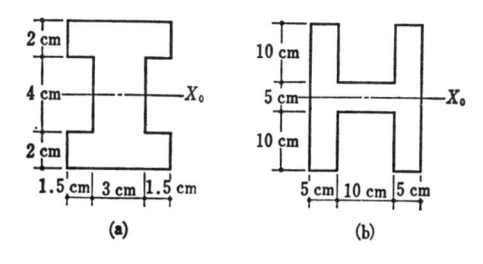

(a) I形：上下フランジ各2 cm、ウェブ4 cm、フランジ幅 1.5 cm + 3 cm + 1.5 cm
(b) H形：左右フランジ高さ各10 cm、中央ウェブ5 cm、幅 5 cm + 10 cm + 5 cm

3. 断面係数,断面二次半径

==基本事項==

1. 断面係数 (Z, cm³)

$$Z_1 = \frac{I}{y_1} \qquad Z_2 = \frac{I}{y_2} \qquad (4-20)$$

y_1, y_2：図心軸から上下両端までの距離

2. 断面二次半径 (i, cm)

$$i = \sqrt{\frac{I}{A}} \qquad (4-21)$$

---

1. 断面二次モーメントがわかっていると，図心軸から端部までの距離で割って断面係数を求めることができる。この場合，上下対称でない断面では上下端までの距離が違い，断面係数も二つの値があるので注意を要する。曲げ材の計算に用いる。

長方形断面の場合 $y_1 = y_2 = \dfrac{h}{2}$ であるから $Z = \dfrac{\dfrac{bh^3}{12}}{\dfrac{h}{2}} = \dfrac{bh^2}{6}$ となる。

2. 断面二次半径は，圧縮材や曲げ材の設計に必要な値で，図心軸のとり方は無数に考えられるが，ふつう，最大値または最小値となる特定の図心軸が用いられる。長方形断面の場合 $i = \sqrt{\dfrac{\dfrac{bh^3}{12}}{bh}} = \sqrt{\dfrac{h^2}{12}} = \dfrac{h}{\sqrt{12}}$ となる。

≪例題 6≫

図の断面の図心軸についての断面二次モーメント，断面係数，断面二次半径を求めよ。

考え方 底辺を X 軸と考え，まず，図心の位置を求めてから計算する。

解き方 (1) $y_0 = \dfrac{S_x}{A} = \dfrac{A_1 y_1 + A_2 y_2 + A_3 y_3}{A_1 + A_2 + A_3}$

$= \dfrac{(30 \times 28.5) + (72 \times 15) + (45 \times 1.5)}{(3 \times 10) + (3 \times 24) + (3 \times 15)}$

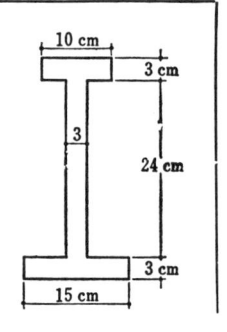

$$= \frac{855+1080+67.5}{30+72+45} = \frac{2002.5}{147} \fallingdotseq 13.62\,\mathrm{cm}$$

$$y_1 = 30 - 13.62 = 16.38\,\mathrm{cm}$$

(2) A_1 の断面二次モーメント

$$I_1 = \frac{10 \times 3^3}{12} + 30 \times (16.38 - 1.5)^2$$

A_2 の断面二次モーメント

$$I_2 = \frac{3 \times 24^3}{12} + 72 \times (16.38 - 15)^2$$

A_3 の断面二次モーメント

$$I_3 = \frac{15 \times 3^3}{12} + 45 \times (13.62 - 1.5)^2$$

図心軸の断面二次モーメント

$$I_x = I_1 + I_2 + I_3 = 16.902\,\mathrm{cm}^4$$

(3) $\quad Z_1 = \dfrac{I_x}{y_1} = \dfrac{16902}{16.38} \fallingdotseq 1032\,\mathrm{cm}^3$

$\quad\;\; Z_2 = \dfrac{I_x}{y_2} = \dfrac{16902}{13.62} \fallingdotseq 1241\,\mathrm{cm}^3$

(4) $\quad i_x = \sqrt{\dfrac{I_x}{A}} = \sqrt{\dfrac{16902}{147}} \fallingdotseq 10.72\,\mathrm{cm}$

答 断面二次モーメント $16.902\,\mathrm{cm}^4$

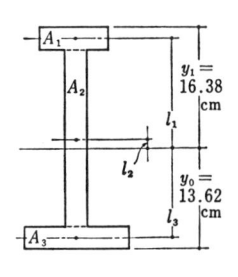

断面係数 $1031\,\mathrm{cm}^3$, $1241\,\mathrm{cm}^3$

断面二次半径 $10.72\,\mathrm{cm}$

【問5】 図に示す断面の図心軸に対する断面二次モーメント,断面係数,断面二次半径を求めよ。

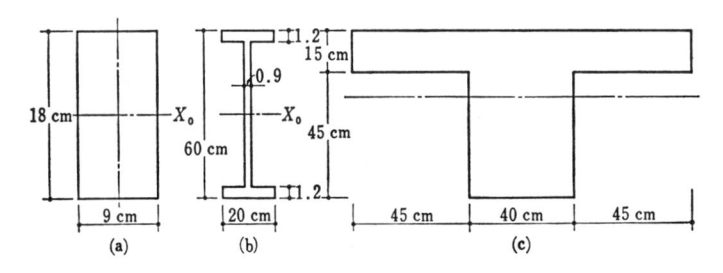

第4章 部材の性質と変形

≪研究課題≫

(1) 断面二次モーメント

断面二次モーメントは，曲げ応力度の算定の過程ででてくる式につけた名称で，図の微小断面積 dA と設定された軸までの距離 y の2乗の積を全断面について寄せ集めたものである。

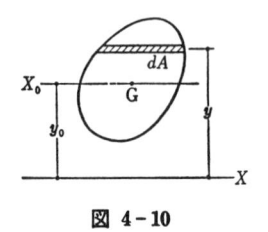

図 4-10

$$I_x = \sum y^2 dA \qquad (I_y = \sum x^2 dA)$$

長方形断面では $dA = bdy$ とすれば，

$$I_x = \sum y^2 dA = \sum y^2 b dy$$
$$= b\int_{-\frac{h}{2}}^{\frac{h}{2}} y^2 dy = \frac{b}{3}\left[y^3\right]_{-\frac{h}{2}}^{\frac{h}{2}} = \frac{bh^3}{12}$$

断面二次モーメントの値はつねに正で，かつ図 4-11 (a), (b), (c) のように断面が軸に平行に移動してもその値はかわらない。

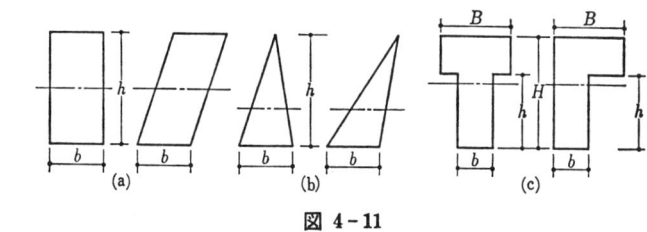

図 4-11

(2) その他の二次モーメント

図のような微小断面積 dA と二つの軸 X，Y からの距離 y，x との積を全断面について寄せ集めたもの，すなわち $\sum xy dA$ を X，Y 軸に関する**断面相乗モーメント**(I_{xy}) といい，$I_{xy} = 0$ となるような直交座標軸を，断面の図心に関する**主軸**という。主軸では，断面二次モーメントが最大値と最小値になり，最大値となる軸を強軸，最小値となる軸を弱軸という。対称軸は主軸となる。

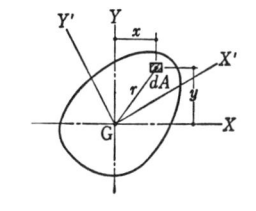

図 4-12

§2. 断面の諸係数

dA と O 点からの距離 r の 2 乗の積を全断面について寄せ集めたものを**断面極二次モーメント** $I_p = \sum r^2 dA$ という。極二次モーメントと，X，Y 軸に関する断面二次モーメントの間には次の関係がある。

$$I_p = I_x + I_y$$

＜演習問題＞

1. 図のような断面において，X 軸より重心までの距離で最も近いのは，次のうちどれか。 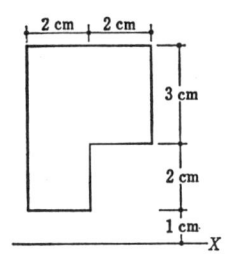
   1) 4.5 cm
   2) 4.3 cm
   3) 4.2 cm
   4) 4.0 cm
   5) 3.8 cm

2. 図のような長方形断面の X 軸のまわりの断面二次モーメントを求める式で正しいものは，次のうちどれか。 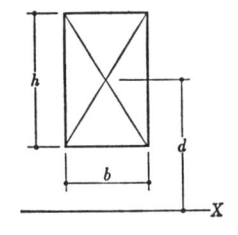
   1) $\dfrac{bh^3}{12} + bhd^2$
   2) $\dfrac{bh^3}{12} + bhd$
   3) $\dfrac{b^3h}{12} + bhd^2$
   4) $\dfrac{bh^2}{12} + bhd$
   5) $\dfrac{b^2h}{12} + bhd^2$

3. 図に示す X 軸に関する断面二次モーメントの値で正しいものは，次のうちどれか。 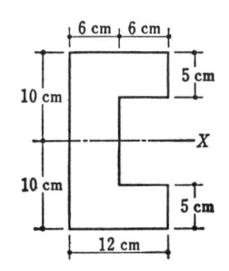
   1) 6000 cm⁴
   2) 6500 cm⁴
   3) 7000 cm⁴
   4) 7500 cm⁴
   5) 8000 cm⁴

4. 図に示す断面の図心軸に対する断面二次モーメント，断面係数，断面二次半径を求めよ．

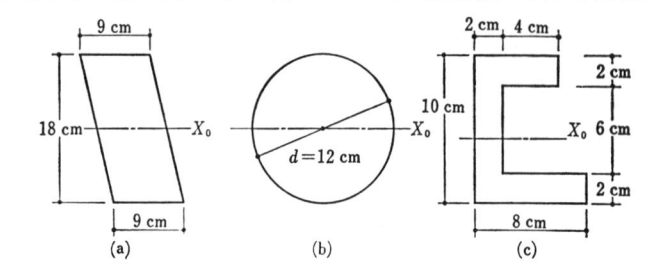

5. 図に示す断面の断面二次モーメントの比を求めよ．

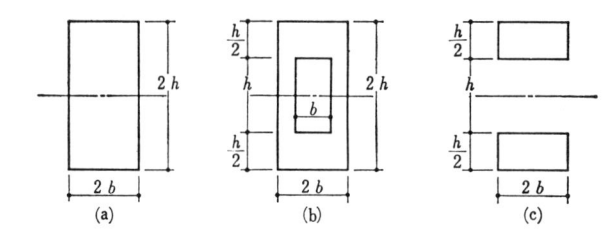

6. 正方形断面（下図(a)）の対角線を軸として，これに対する断面二次モーメントを求めよ．

7. 三角形断面（下図(b)）の図心軸に対する断面係数と断面二次半径を求めよ．

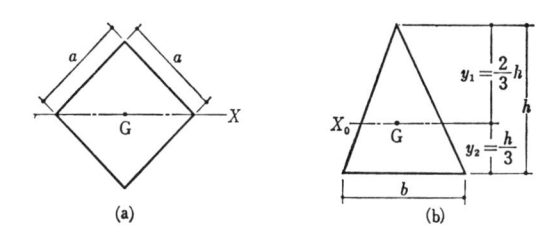

§3. 部材断面の算定

1. 引　張　材

基本事項

1. 引張材の検討

$$\sigma_t = \frac{N_t}{A_n} \leqq f_t$$

(4-22)

σ_t：引張応力度〔N/cm², kN/cm²〕
N_t：引張応力〔N, kN〕
A_n：有効断面積〔cm²〕
f_t：許容引張応力度〔N/cm², kN・cm²〕

荷重を加えて生じた引張応力をその部材の断面積で割った引張応力度が，許容応力度以下の場合は安全である。引張材の場合の断面積は，全断面積から穴などの欠損面積を引いた正味の**有効断面積**を用いる。

≪例題 1≫

10cm 角のヒノキ材に $7 \cdot g_c$ kN（長期）の引張力が作用している。

(1) 安全かどうか検討せよ。

(2) また，幅 3cm×6cm のほぞ穴がある場合はどうか。

考え方　ヒノキの許容応力度を調べる。　（$f_t = 90 \cdot g_c$ N/cm²）

(2) の場合は図をかいて，欠損面積が何 cm×cm かを確かめる。

解き方　(1)　$A = 10 \times 10 = 100$ cm²　（欠損なし）

$N_t = 7 \cdot g_c$ kN $= 7000 \cdot g_c$ N

$\sigma_t = \frac{7000}{100} = 70 \cdot g_c$ N/cm² $< f_t = 90 \cdot g_c$ N/cm²　　**圏** 安全

(2)　$A = 100 - (3 \times 10) = 70$ cm²

$\sigma_t = \frac{7000}{70} = 100 \cdot g_c$ N/cm² $> f_t$　　**圏** 安全でない

【問1】 $\phi16$ のリベットで接合してある L-50×50×6 の鋼材 (SN400, $A = 5644\,cm^2$) に $6 \cdot g_c\,kN$ の長期引張応力が生じているとき,安全かどうか検討せよ。

(ヒント)

リベット $\phi16$ 中の穴径 17mm,鋼の長期許容応力度は $1.6 \cdot g_c\,kN/cm^2$。

【問2】 12cm×12cm の断面のスギ角材がある。短期で何 $\cdot g_c\,kN$ の引張力まで作用させることができる。

≪例題2≫

長期荷重により引張力 $8.5 \cdot g_c\,kN$,短期荷重により引張力 $15 \cdot g_c\,kN$ を生じる引張材をアカマツで設計せよ。断面積は正方形とする。

考え方 (1) 荷重または応力が,長期と短期の両方ある場合は,二つの比を求めてどちらか一方で検討すればよい。

(2) 式(4-22)から $A_n \geq \dfrac{N_t}{f_t}$ を導いて所要有効断面積を計算し,市販寸法のうち近いものにする。

解き方 (1) $\dfrac{短期荷重}{長期荷重} = \dfrac{15}{8.5} = 1.76$

木材の場合 $\dfrac{短期許容応力度}{長期許容応力度} = 2$ であり,この例の場合は長期のほうが不利であるから,長期許容応力度で検討すればよい。

(2) $A_n \geq \dfrac{N_t}{f_t} = \dfrac{8500}{60} = 141.67\,cm^2$

$141.67\,cm^2$ 以上あればよいから,$12 \times 12 = 144\,cm^2$ とする。

(3) $\sigma_t = \dfrac{N_t}{A_n} = \dfrac{8500}{144} = 59.03 < 60 \cdot g_c\,N/cm^2$ (安全)

答 12cm×12cm

【問3】 引張力 $17 \cdot g_c\,kN$(長期)が生じている部材をスギ材で設計せよ。断面積は幅 10cm とすれば,成は何 cm としたらよいか。

【問4】 引張力 $4.5 \cdot g_c\,kN$(長期)が生じている部材に丸棒鋼(SN400)を使う場合,最小径として 9mm,12mm,16mm,19mm,22mm のどれがよいか。

2. 圧 縮 材

基本事項

1. 座 屈
　　細長い棒状の部材を圧縮すると，圧縮応力に余裕があるのに急に安定を失って曲がってしまう現象。

2. 細長比 (λ)

$$\lambda = \frac{l_k}{i} \quad (4-23)$$

　　l_k：座屈長さ
　　i：断面二次半径

3. 許容座屈応力度 (f_k) による検討

$$\frac{N_c}{A} \leq f_k \quad (4-24)$$

　　N_c：圧縮応力
　　A：断面積

ただし，

$$f_k = \frac{\sigma_k}{n} \quad (4-25)$$

　　σ_k：弾性座屈応力度
　　n：安全率

4. 木構造の場合

$$f_k = \eta f_c \quad (4-26)$$

　　η：材の細長比に応じて決まる座屈低減係数
　　f_c：許容圧縮応力度

---

1. 座屈を考えなくてもよい圧縮材を短柱，座屈が生じる部材を長柱という。木材や鋼材を使用した圧縮材は，ふつうの場合，長柱である。

2. 座屈長さは，両端支持状態によって決まる構造設計用の材長で，両端ピンの材長が基準である。

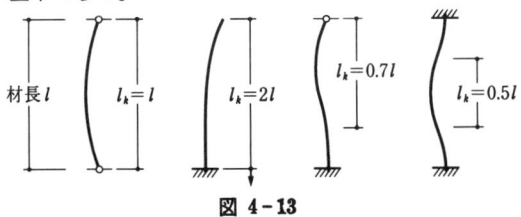

図 4-13

細長比は大きいほうが座屈に対して不利となるので，座屈長さが同じ場合は，断面二次半径の小さいほうの軸が座屈しやすい弱軸，すなわち座屈軸となる。

3. 座屈しはじめる限界荷重である弾性座屈荷重に対応する弾性座屈応力度（σ_k）に安全率を考慮して求められたのが，許容座屈応力度である。**鋼構造の圧縮材の算定にはこれを使用する。**（付録参照）

4. 木構造の圧縮材の算定には，座屈低減係数（η：イータ）を使用する。座屈低減係数の値は，細長比（λ）に応じて求められている。（付録参照）

≪例題3≫

10cm 角のヒノキの短柱に $6 \cdot g_c$ kN（長期）の圧縮力が作用したとき，安全かどうか検討せよ。

考え方 付表より $f_c = 70 \cdot g_c$ N/cm² 　　短柱は座屈の考慮不要。

解き方 $A = 10 \times 10 = 100$ cm²

$N_c = 6 \cdot g_c$ kN $= 6000 \cdot g_c$ N

$\sigma_c = \dfrac{6000}{100} = 60 \cdot g_c$ N/cm² $< f_c = 70 \cdot g_c$ N/cm²　　　**答 安 全**

【問5】 ＜例題3＞の木材は何 $\cdot g_c$ kN までの長期圧縮力に安全か。

≪例題4≫

座屈長さ 1.8m，長期圧縮力 $6 \cdot g_c$ kN が作用する部材に，L-75×75×9 (SN400, $A = 12.69$ cm², $i_v = 1.45$ cm) を使用してよいか検討せよ。

考え方 鋼材の長期応力に対する許容圧縮応力度表を使用する。

$A = 12.69$ cm²　　$i = 1.45$ cm （i_x, i_y, i_u, i_v の最小値）

解き方 $\lambda = \dfrac{l_k}{i} = \dfrac{180}{1.45} = 124$　　付表より　$f_k = 0.622 \cdot g_c$ kN/cm²

$\sigma_c = \dfrac{6}{12.69} = 0.47 \cdot g_c$ kN/cm² $< f_k$　　　**答 安 全**

§3. 部材断面の算定　127

【問6】 座屈長さ 2m，長期圧縮力 $3 \cdot g_c \mathrm{kN}$ が作用する部材に，L-65×65×6 (SN400) を使用して安全か検討せよ。

――≪例題5≫――

座屈長さ 3m，断面 12cm 角のヒノキ柱に $3 \cdot g_c \mathrm{kN}$ (長期) の圧縮力が作用した場合，安全か検討せよ。

[考え方] 計算順序を考える。① 断面積，断面二次半径，② 細長比，③ 座屈係数，④ 圧縮応力度

[解き方] $A = 12 \times 12 = 144 \mathrm{cm}^2$

$$i = \frac{12}{\sqrt{12}} = \sqrt{12} \qquad \lambda = \frac{l_k}{i} = \frac{300}{\sqrt{12}} = 86.61 \to 87$$

付表より　$\eta = 0.43$

$$f_k = \eta f_c = 0.43 \times 70 = 30.10 \cdot g_c \mathrm{N/cm}^2$$

$$\sigma_c = \frac{N}{A} = \frac{3000}{144} = 20.83 \cdot g_c \mathrm{N/cm}^2 < f_k \qquad \text{答 安全}$$

【問7】 ≪例題5≫のヒノキ柱は，短期では何・$g_c \mathrm{kN}$ の圧縮力まで耐えることができるか。　(ヒント) 木材の短期許容応力度は長期の2倍。

――≪例題6≫――

両端ピン，材長 3m で長期圧縮力 $2 \cdot g_c \mathrm{kN}$ が生じている柱を正方形断面のヒノキで設計せよ。

[考え方] まず，断面を仮定しなければならないが，引張材と違って η がはいって許容応力度がかわったりするため，経験により適宜断面を仮定し，適当な断面がみつかるまで計算を繰り返す。

[解き方] ≪例題5≫でヒノキ 12cm 角では相当余裕があるのがわかっているので，断面を 10.5×10.5cm としてみる。

$$A = 10.5 \times 10.5 = 110.25 \mathrm{cm}^2$$

$$i = \frac{h}{\sqrt{12}} = \frac{10.5}{\sqrt{12}} = \frac{10.5 \times 3.46}{12} = 3.03 \mathrm{cm}$$

128　第4章　部材の性質と変形

$$\lambda = \frac{l_k}{i} = \frac{300}{3.03} = 99.01 \to 99 \quad 付表より \quad \eta = 0.31$$

$$f_k = \eta f_c = 0.31 \times 70 = 21.70 \cdot g_c \, \text{N/cm}^2$$

$$\sigma_c = \frac{2000}{110.25} = 18.14 \cdot g_c \, \text{N/cm}^2 < f_k \quad (可)$$

答　$10.5 \text{cm} \times 10.5 \text{cm}$

【問 8】 座屈長さ 3.6m，長期圧縮力 $6 \cdot g_c$ kN，短期圧縮力 $10 \cdot g_c$ kN が生じている柱を正方形断面のスギで設計せよ。

3. 曲げ材

|基本事項|

1. 曲げ応力度に対する検討

$$\sigma_b = \frac{M}{Z} \leqq f_b \quad (4-28) \qquad f_b：許容曲げ応力度$$

2. せん断応力度に対する検討

$$\tau_{max} = k \frac{Q}{A} \leqq f_s \quad (4-29) \qquad f_s：許容せん断応力度$$

k：断面形によって決まる定数

（長方形の場合　$k = 1.5$）

3. たわみに対する検討

$$\delta_{max} = \alpha \frac{Pl^3}{EI} \leqq 制限たわみ \quad (4-30)$$

α：支持状態，荷重状態によって決まる定数

$\left(等分布荷重時の単純ばりの場合　\alpha = \frac{5}{384}\right)$

P：全荷重 (wl)　　l：スパン

曲げモーメントまたは曲げモーメントとせん断力が起こる部材を曲げ材といい，はりで代表される。曲げモーメントとせん断力が同時に生じている場合，それぞれ応力度が許容応力度以下になると同時に，さらに，たわみ量の

§3. 部材断面の算定　**129**

検討も合わせ行なわなければならない。

1. ふつう曲げモーメントが生じているはりは，上側が縮み(圧縮)，下側が伸び(引張)ている。中央付近の伸びも縮みもしない，すなわち応力度0の**面を中立面**といい，中立面とはりの断面との交線を中立軸という。垂直応力度の分布は図のようになり，中立軸から最も遠い上端および下端で最大値となる(縁応力度)。

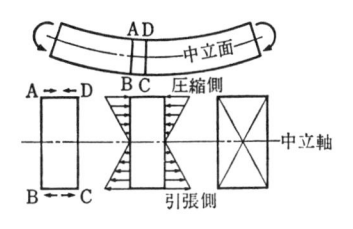

図 4-14

算定式についてつりあい条件式の $\sum M=0$ を考えると，中立軸から y の距離にある微少部分 dA に生じている応力 σdA が，中立軸まわりに与える力のモーメントの総和 $\sum \sigma dAy$ と曲げモーメント M がつりあわなければならないから，

$$\sum M=0 \qquad M=\sum \sigma dAy$$

ここで $y=1$ のときの応力度を σ_0 とすると，　　$\sigma=\sigma_0 y$

$$M=\sum \sigma_0 dAy^2 = \sigma_0 \sum dAy^2$$

$\sum dAy^2 = I$ とおくと，

$$M=\sigma_0 I \qquad \therefore \quad \sigma_0 = \frac{M}{I}$$

この I を断面二次モーメントと呼ぶのである。

したがって，　　$\sigma = \sigma_0 y = \dfrac{M}{I} y$

$\dfrac{I}{y} = Z$ とおくと，　　$\sigma = \dfrac{M}{Z}$

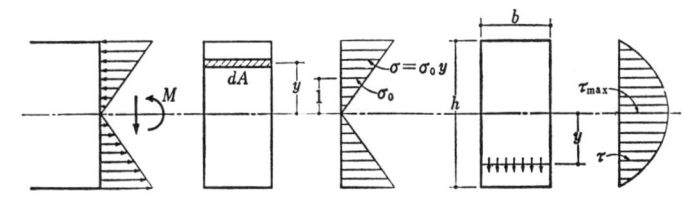

図 4-15

2. 曲げ応力度と同時に生じているせん断応力度は，断面に均一分布ではなく，$y=0$ すなわち中立軸上において最大値，端部で0の放物線分布となる。算定式は $\tau = \dfrac{QS}{bI}$　　S：断面一次モーメント
　　b：はり幅
　　I：断面二次モーメント

より導かれる。

3. たわみは，ふつうスパンの $\dfrac{1}{300}$ 以下，木造ばりの場合は，スパンに関係なく3cm以下に制限される。算定式は第5章で説明する。

≪例題 7≫

12cm角のヒノキ材のはりがある。
(1) $18 \cdot g_c$ kN·cm（長期）の曲げモーメントが作用したとき，安全か。
(2) 長期許容曲げモーメントはいくらか。
(3) 長期許容せん断力はいくらか。

考え方 (1) 正方形断面であるから，断面係数の値は一つだけである。

(2) $\dfrac{M}{Z} \leq f_b$　　$M = f_b \times Z$　　$f_b = 90 \cdot g_c \text{N/cm}^2$

(3) $k\dfrac{Q}{A} \leq f_s$　　$Q = \dfrac{f_s \times A}{k}$　　$f_s = 7 \cdot g_c \text{N/cm}^2$
　　　　　　　　　　　　　　　$k = 1.5$

解き方 (1) $Z = \dfrac{b^3}{6} = \dfrac{12^3}{6} = 288 \text{ cm}^3$

$\sigma_b = \dfrac{M}{Z} = \dfrac{18000}{288} = 62.5 \cdot g_c \text{N/cm}^2 < f_b$ （安全）

(2) $M = 90 \times 288 = 25920 \cdot g_c \text{N·cm} = 25.9 \cdot g_c \text{kN·cm}$

(3) $Q = \dfrac{7 \times 144}{1.5} = 672 \cdot g_c \text{N} = 0.672 \cdot g_c \text{kN}$

答 (1) 安全　(2) $25.92 \cdot g_c$ kN·cm　(3) $0.672 \cdot g_c$ kN

【問9】 12cm×21cmのヒノキ材のはりに $900 \cdot g_c$ N·m（長期）の曲げモーメントが作用した場合，安全か検討せよ。

（ヒント）単位をまちがえないこと。

§3. 部材断面の算定

≪例題8≫

図のはりに 12 cm×24 cm のアカマツを採用した。安否を検討せよ。

考え方 M_{max} と Q_{max} を計算し，曲げ応力度，せん断応力度とも検討する。

解き方
$$M_{max}=\frac{wl^2}{8}=\frac{600\times 3^2}{8}=675\cdot g_c\text{N}\cdot\text{m}=67500\cdot g_c\text{N}\cdot\text{cm}$$

$$Q_{max}=\frac{wl}{2}=\frac{1800}{2}=900\cdot g_c\text{N}$$

$$Z=\frac{bh^2}{6}=\frac{12\times 24^2}{2}=1152\text{cm}^3$$

$$\sigma_b=\frac{M}{Z}=\frac{67500}{1152}=58.59\cdot g_c\text{N/cm}^2<95\cdot g_c\text{N/cm}^2 \quad (安全)$$

$$\tau_{max}=1.5\frac{Q}{A}=\frac{1.5\times 900}{12\times 24}=\frac{1350}{288}=4.69\cdot g_c\text{N/cm}^2<8\cdot g_c\text{N/cm}^2$$

答 安全

【問10】 図のようなはりに9cm角のアカマツ材を使用した場合の安否を検討せよ。
また，スギ材ならばどうか。

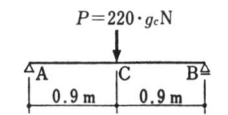

≪例題9≫

図のような中央集中荷重(長期)を受けるはりに 12 cm×18 cm のヒノキ材を使用した。P はいくらまで許し得るか。

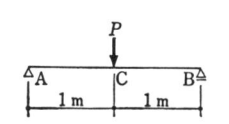

考え方 許容曲げモーメントおよび許容せん断力を計算し，生じる曲げモーメント，せん断力がそれ以下になるような P を決める。

解き方 $f_b=90\cdot g_c\text{N/cm}^2$

$$Z=\frac{bh^2}{6}=\frac{12\times 18^2}{6}=648\text{cm}^3$$

$M\leq f_b\times Z$

$\quad=90\times 648=58320\cdot g_c\text{N}\cdot\text{cm}=583.2\cdot g_c\text{N}\cdot\text{m}$

$M = \dfrac{Pl}{4}$ から　$P = \dfrac{4M}{l} = \dfrac{4M}{2} = 2M$

$\therefore P \leqq 583.2 \times 2 = 1166.4 \cdot g_c \mathrm{N}$

$f_s = 7 \cdot g_c \mathrm{N/cm^2}$

$Q \leqq \dfrac{7 \times (12 \times 18)}{1.5} = 1008 \cdot g_c \mathrm{N}$

$Q = \dfrac{P}{2}$ から　$P \leqq 1008 \times 2 = 2016 \cdot g_c \mathrm{N}$

許容曲げモーメントから計算した P と，許容せん断力から計算した P を比べ，不利なほうの値を採用する。ふつうの場合，曲げモーメントにより決まる。

答　$1166 \cdot g_c \mathrm{N}$

【問11】　＜例題9＞のはりに等分布荷重が作用したとすると，w は何 $\cdot g_c \mathrm{N/m}$ まで許し得るか。

―＜例題10＞―

　長期荷重による曲げモーメント $190 \cdot g_c \mathrm{kN \cdot cm}$ が生じているはりを，幅 15cm のアカマツ材で設計せよ。

[考え方]　所要断面係数を計算して，それに近い断面をさがす。

[解き方]　式(4-28)より，

$$Z \geqq \dfrac{M}{f_b} = \dfrac{190000}{95} = 2000 \,\mathrm{cm^3}$$

(1)　$b = 15\,\mathrm{cm}$，$h = 30\,\mathrm{cm}$ とすると，

$$Z = \dfrac{bh^2}{6} = \dfrac{15 \times 30^2}{6} = \dfrac{15 \times 900}{6} = 2250\,\mathrm{cm^3}$$

(2)　$b = 15\,\mathrm{cm}$，$h = 29\,\mathrm{cm}$ とすると，

$$Z = \dfrac{bh^2}{6} = \dfrac{15 \times 29^2}{6} = \dfrac{15 \times 841}{6} = 2100\,\mathrm{cm^3}$$

(3)　$b = 15\,\mathrm{cm}$，$h = 28\,\mathrm{cm}$ とすると，

$$Z = \dfrac{bh^2}{6} = \dfrac{15 \times 28^2}{6} = \dfrac{15 \times 784}{6} = 1960\,\mathrm{cm^3}$$

以上により (2) の $h = 29\,\mathrm{cm}$ とする。

§3. 部材断面の算定　*133*

$$\sigma_b = \frac{M}{Z} = \frac{190000}{2100} = 90.5 < 95 \cdot {}_gc\,\mathrm{N/cm^2} \quad (可)$$

[別解]　$Z = \dfrac{bh^2}{6} = 2000\,\mathrm{cm^3}$ より

$$h \geq \sqrt{\frac{2000 \times 6}{15}} = 28.28\,\mathrm{cm} \longrightarrow 29\,\mathrm{cm}$$

[答]　$15\,\mathrm{cm} \times 29\,\mathrm{cm}$

【問12】曲げモーメント $76000 \cdot {}_gc\,\mathrm{N \cdot cm}$(長期)が生じているはりを，幅12cmのアカマツ材で設計せよ。

4. 組合せ応力材

[基本事項]

1. 2方向に曲げを受ける部材

$$\sigma = \left| \frac{M_x}{Z_x} + \frac{M_y}{Z_y} \right| \leq f_b \quad (4-31)$$

2. 軸方向荷重と曲げを受ける部材

$$\sigma_{\max} = \left| \frac{N}{A} \pm \frac{M}{Z} \right| \leq f \quad (4-32)$$

3. 偏心荷重を受ける部材

$$\sigma = \frac{N}{A} \pm \frac{Ne}{Z} \quad (4-33)$$

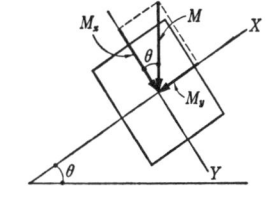

図 4-16

4. 断面の核

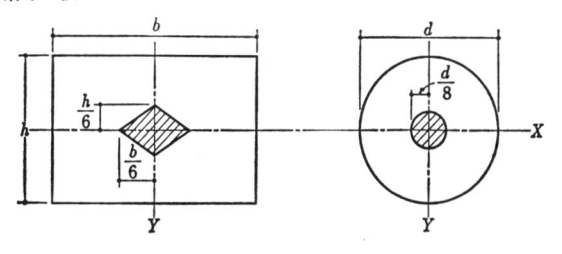

図 4-17

1. 曲げが断面の主軸以外の方向に作用するときは,その曲げモーメントを二つの主軸方向に分けて考え,2方向の曲げを受ける部材として計算する。

2. 軸方向力 N と曲げモーメント M が同時に起こる部材の算定は,N による垂直応力度と M による縁応力度を合成して得られた最大応力度が,材料の許容応力度より小さいことを確かめればよい。ただし,N の正負や,N と M の大小関係によって許容応力度の性質がかわるから注意する。

曲げを伴う引張材では, $\quad \sigma = \left| \dfrac{N_t}{A_n} + \dfrac{M}{Z_t} \right| \leqq f_t$

同じく,$N_t/A_n < M/Z_c$ の場合は, $\sigma = \left| \dfrac{N_t}{A_n} - \dfrac{M}{Z_c} \right| \leqq f_b$

曲げを伴う圧縮材では, $\quad \sigma = \dfrac{N_c}{A} + \dfrac{f_c}{f_b} \cdot \dfrac{M}{Z_c} \leqq f_c$

同じく,木材の場合は, $\quad \sigma = \dfrac{N_c}{A} + \dfrac{f_k}{f_b} \cdot \dfrac{M}{Z_c} \leqq f_k \, (f_k = \eta f_c)$

となる。

$\left\{\begin{array}{l} \text{ただし,} f_t:\text{許容引張応力度,} f_c:\text{許容圧縮応力度,} f_b:\text{許容曲げ応力度,} \\ N_t:\text{引張力,} N_c:\text{圧縮力,} M:\text{曲げモーメント,} A_n:\text{有効断面積,} A:\text{断面積,} \\ Z_t:\text{引張側断面係数,} Z_c:\text{圧縮側断面係数,} \eta:\text{座屈低減係数,} f_k:\text{許容座} \\ \text{屈応力度} \end{array}\right.$

3. 断面の図心を通らない偏心荷重が作用する場合は,軸心に作用する荷重と図心からの偏心距離 e を考えた曲げモーメント $M = Ne$ の組合せ応力材とする。

4. 偏心荷重を受ける部材は,偏心距離 e の大小によって,σ の符号は全断面同種になるかまたは異種となる。$e = \dfrac{Z}{A}$ が同種の垂直応力度の生じる限界で,この限界をつないだ図形を断

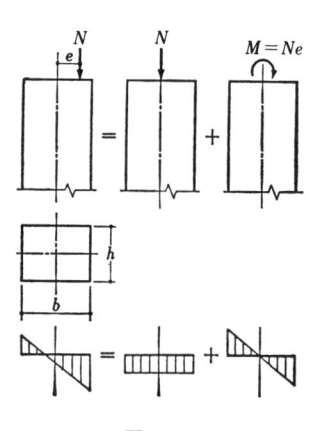

図 4-18

面の核という。長方形断面では $Z=\dfrac{bh^2}{6}$, $A=bh$ であるから,

$e=\dfrac{bh^2}{6}\cdot\dfrac{1}{bh}=\dfrac{h}{6}$ となる。

$e<\dfrac{h}{6}$　　　　$e=\dfrac{h}{6}$　　　　$e>\dfrac{h}{6}$

図 4-19

各種の断面に対して,核はそれぞれ固有の形をもっており,擁壁や建物の基礎などのように底面に引張力が生じないほうがよい設計に利用される。

≪例題 11≫

$M_x=60\cdot g_c$ kN·cm, $M_y=80\cdot g_c$ kN·cm（いずれも長期）を受ける材に20cm×30cm のスギ材を使用した。安全かどうか検討せよ。

考え方　単位に気をつける。スギ長期 $f_b=75\cdot g_c$ N/cm²

解き方　$Z_x=\dfrac{bh^2}{6}=\dfrac{20\times 30^2}{6}=\dfrac{20\times 900}{6}=3000$ cm³

$Z_y=\dfrac{b^2h}{6}=\dfrac{20^2\times 30}{6}=\dfrac{400\times 30}{6}=2000$ cm³

$\sigma=\dfrac{M_x}{Z_x}+\dfrac{M_y}{Z_y}=\dfrac{60000}{3000}+\dfrac{80000}{2000}=20+40=60<75\cdot g_c$ N/cm²　■　安全

【問13】　$M_x=38\cdot g_c$ N·m, $M_y=22\cdot g_c$ N·m（いずれも長期）を受ける材に, 9cm 角のアカマツ材を使用した。安全かどうか検討せよ。

≪例題 12≫

図のようなもやに 9cm 角のスギ材を使用した。安全かどうか検討せよ。

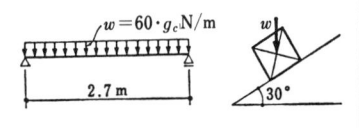

$w=60\cdot g_c$ N/m
2.7 m
30°

考え方　荷重を断面の主軸方向に分けて考え, M_x, M_y を求めて2方向の曲げモーメントを受ける材として計算する。

136 第4章 部材の性質と変形

解き方
$$w_x = w\cos\theta = 60\cos 30° = 60 \times \frac{\sqrt{3}}{2} = 52 \cdot g_c \text{N/m}$$

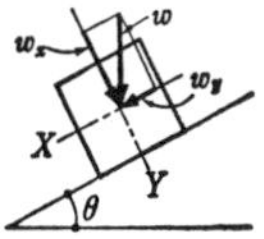

$$w_y = w\sin\theta = 60\sin 30° = 60 \times \frac{1}{2} = 30 \cdot g_c \text{N/m}$$

$$M_x = \frac{w_x l^2}{8} = \frac{52 \times 2.7^2}{8} = \frac{52 \times 7.29}{8}$$
$$= 47.39 \cdot g_c \text{N·m} = 4739 \cdot g_c \text{N·cm}$$

$$M_y = \frac{w_y l^2}{2} = \frac{30 \times 2.7^2}{8} = \frac{30 \times 7.29}{4} = 27.34 \cdot g_c \text{N·m} = 2734 \cdot g_c \text{N·cm}$$

$$Z = \frac{bh^2}{6} = \frac{9^3}{6} = 121.5 \text{cm}^3$$

$$\sigma = \frac{M_x}{Z_x} + \frac{M_y}{Z_y} = \frac{4739}{121.5} + \frac{2734}{121.5} = 38.9 + 22.4$$
$$= 61.50 < 75 \cdot g_c \text{N/cm}^2$$

図 4-20

答 安全

【問14】 ＜例題12＞で $w = 80 \cdot g_c \text{N/m}$（長期），$l = 1.8 \text{m}$ の場合，安全かどうか検討せよ。

── ≪例題 13≫ ──

$N_t = 3120 \cdot g_c \text{N}$, $M = 350 \cdot g_c \text{N·m}$（いずれも短期）を受ける材に，12cm角のアカマツ材を使用した。安全かどうか検討せよ。

考え方 (4-32)の曲げを伴う引張材の式を使う。短期許容応力度は長期の2倍。

解き方 $A = 12 \times 12 = 144 \text{cm}^2$

$$Z = \frac{bh^2}{6} = \frac{12^3}{6} = \frac{1728}{6} = 288 \text{cm}^3$$

$$\sigma = \frac{N_t}{A_n} + \frac{M}{Z_t} = \frac{3120}{144} + \frac{35000}{288}$$
$$= 21.67 + 121.53 = 143.20 < 150 \cdot g_c \text{N/cm}^2$$

答 安全

【問15】 $N_t = 5.8 \cdot g_c \text{kN}$, $M = 12 \cdot g_c \text{kN·cm}$（いずれも長期）を受ける材に，15cm×15cm のスギ材を使用した場合，その安全性を検討せよ。

── ≪例題 14≫ ──

$N_c = 3 \cdot g_c \text{kN}$, $M = 22.6 \cdot g_c \text{kN·cm}$（いずれも長期），$l_k = 3 \text{m}$ の材に，

§3. 部材断面の算定

12cm×15cm のヒノキ材を使用した場合の安全性を検討せよ。

考え方 式(4-32)のうち，曲げを伴う圧縮材(木材)の式を使う。

解き方 $A = 12 \times 15 = 180 \text{ cm}^2$　　$f_b = 90 \cdot g_c \text{ N/cm}^2$, $f_c = 70 \cdot g_c \text{ N/cm}^2$

$$Z = \frac{bh^2}{6} = \frac{12 \times 15^2}{6} = 450 \text{ cm}^3$$

$$i = \frac{h}{\sqrt{12}} = \frac{15}{\sqrt{12}} = 4.33 \text{ cm}$$

$$\lambda = \frac{300}{4.33} = 69 \quad \text{付表より} \quad \eta = 0.61 \quad f_k = 70 \times 0.61 = 42.7 \cdot g_c \text{ N/cm}^2$$

$$\sigma = \frac{N_c}{A} + \frac{M}{Z_c} \cdot \frac{f_k}{f_b} = \frac{3000}{180} + \frac{22600}{450} \times \frac{42.7}{90}$$

$$= 16.67 + 23.83 = 40.50 < 42.70 \cdot g_c \text{ N/cm}^2 \qquad \text{答 安全}$$

【問16】 $N_c = 12 \cdot g_c \text{ kN}$, $M = 30 \cdot g_c \text{ kN·cm}$ (いずれも短期), $l_k = 3.6 \text{ m}$ の材に，15cm 角のアカマツ材を使用した場合の安全性を検討せよ。

≪例題15≫

図に示す荷重を受ける建築物の底面の反力が，全面圧縮力となるようにするには，底面の幅 l をいくらにすればよいか。

$H = 70 \cdot g_c \text{ kN}$, 4m, 8m, 4m, $W = 350 \cdot g_c \text{ kN}$, l m

考え方 (1) 底面に対して鉛直力 W と同時に，水平力 H によるモーメント M がはたらくことになるが，これは，W が $e = \dfrac{M}{W}$ だけ偏心してはたらいたものと考えればよい。

(2) また，全底面が圧縮力であるためには，$e \leq \dfrac{l}{6}$ である。

解き方 (1) $M = 70 \times 4 = 280 \cdot g_c \text{ kN·m}$

$$e = \frac{M}{W} = \frac{280}{350} = 0.8 \text{ m}$$

(2) $e \leq \dfrac{l}{6}$　　$0.8 \leq \dfrac{l}{6}$　　$l \geq 6 \times 0.8 = 4.8 \text{ m}$

答 4.8 m 以上

【問17】 ＜例題15＞で底面の幅を 6 m とすると，全底面圧縮であるためには，H は何・g_ckN までよいか。（W は 350・g_ckN そのままとする）

≪研究課題≫

(1) 座屈理論

長柱に圧縮荷重が作用すると，荷重が小さいときは縮むだけで荷重をとりのぞくともとにもどるが，ある限度以上の荷重になると，横に大きく曲がりだしてもとにもどらなくなる。これは図(a)のような安定な状態から，図(c)の不安定なつりあい状態に移るわけで，この中間の図(b)のような中立のつりあい状態の荷重を座屈荷重という。このように座屈では，単につりあいだけでなく，どんな場合に不安定なつりあいになるかということも考えていかなければならない。

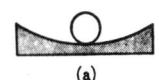

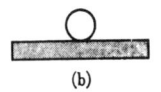

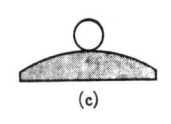

図 4-21

座屈荷重を求めるには，純理論式として次のオイラー式がある。

$$N_k = \frac{\pi^2 EI}{l_k^2} \quad (4-34)$$

N_k：弾性座屈荷重 l_k：座屈長さ EI：曲げ剛性

図 4-13(p.125)の座屈長さ l_k の図の値は，このオイラー式からきている。このほかオイラー式の適用範囲外についてのテトマイヤーの実験式などがある。

しかし，現実の部材は，完全に均質ではなく，直線材といっても，厳密には元たわみがあり，また荷重を作用させるときの避けられない偏心などのために，適当な安全率を設定し，座屈を考慮した許容応力度を使った実用式で計算するのである。

圧縮材全体の座屈のほかに，薄板状断面の部材で部分的に起こる局部座屈，曲げ材が面外にねじれて横に曲がりだす横座屈，せん断力の生じている薄板部材に局部的に 45°方向に生じるせん断座屈などがある。

§3. 部材断面の算定

(2) 曲げ剛性

曲げを受ける部材の変形をあらわす図4-22において，変形後の近接した二つの断面を mn, pq とすれば，これらはわん曲中心 O で交わる（中立軸からわん曲中心までの距離をわん曲半径，曲率半径という）。

ここで中立軸から y の距離の層のひずみ度を考えてみると，

$$\varepsilon = \frac{\Delta l}{l_0} = \frac{\overline{d'd}}{cd'} = \frac{y\Delta\theta}{\rho\Delta\theta} = \frac{y}{\rho}$$

フックの法則式(4-6)より， $\sigma = E\varepsilon = E\dfrac{y}{\rho} = \dfrac{E}{\rho}y$

$\dfrac{\sigma}{y} = \sigma_0$ とすると， $\sigma_0 = \dfrac{E}{\rho}$

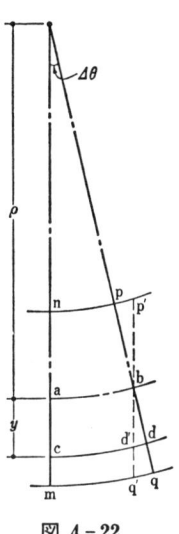

図 4-22

p.129の過程の式より， $\sigma_0 = \dfrac{M}{I}$　　$\dfrac{E}{\rho} = \dfrac{M}{I}$　　∴　$\dfrac{1}{\rho} = \dfrac{M}{EI}$

一定の M に対して EI が大きいほど ρ が大きくなり，曲がりにくいことをあらわしている。この EI を**曲げ剛性**という。

(3) はりの主応力度

軸方向力のみが生じている部材の傾斜断面の応力度を考えてみると，p.109の＜研究課題＞で述べたように，$\theta=0$ のときに $\tau_\theta=0$ で σ_θ が最大となる。このように，ある断面においてせん断応力度が0で垂直応力度のみが作用しているとき，この垂直応力度を主応力度という。このような主応力がはたらく断面が主応力面である。したがって，軸方向力のみが作用している場合は，材軸に垂直な断面が主応力面となる。

曲げ材の場合は，曲げ応力度およびせん断応力度が曲げモーメントおよびせん断力の大きさに応じて分布し，それぞれの点において同時に存在するわけであるから，任意の点における主応力度は，σ_θ が最大値または最小値をとる引張応力度および圧縮応力度の二つとなり，傾斜角 θ

は互いに直交している。

また，せん断応力度についても，主応力面に対して45°傾く二つの直交する面に生じるものが最大となる。

主応力度の方向（主方向）を部材全体について求めてこれをつなぐと，図のような主応力度線ができる。主応力度線は，部材の破壊の研究に応用することができる。

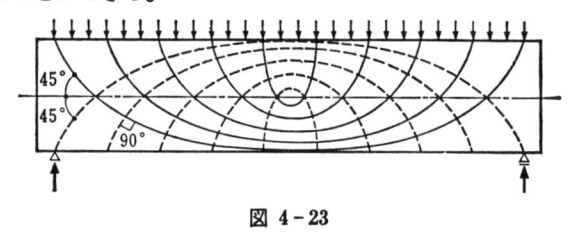

図 4-23

≪演 習 問 題≫

1. 右図のような長柱がある。材質，断面とも等しいとすれば，座屈を起こしやすい順序はどうなるか。

（ヒント） l_k を比較する。

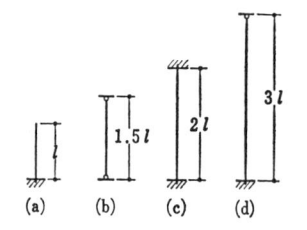

2. 図の3種の座屈長さの組み合わせで，正しいのは次のうちどれか。

	A	B	C
1)	4 m	2 m	6 m
2)	4 m	2 m	4 m
3)	6 m	4 m	4 m
4)	8 m	6 m	2 m
5)	8 m	4 m	2 m

3. 幅6 cm，せい10 cm の断面の木造ばりにおける許容最大曲げモーメントは，次の

うちどれか。ただし，木材の許容曲げ応力度を $90 \cdot {}_gcN/cm^2$ とする。

1) $10000 \cdot {}_gcN\cdot cm$ 　　2) $9000 \cdot {}_gcN\cdot cm$ 　　3) $7000 \cdot {}_gcN\cdot cm$
4) $5000 \cdot {}_gcN\cdot cm$ 　　5) $3000 \cdot {}_gcN\cdot cm$

4. 図のような断面をもつはりの X 軸に対する許容曲げモーメントの大きさを同じにするためには，Aばりの幅を何cmにしたらよいか。

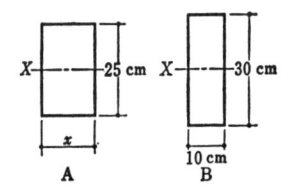

5. $10\,cm \times 30\,cm$ の長方形断面をもつはり材を単純ばりとして，図AおよびBのように用いる場合の曲げに対する強さの比較で，正しいのは次のうちどれか。

1) A＝2B
2) A＝3B
3) A＝4B
4) A＝5B
5) A＝6B

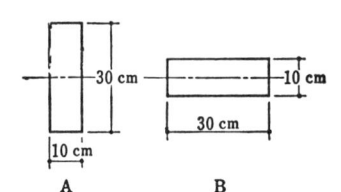

6. 次にあげる1)〜4)の応力度について，これに相当する応力度分布図を a)〜e)のうちからそれぞれ一つ選び，その符号を記入せよ。ただし，材の断面は長方形とする。

1) 曲げを受ける材の曲げ応力度　　（　　　）
2) 曲げ材のせん断応力度　　（　　　）
3) 引張力を受ける材の応力度　　（　　　）
4) 曲げと圧縮を同時に受ける材の応力度　　（　　　）

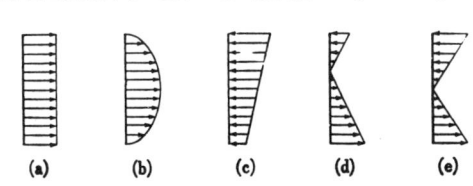

(a)　(b)　(c)　(d)　(e)

7. 図のT形断面に $M_{x0}=320 \cdot {}_gc \mathrm{N \cdot m}$ の曲げモーメントが作用した。このときの上下端の縁応力度を求め比較せよ。

　　（ヒント）　断面の図心を求め I_{x0} を計算し，Z_1, Z_2 を求める。

8. 図のようなはりがある。最大曲げ応力度を等しくするためには，h_b は h_a の何倍にしなければならないか。ただし，(a), (b)とも材質は等しく，荷重は長期とする。

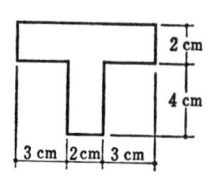

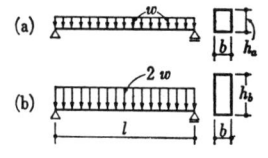

《第 5 章》
不静定構造物の応力

　実際の建築物の骨組は，ほとんど不静定構造物であるので，前章までの力のつりあい条件だけでは応力を求めることができない場合が多い。また，不静定構造物は力のつりあい条件だけでなく，部材の変形やさまざまな仮定による各種の方法によって応力を求めなければならない。

　本章では，まず，静定ばりの変形などを考え，次に，それをもとにした不静定構造物の解き方について学ぶ。

§1. はりの変形

1. たわみとたわみ角

|基本事項|

1. たわみ (δ)

$$\delta_{max} = \alpha \frac{Pl^3}{EI} \quad (5-1)$$

2. たわみ角 (θ)

$$\theta_A = \beta \frac{Pl^2}{EI} \quad (5-2)$$

α, β：支点と荷重の状況によって決まる定数

P：全荷重

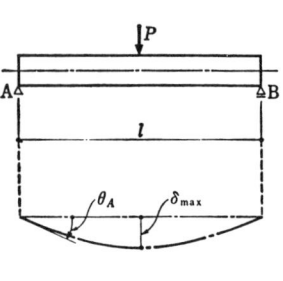

図 5-1

荷重が作用してはりがわん曲した場合，このはりの材軸が示す曲線を**弾性曲線**，または，たわみ曲線という。

1. たわみ　弾性曲線の原位置に対する直角方向の変位を**たわみ**といい，単位 cm，符号は下向きを正とする。

2. たわみ角　任意の点において弾性曲線に引いた接線と変形前の材軸の延長線とのなす角を**たわみ角**といい，単位はラジアン（$1\,\mathrm{rad} = 180°/\pi$），符号は時計回りが正である。

≪例題 1≫

図のような片持ばりの δ_{max}，θ_B を求めよ。ただし，$\alpha = \dfrac{1}{3}$，$\beta = \dfrac{1}{2}$，

$E = 100000 \cdot g_c \mathrm{N/cm^2}$，12cm 角の木材とする。

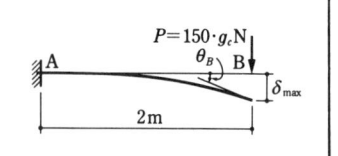

$P = 150 \cdot g_c \mathrm{N}$

2m

§1. はりの変形　**145**

解き方 $I = \dfrac{d^4}{12} = \dfrac{12^4}{12} = 12^3 = 1728 \text{ cm}^4$

$\delta_{max} = \dfrac{1}{3} \cdot \dfrac{Pl^3}{EI} = \dfrac{1 \times 150 \times 200^3}{3 \times 100000 \times 1728} = 2.31 \text{ cm}$

$\theta_B = \dfrac{1}{2} \cdot \dfrac{Pl^2}{EI} = \dfrac{1 \times 150 \times 200^2}{2 \times 100000 \times 1728} = 0.01737 \text{ (ラジアン)}$

答 2.31 cm, 0.01737 ラジアン

【問1】 図のような単純ばりの δ_{max}, θ_A を求めよ。(ただし, $\alpha = \dfrac{1}{48}$, $\beta = \dfrac{1}{16}$, $E = 80000 \cdot g_c \text{N/cm}^2$, 12cm×15cm の木材)

$P = 560 \cdot g_c \text{N}$, 1.5 m, 1.5 m

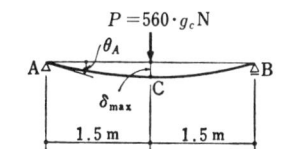

2. モールの定理

====== **基本事項** ======

1. 単純ばりの場合

(1) 各点のたわみは, 弾性荷重によるその点の曲げモーメントに等しい。

(2) 各点のたわみ角は, 弾性荷重によるその点のせん断力に等しい。

(3) 弾性荷重は, そのはりの曲げモーメント図を $\dfrac{1}{EI}$ 倍した $\dfrac{M}{EI}$ を, たわみを生じた方向に作用させたと考えた仮想荷重である。

2. 片持ばりの場合

(1), (2) 単純ばりと同じ。

(3) 弾性荷重は, $\dfrac{M}{EI}$ を, 元のはりの自由端と固定端を入れかえたはりに作用させたと考える。

モールの定理は, はりのたわみおよびたわみ角を求めるのに有効な方法であって, 式(5-1), (5-2)はこの定理から導かれる。

1. 単純ばりの場合の計算順序

(1) はりの曲げモーメント図をかく。

第5章 不静定構造物の応力

(2) 求めた曲げモーメントを EI で割った弾性荷重が，たわんだ方向に作用したと考えて計算する。弾性荷重は M 図の反対側にかく。

(3) 弾性荷重によるせん断力を求めると，各点のせん断力は，その点のたわみ角である。

(4) 弾性荷重による曲げモーメントを求めると，各点の曲げモーメントはその点のたわみである。

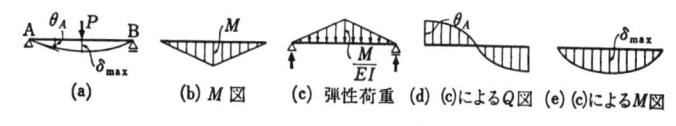

(a)　　(b) M 図　　(c) 弾性荷重　　(d) (c)によるQ図　　(e) (c)によるM図

図 5-2

2. 片持ばりの場合の計算順序

(1) はりの曲げモーメント図をかく。

(2) $\dfrac{M}{EI}$ の弾性荷重が逆むきに作用していると考える。

(3) 固定端と自由端を入れかえる。

(4) 単純ばりの場合と同様に，たわみ角とたわみを求める。

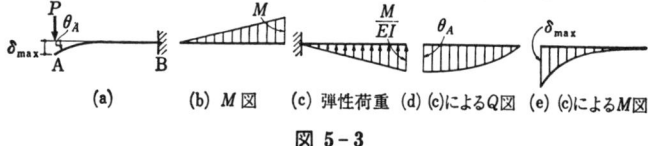

(a)　　(b) M 図　　(c) 弾性荷重　　(d) (c)によるQ図　　(e) (c)によるM図

図 5-3

―――《例題2》―――

＜例題1＞の定数が $\alpha = \dfrac{1}{3}$, $\beta = \dfrac{1}{2}$ であることを確かめよ。

考え方 B点に集中荷重 P が一つだけかかっている一般式で考える。

解き方 (1) 曲げモーメント図をかく。

(a)　　(b) $M = Pl$　　(c)

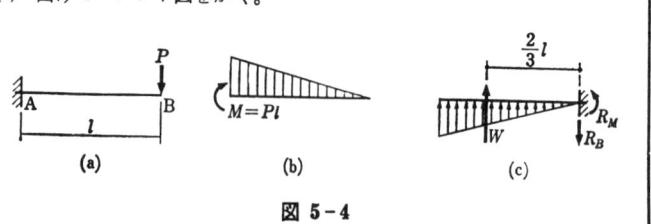

図 5-4

§1. はりの変形　**147**

(2) 固定端と自由端を入れかえたはりに弾性荷重を作用させる(図(C))。

(3) $\theta_B = R_B = W = \dfrac{Pl}{EI} \cdot \dfrac{l}{2} = \dfrac{1}{2} \cdot \dfrac{Pl^2}{EI}$

(4) $\delta_{max} = R_M = W \cdot \dfrac{2l}{3} = \dfrac{Pl^2}{2EI} \cdot \dfrac{2l}{3} = \dfrac{1}{3} \cdot \dfrac{Pl^3}{EI}$

【問2】 [問1]の定数が $\alpha = \dfrac{1}{48},\ \beta = \dfrac{1}{16}$ であることを確かめよ。

≪例題3≫

図のはりのA点のたわみ角と，C点のたわみを求めよ。ただし，長方形断面 12 cm × 24 cm のマツ材を用い，$E = 90000 \cdot g_c\,\text{N}/\text{cm}^2$ とする。

[解き方] (1) 曲げモーメント図をかく。

$R_A = \dfrac{2 \times 300}{5} = 120 \cdot g_c\,\text{N}$

$R_B = 300 - 120 = 180 \cdot g_c\,\text{N}$

$M_C = 120 \times 3 = 360 \cdot g_c\,\text{N} \cdot \text{m}$

(2) 弾性荷重を作用させる。

この場合，$\dfrac{1}{EI}$ の計算は最後に入れたほうがよい。

$W_1 = 360 \times 3 \times \dfrac{1}{2} = 540\ (\cdot g_c\,\text{N} \cdot \text{m}^2)$

$W_2 = 360 \times 2 \times \dfrac{1}{2} = 360\ (\cdot g_c\,\text{N} \cdot \text{m}^2)$

$R_B = \dfrac{(540 \times 2) + \left(360 \times \dfrac{11}{3}\right)}{5} = \dfrac{1080 + 1320}{5} = 480\ (\cdot g_c\,\text{N} \cdot \text{m}^2)$

$R_A = (900 - 480) \cdot \dfrac{1}{EI} = 420 \cdot \dfrac{1}{EI} = 4200000 \times \dfrac{1}{EI}$

$\quad = 4.2 \times 10^6 \cdot g_c\,\text{N} \cdot \text{cm}^2 \times \dfrac{1}{EI} = Q_A = \theta_A$

$M_C = (R_A \times 3) - (W_1 \times 1)$

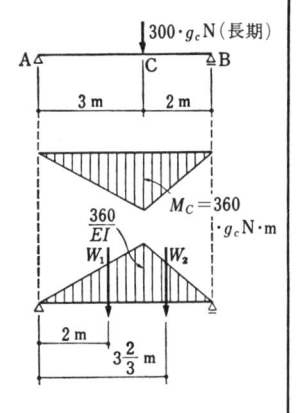

図 5-5

$$=(420\times 3-540)\cdot\frac{1}{EI}=720\cdot\frac{1}{EI}=\delta_C\;(\cdot g_c\mathrm{N}\cdot\mathrm{m}^3)$$

$$=720000000\times\frac{1}{EI}=7.2\times 10^8\cdot g_c\mathrm{N}\cdot\mathrm{m}^3\times\frac{1}{EI}$$

(3) E, I に数値を入れる。

$$I=\frac{bh^3}{12}=\frac{12\times 24^3}{12}=13800\;\mathrm{cm}^4=1.38\times 10^4\;\mathrm{cm}^4$$

$$E=90000\cdot g_c\mathrm{N}/\mathrm{cm}^2=9\times 10^4\cdot g_c\mathrm{N}/\mathrm{cm}^2$$

$$\theta_A=\frac{4.2\times 10^6}{9\times 10^4\times 1.38\times 10^4}=\frac{4.2}{12.42\times 10^2}=0.338\times 10^{-2}$$

$$=3.38\times 10^{-3}$$

$$\delta_C=\frac{7.2\times 10^8}{9\times 10^4\times 1.38\times 10^4}=\frac{7.2}{12.42}=0.58\;\mathrm{cm}$$

答 $\theta_A=3.38\times 10^{-3}$ ラジアン, $\delta_C=0.58\;\mathrm{cm}$

【問3】 図の単純ばりの支点のたわみ角と最大たわみを求めよ。ただし、長方形断面 12cm×24cm のヒノキ材を用い、E は 90000・g_cN/cm² とする。

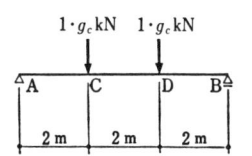

≪例題4≫

図の等分布荷重を受ける単純ばりの支点のたわみ角と最大たわみを求めよ。断面は 20cm×30cm, E は 90000・g_cN/cm² とする。

解き方 (1) 曲げモーメント図をかく。

$$R_A=R_B=\frac{wl}{2}=2\cdot g_c\mathrm{kN}$$

$$M_{\max}=\frac{wl^2}{8}=2\cdot g_c\mathrm{kN}\cdot\mathrm{m}$$

(2) 弾性荷重を作用させる。

弾性荷重は左右対称であるから,

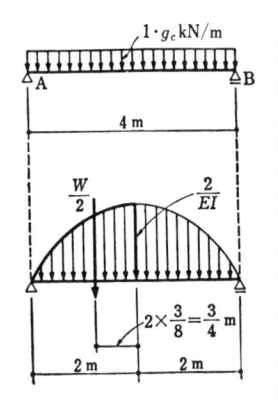

図 5-6

§1. はりの変形　149

半分のWについて考えてみると，放物線で囲まれた面積であるから，

$$\frac{W}{2} = \frac{2}{3} \times 2 \times \frac{2}{EI} = \frac{8}{3EI} (\cdot g_c \text{kN} \cdot \text{m}^2)$$

$$\therefore R_A = \frac{W}{2} = \frac{8}{3EI} = 8 \times 10^7 \cdot g_c \text{N} \cdot \text{cm}^2 = Q_A = \theta_A$$

対称荷重であるから，最大たわみは，はりの中央である。

$$M_C = (R_A \times 2) - \left(W \times \frac{3}{4}\right)$$

$$= \frac{8}{3EI}\left(2 - \frac{3}{4}\right) = \frac{10}{3EI} = \frac{1 \times 10^{10} \cdot g_c \text{N} \cdot \text{cm}^3}{3EI} = \delta_C$$

(3) EIに数値を入れる。

$$I = \frac{bh^3}{12} = \frac{20 \times 30^3}{12} = \frac{540000}{12} = 45000 = 4.5 \times 10^4 \text{ cm}^4$$

$$E = 90000 = 9 \times 10^4 \cdot g_c \text{N/cm}^2$$

$$\theta_A = \frac{8 \times 10^7}{3 \times 9 \times 10^4 \times 4.5 \times 10^4} = \frac{8}{1215} = 0.00658$$

$$= 6.58 \times 10^{-3}$$

$$\delta_C = \frac{1 \times 10^{10}}{3 \times 9 \times 10^4 \times 4.5 \times 10^4} = \frac{100}{121.5} = 0.823 \text{ cm}$$

答 $\theta_A = 6.58 \times 10^{-3}$ ラジアン，$\delta_C = 0.823$ cm

【問4】 図の等分布荷重を受ける片持ばりの自由端のたわみ角とたわみを求めよ。
ただし，$E = 2.1 \times 10^6 \cdot g_c \text{N/cm}^2$
　　　　$I = 9.8 \times 10^3 \text{ cm}^4$
とする。

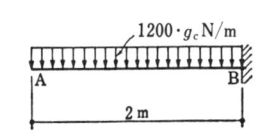

≪例題5≫

図のA端およびB端のたわみ角を求めよ。ただし，EIは一定とする。

考え方 たわみ角は，弾性荷重によるせん断力を求めればよい。
　端部のせん断力は，反力の大きさに等しい。

解き方 弾性荷重により反力を求める。

150　第5章　不静定構造物の応力

$$W = \frac{M_A}{EI} \times l \times \frac{1}{2} = \frac{M_A l}{2EI}$$

$$R_B = \frac{\frac{M_A l}{2EI} \times \frac{l}{3}}{l} = \frac{M_A l}{6EI}$$

$$R_A = \frac{M_A l}{2EI} - \frac{M_A l}{6EI} = \frac{3M_A l - M_A l}{6EI}$$

$$= \frac{2M_A l}{6EI} = \frac{M_A l}{3EI}$$

$$\therefore \theta_A = \frac{M_A l}{3EI} \qquad \theta_B = -\frac{M_A l}{6EI}$$

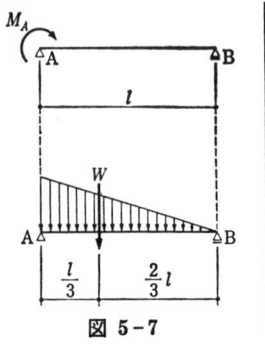

図 5-7

【問5】　図のA端，B端のたわみ角を求めよ。
　　　　ただし，EI は一定である。

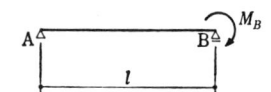

≪研究課題≫

(1)　はりのたわみとたわみ角の大小は，わん曲半径によって決まる。わん曲半径は，曲げモーメント，断面二次モーメント，ヤング係数と関係があり，特に材料の断面二次モーメントとヤング係数が大きく影響する。
　　（曲げ剛性 p.139 参照）

(2)　はりの変形は，厳密には曲げ変形とせん断変形を加えたものになるが，ふつう，せん断変形量はきわめて小さいので，曲げ変形だけを考える。

(3)　支点について考えると，固定端では，たわみ・たわみ角とも0になり，移動端・回転端では，たわみが0となる。

≪演 習 問 題≫

1. 総荷重が同じである次の三つのはりの最大たわみを比較せよ。ただし，EI は一定とする。

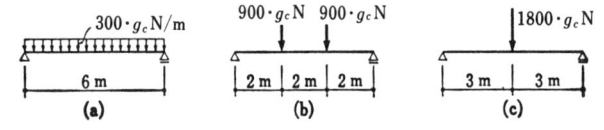

(a) $300 \cdot g_c$ N/m，6 m
(b) $900 \cdot g_c$ N，$900 \cdot g_c$ N，2 m | 2 m | 2 m
(c) $1800 \cdot g_c$ N，3 m | 3 m

2. 図のようなはりがある。最大たわみを等しくするためには，h_b は h_a の何倍にしなければならないか。ただし，(a), (b)とも材質は等しいものとする。

3. 図のようなはりで，断面のせいを2倍にしたときのたわみを比較せよ。

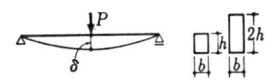

4. 図のように，同一断面，同材質で，断面形の異なる片持ばりがある。最大たわみの比を求めよ。

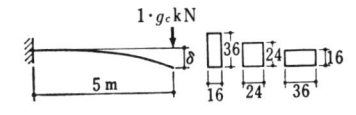

§2. 不静定構造物

1. 不静定ばり

基本事項

不静定ばりの解法例

① 図5-8(a)に示すはりは一次の不静定であり，反力の一つがわかれば応力図を求めることができる。不静定ばりを，未知力 R_A（図(b)）または M_B（図(c)）のはたらく基本形の静定ばりと考える。

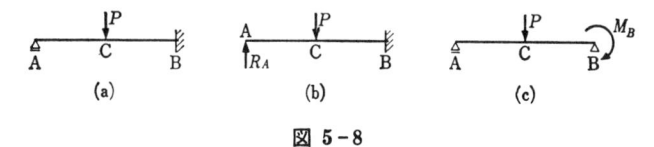

図 5-8

② 図5-8(b)または(c)のように荷重だけのはたらく静定ばりと，未知力だけのはたらく静定ばりに分けて，変形条件の回転端・移動端のたわみは $0(\delta_A=0)$，固定端のたわみおよびたわみ角が $0(\delta_B=0, \theta_B=0)$ を用いて，R_A または M_B の値を求める。

③ 求められた未知力をもとにして，つりあい条件によって他の反力を計算し，各応力図をかく。

不静定ばりを解くには，はりが静定になるまで反力を解除して，支点などのたわみやたわみ角を求め，次に，解除した反力に相当する外力がはたらくものとして，同様たわみやたわみ角を求め，両者のたわみまたはたわみ角の計が0となるという条件より反力を算出して解く。この場合のはたらかせる未知力を，不静定力または余力という。

〔解1〕

　　（P によるA端のたわみ δ_{A1}）＋（R_A によるA端のたわみ δ_{A2}）＝0

(1) モールの定理により δ_{A1} の値を求める。

§2. 不静定構造物

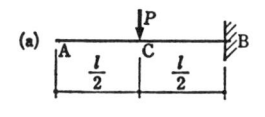

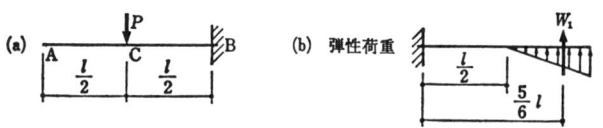

図 5-9

$$W_1 = \frac{Pl}{2EI} \times \frac{l}{2} \times \frac{1}{2} = \frac{Pl^2}{8EI}$$

$$\delta_{A1} = M_A = \frac{Pl^2}{8EI} \times \frac{5}{6}l = \frac{5}{48} \cdot \frac{Pl^3}{EI}$$

(2) 未知力 R_A をはたらかせた場合の δ_{A2} を求める。

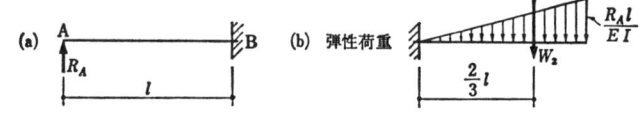

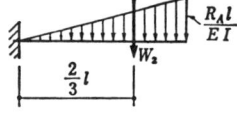

図 5-10

$$W_2 = \frac{R_A l}{EI} \times l \times \frac{1}{2} = \frac{R_A l^2}{2EI}$$

$$\delta_{A2} = \frac{R_A l^2}{2EI} \times \frac{2}{3}l = \frac{R_A l^3}{3EI}$$

(3) $\delta_A = \delta_{A1} + \delta_{A2} = 0$ とする。

$$\delta_A = \frac{5Pl^3}{48EI} + \left(-\frac{R_A l^3}{3EI}\right) = 0 \qquad \frac{l^3}{3EI}\left(\frac{5}{16}P - R_A\right) = 0$$

$$\therefore \quad \frac{5}{16}P - R_A = 0 \qquad R_A = \frac{5}{16}P$$

(4) R_A をもとに他の反力を求め応力図をかく。

$\sum Y = 0$ より $\quad R_B = P - R_A = P - \frac{5}{16}P = \frac{11}{16}P$

$\sum M = 0$ より $\quad \frac{5}{16}Pl - \frac{Pl}{2} + R_M = 0$

$$R_M = \frac{Pl}{2} - \frac{5}{16}Pl = Pl\left(\frac{1}{2} - \frac{5}{16}\right) = \frac{3}{16}Pl$$

〔曲げモーメント〕

$$M_C = \frac{5}{16}P \times \frac{l}{2} = \frac{5}{32}Pl$$

$$M_B = R_M = \frac{3}{16}Pl$$

〔せん断力〕

$$Q_{A\sim C} = \frac{5}{16}P$$

$$Q_{C\sim B} = \frac{5}{16}P - P = -\frac{11}{16}P$$

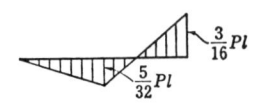

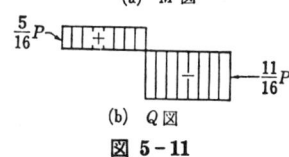

図 5-11
(a) M 図
(b) Q 図

〔解 2〕

（P による B 端のたわみ角 θ_{B1}）＋（M_B による B 端のたわみ角 θ_{B2}）＝0

(1) θ_{B1} を求めると，

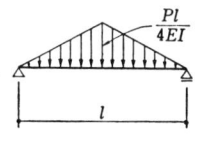

図 5-12
(a)　(b) 弾性荷重

$$W_1 = \frac{Pl}{4EI} \times l \times \frac{1}{2} = \frac{Pl^2}{8EI}$$

$$\theta_{B1} = Q_{B1} = R_{B1} = \frac{1}{2} \times \frac{Pl^2}{8EI} = \frac{Pl^2}{16EI}$$

(2) θ_{B2} を求めると，

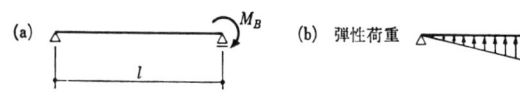

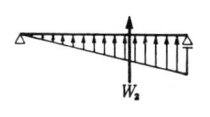

図 5-13
(a)　(b) 弾性荷重

$$W_2 = \frac{M_B}{EI} \times l \times \frac{1}{2} = \frac{M_B l}{2EI}$$

$$\theta_{B2} = Q_{B2} = R_{B2} = \frac{M_B l}{2EI} \times \frac{2}{3}l \times \frac{1}{l} = \frac{M_B l}{3EI}$$

(3) $\theta_B = \theta_{B1} + \theta_{B2} = 0$ とすると，

$$\theta_B = \left(-\frac{Pl^2}{16EI}\right) + \frac{M_B l}{3EI} = 0 \qquad \frac{l}{EI}\left(\frac{M_B}{3} - \frac{Pl}{16}\right) = 0$$

$$\frac{M_B}{3} - \frac{Pl}{16} = 0 \qquad \therefore \quad M_B = \frac{3}{16}Pl$$

§2. 不静定構造物　155

(4) M_B をもとに他の反力を求める。

$$\sum M_B = 0 \quad (R_A \times l) - \left(P \times \frac{l}{2}\right) + \frac{3}{16}Pl = 0$$

$$R_A = \left(\frac{Pl}{2} - \frac{3}{16}Pl\right) \times \frac{1}{l} = \frac{5}{16}Pl \times \frac{1}{l} = \frac{5}{16}P$$

以下〔解1〕の場合と同じ。

このように，不静定ばりの解き方は，何通りもあるので，最も適したものを選ぶようにしなければならない。

≪例題1≫

等分布荷重を受ける両端固定ばりを解け。

考え方 図のように，同じ EI の単純ばりに，等分布荷重と両支点に余力 抵抗モーメント $M_A = M_B$ がはたらいているものと考える。また荷重が左右対称であるから，片側半分を求めればよい。

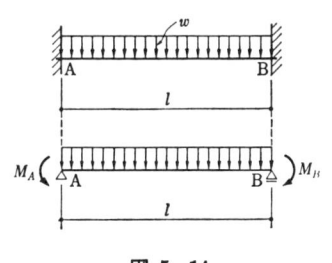

図 5-14

解き方 (1) 等分布荷重だけが作用していると考えた場合の θ_{A1} を求める。

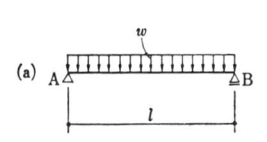

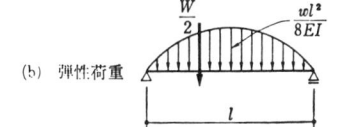

図 5-15

$$\theta_{A1} = R_{A1} = \frac{W}{2} = \frac{wl^2}{8EI} \times \frac{l}{2} \times \frac{2}{3} = \frac{wl^3}{24EI} \quad (+)$$

(2) 余力のモーメント $M_A = M_B$ による θ_{A2} を求める。

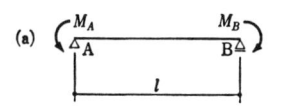

図 5-16

$$W = \frac{M_A}{EI} \cdot l = \frac{M_A l}{EI}$$

$$\theta_{A2} = R_{A2} = \frac{W}{2} = \frac{M_A l}{2EI} \quad (-)$$

(3) $\theta_A = \theta_{A1} + \theta_{A2} = 0$ とする。

$$\theta_A = \frac{wl^3}{24EI} + \left(-\frac{M_A l}{2EI}\right) = 0$$

$$\frac{l}{2EI}\left(\frac{wl^2}{12} - M_A\right) = 0 \quad \therefore \quad M_A = \frac{wl^2}{12} = M_B$$

(4) M_A, M_B をもとに他の反力を求めて応力図をかく。

$$R_A = R_B = \frac{wl}{2} \qquad R_M = M_A = M_B = \frac{wl^2}{12}$$

〔曲げモーメント〕

$$M_x = -R_M + R_A x - \frac{wx^2}{2} = -\frac{wl^2}{12} + \frac{wl}{2}x - \frac{wx^2}{2}$$

$$M_{\max} = -\frac{wl^2}{12} + \frac{wl}{2} \cdot \frac{l}{2} - \frac{w}{2}\left(\frac{l}{2}\right)^2 = -\frac{wl^2}{12} + \frac{wl^2}{4} - \frac{wl^2}{8}$$

$$= -\frac{wl^2}{12} + \frac{wl^2}{8} = \frac{3wl^2 - 2wl^2}{24} = \frac{wl^2}{24}$$

〔せん断力〕

$$Q_x = R_A - wx = \frac{wl}{2} - wx$$

$$Q_A = \frac{wl}{2}$$

$$Q_B = \frac{wl}{2} - wl = -\frac{wl}{2}$$

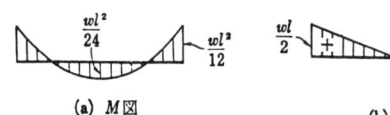

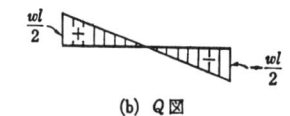

(a) M図　　　(b) Q図

図 5-17

§2. 不静定構造物　**157**

【問1】 下図の不静定ばりを解け。

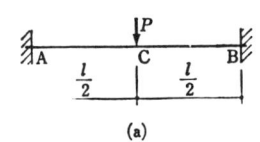

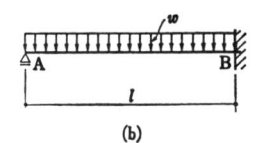

(a)

(b)

≪例題2≫

図に示す固定ばりを解け。ただし，EI は一定とする。

考え方　図のように，集中荷重が作用している単純ばりの両支点に，抵抗モーメントがはたらいているものと考える。

解き方 (1) 集中荷重だけが作用していると考えた場合の θ_{A1} を求める。

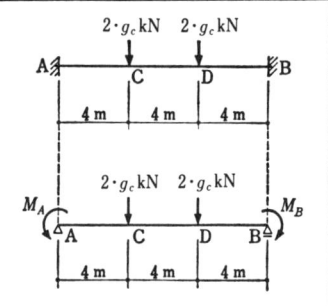

図 5-18

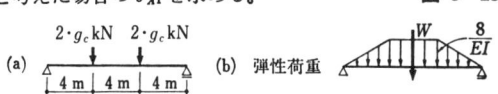

(a)　(b) 弾性荷重

図 5-19

$$W = \frac{8}{EI}\left(\frac{4}{2} + 4 + \frac{4}{2}\right) = \frac{64}{EI}$$

$$\theta_{A1} = R_{A1} = \frac{W}{2} = \frac{64}{EI} \times \frac{1}{2} = \frac{32}{EI} \quad (+)$$

(2) 抵抗モーメント M_A, M_B による場合の θ_{A2} を求める。

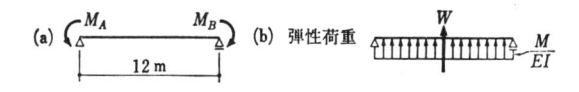

(a)　(b) 弾性荷重

図 5-20

$$W = \frac{M_A l}{EI} = \frac{12 M_A}{EI}$$

$$\theta_{A2} = R_{A2} = \frac{W}{2} = \frac{12 M_A}{EI} \times \frac{1}{2} = \frac{6 M_A}{EI} \quad (-)$$

(3) $\theta_A = \theta_{A1} + \theta_{A2} = 0$ とする。

$$\theta_A = \frac{32}{EI} - \frac{6M_A}{EI} = 0$$

$$\frac{1}{EI}(32 - 6M_A) = 0$$

$$\therefore M_A = \frac{32}{6} = 5.33 \cdot g_c \mathrm{kN \cdot m} = M_B$$

(4) M_A, M_B をもとにして応力図をかく。

$$R_A = R_B = 2 \cdot g_c \mathrm{kN}$$

〔曲げモーメント〕

$$M_C = -5.33 + (2 \times 4) = 2.67 \cdot g_c \mathrm{kN \cdot m} = M_D$$

〔せん断力〕

$$Q_{A\sim C} = 2 \cdot g_c \mathrm{kN}$$

$$Q_{C\sim D} = 2 - 2 = 0$$

$$Q_{D\sim B} = 2 - 2 - 2 = -2 \cdot g_c \mathrm{kN}$$

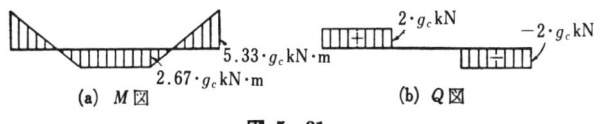

図 5-21

【問2】 図に示す不静定ばりを解け。ただし、E, I は一定とする。

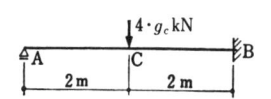

≪例題3≫

図に示す連続ばりを解け。ただし、E, I は一定とする。

考え方 中央の支点Bに不静定力 R_B がはたらいている単純ばりと考える。

解き方 (1) 等分布荷重だけの場合の δ_{B1} を求める。

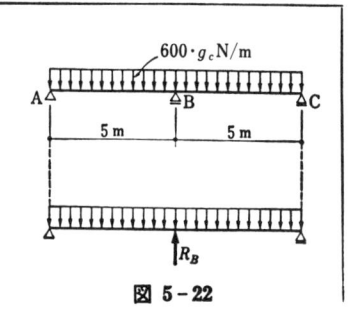

図 5-22

§2. 不静定構造物

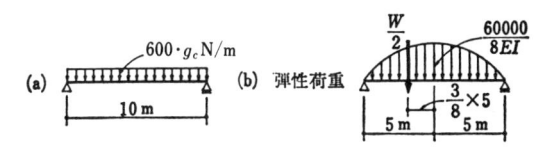

(a) 　600・g_cN/m　　　(b) 弾性荷重

10 m

図 5-23

$$R_{A1} = \frac{W}{2} = \frac{60000}{8EI} \times 5 \times \frac{2}{3} = \frac{25000}{EI}$$

$$\delta_{B1} = M_{B1} = \frac{25000}{EI}\left(5 - \frac{15}{8}\right) = \frac{625000}{8EI} \quad (+)$$

(2) 不静定力 R_B がはたらく場合の δ_{B2} を求める。

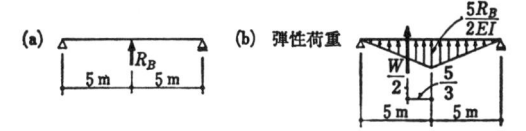

(a)　　　　　　　(b) 弾性荷重

図 5-24

$$R_{A2} = \frac{W}{2} = \frac{5R_B}{2EI} \times 5 \times \frac{1}{2} = \frac{25R_B}{4EI}$$

$$\delta_{B2} = M_{B2} = \frac{25R_B}{4EI}\left(5 - \frac{5}{3}\right) = \frac{250R_B}{12EI} \quad (-)$$

(3) $\delta_B = \delta_{B1} + \delta_{B2} = 0$ とする。

$$\delta_B = \frac{625000}{8EI} + \left(-\frac{250R_B}{12EI}\right) = 0$$

$$\frac{1}{24EI}(1875000 - 500R_B) = 0 \quad \therefore R_B = \frac{1875000}{500} = 3750 \cdot g_c \text{N}$$

(4) R_B をもとにして反力を求め，応力図をかく。

$$R_A = R_C = \frac{6000 - 3750}{2} = 1125 \cdot g_c \text{N}$$

〔曲げモーメント〕

$$M_x = 1125x - 300x^2$$

$$M_B = (1125 \times 5) - (300 \times 5^2)$$

$$= 5625 - 7500 = -1875 \cdot g_c \text{N·m}$$

〔せん断力〕

$$Q_x = R_A - wx = 1125 - 600x$$

$Q_A = 1125 \cdot g_c \, \text{N}$

$Q_B = 1125 - (600 \times 5) = -1875 \cdot g_c \, \text{N}$

[最大曲げモーメント]

$Q_x = 0 \quad 1125 - 600 \, x = 0$

$x = \dfrac{1125}{600} = 1.875 \, \text{m}$

$M_{\max} = (1125 \times 1.875) - (300 \times 1.875^2) = 2110 - 1055 = 1055 \cdot g_c \, \text{N} \cdot \text{m}$

(a) M 図　　(b) Q 図

図 5-25

【問3】 下図の連続ばりを解け。ただし，E, I は一定とする。

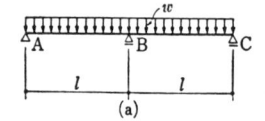

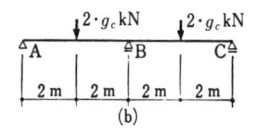

≪例題 4≫

図に示す連続ばりを解け。ただし，E, I は一定とする。

考え方 B点のたわみ角が等しくなるということから，B点に余力曲げモーメント M_B を考えた二つの単純ばりにおきかえて考える。

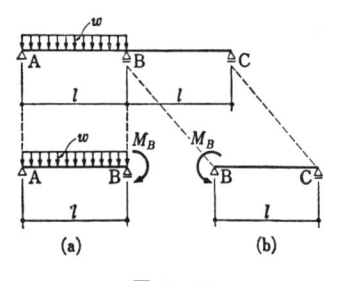

図 5-26

解き方 (1) 左側のはりを解く。

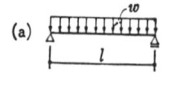

(a)　　(b) 弾性荷重

図 5-27

$\theta_{B1} = \dfrac{wl^3}{24 \, EI}$　(−) (p.155 参照)

§2. 不静定構造物

(a) ～～～M_B　　(b) 弾性荷重　～～～W

図 5-28

$\theta_{B2} = \dfrac{M_B l}{3EI}$　(+)　(p.150 参照)

$\theta_{B左} = -\dfrac{wl^3}{24EI} + \dfrac{M_B l}{3EI} = \dfrac{l}{3EI}\left(M_B - \dfrac{wl^2}{8}\right)$

(2) 右側のはりを解く。

(a) ～～～M_B　　(b) 弾性荷重　～～～W

図 5-29

$W = \dfrac{M_B l}{2EI}$

$\theta_{B右} = R_B = \dfrac{M_B l}{2EI} \times \dfrac{2}{3}l \times \dfrac{1}{l} = \dfrac{M_B l}{3EI}$　(−)

(3) $\theta_{B左} = \theta_{B右}$ とする。

$\dfrac{l}{3EI}\left(M_B - \dfrac{wl^2}{8}\right) = -\dfrac{M_B l}{3EI}$　　　$\dfrac{l}{3EI}\left(2M_B - \dfrac{wl^2}{8}\right) = 0$

$2M_B = \dfrac{wl^2}{8}$　　∴　$M_B = \dfrac{wl^2}{16}$

(4) M_B をもとにして反力を求め、応力図をかく。

$R_C = \dfrac{M_B}{l} = \dfrac{wl}{16}$

$R_A \cdot l - \dfrac{wl^2}{2} = -M_B$

$R_A = \left(\dfrac{wl^2}{2} - \dfrac{wl^2}{16}\right)\dfrac{1}{l} = wl\left(\dfrac{8-1}{16}\right) = \dfrac{7}{16}wl$

$R_B = wl - \dfrac{7}{16}wl + \dfrac{wl}{16} = \dfrac{wl}{16}(16-7+1) = \dfrac{10}{16}wl = \dfrac{5}{8}wl$

〔曲げモーメント〕

$M_x = R_A x - \dfrac{wx^2}{2}$

$M_B = \left(\dfrac{7}{16}wl \times l\right) - \dfrac{wl^2}{2} = -\dfrac{wl^2}{16}$

〔せん断力〕

$$Q_{A \sim B} = \frac{7}{16}wl - wx$$

$$Q_B = \frac{7}{16}wl - wl = -\frac{9}{16}wl$$

$$Q_{B \sim C} = \frac{wl}{16}$$

〔最大曲げモーメント〕

$$Q_x = 0 \quad \frac{7}{16}wl - wx = 0 \quad x = \frac{7}{16}l$$

$$M_{max} = \left(\frac{7}{16}wl \times \frac{7}{16}l\right) - w\left(\frac{7}{16}l\right)^2 \times \frac{1}{2}$$

$$= \frac{49}{256}wl^2 - \frac{49}{256}wl^2 \times \frac{1}{2} = \frac{49}{512}wl^2$$

(a) M図　　　　　(b) Q図

図 5-30

【問4】 図の連続ばりを解け。ただし，E, I は一定とする。

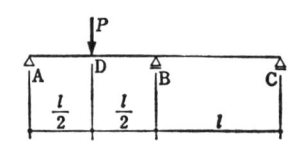

2. 不静定ラーメン

| 基本事項 |

1. 解法の仮定条件

(1) 各部材の節点は完全な剛接点とする。

(2) 節点間の距離は，軸方向力および曲げモーメントによる変形後もかわらない。

(3) せん断力による変形は考えない。

2. 剛度 (K) と剛比 (k)

§2. 不静定構造物

$$K=\frac{I}{l} \; [\mathrm{cm}^3] \quad (5-3)$$

$$k=\frac{K}{K_0} \; [無名数] \quad (5-4)$$

I：断面二次モーメント　　l：節点間の距離

K_0：標準部材の剛度（標準剛度）

3. 固定端モーメント(C)

(1) 中央集中荷重の場合（p.65 参照）

$$C_{AB}=-\frac{Pl}{8} \quad C_{BA}=\frac{Pl}{8}$$

(2) 等分布荷重の場合（p.66 参照）

$$C_{AB}=-\frac{wl^2}{12} \quad C_{BA}=\frac{wl^2}{12}$$

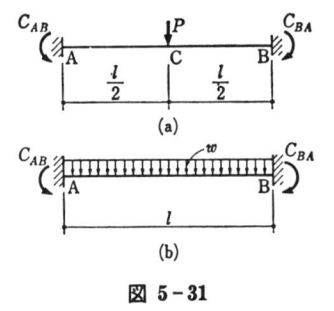

図 5-31

1. 解法の仮定条件

(1) 曲げモーメントによる変形だけで計算する。

(2) 節点が剛であるということは，変形後も節点に集まる部材の交角はかわらないから，ある節点に集まる各部材のたわみ角は等しい。すなわち，図 5-32 において $\theta_{CA}=\theta_{CD}$ である。

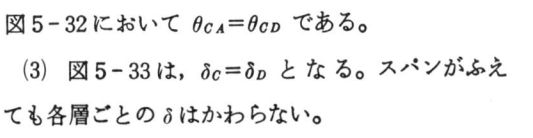

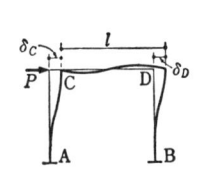

(3) 図 5-33 は，$\delta_C=\delta_D$ となる。スパンがふえても各層ごとの δ はかわらない。

図 5-32

図 5-33

2. 剛度と剛比

剛度(K)は部材の曲がりにくさをあらわす。ラーメン部材の中の柱かはりの一つの剛度を規準として標準剛度 (K_0) とし，これに対するほかの部材の剛度の比を剛比(k)という。

3. 固定端モーメント

両端固定ばり, すなわち $\theta=0$ の材端モーメントを固定端モーメントという。前節でモールの定理により求めてきたもので, 荷重状態に応じてあらかじめ計算しておくことができる。荷重がなければ, 当然 $C=0$ である。

なお, 不静定ラーメンでは図5-34のような形がふつうとなり, 節点Eのように四つの部材が集まる場合も生じるため, 節点中心に $\theta_{ED}, \theta_{EH}, \theta_{EF}, \theta_{EB}$ や, C_{DG}, C_{DE}, C_{DA} という記号を使う。

不静定構造物を解くために, ふつう用いる解法は, たわみ角法と固定モーメント法である。

図 5-34

―――≪例題5≫―――

図のラーメンで, 柱の剛比が1, はりの剛比が2の場合, 柱の断面 $50\,\mathrm{cm}\times50\,\mathrm{cm}$ とすると, はりの断面は幅が $40\,\mathrm{cm}$ ならせいはいくらか。

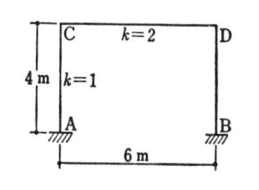

考え方 式(5-3), (5-4)から導く。

解き方 柱の剛度 $K_{AC}=\dfrac{I}{l}=\dfrac{\dfrac{50^4}{12}}{400}=1.3\times10^3$

はりのせいを h とすれば,

はりの剛度 $K_{CD}=\dfrac{\dfrac{40\times h^3}{12}}{600}=5.55\times10^{-3}h^3$

$k=\dfrac{K_{CD}}{K_{AC}}=2$ であるから $K_{CD}=2K_{AC}$

$5.55\times10^{-3}h^3=2\times1.3\times10^3$　　$h=\sqrt[3]{\dfrac{2\times1.3\times10^3}{5.55\times10^{-3}}}=0.777\times10^2=77.7$

答 77.7 cm

注) 実際の鉄筋コンクリート構造のはりは, スラブと一体になってい

るため，T形ばりと考えてスラブの一部をとりいれて考えるので，剛比2でもこれほど大きくならない。

【問5】 ＜例題5＞で，はりの断面が 30 cm×60 cm ならば，剛比はいくらになるか。

3. たわみ角法

[基本事項]

1. 基本公式

$$M_{AB}=2EK_{AB}(2\theta_A+\theta_B-3R_{AB})+C_{AB} \quad (5-5)$$

$$M_{BA}=2EK_{AB}(\theta_A+2\theta_B-3R_{AB})+C_{BA} \quad (5-6)$$

E：ヤング係数
K：剛度
θ：節点角
R：部材角 $(=\delta/l)$
C：固定端モーメント

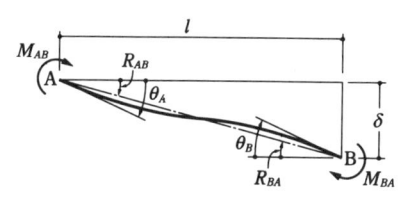

図 5-35

2. 公式の適用順序

① 公式中の未知数 (M, Q, R) のうち，0になるもの，等しいものを確かめる。
② 固定端モーメント(C)を求める。
③ 部材ごとに公式をたてる。
④ 節点ごとに $\sum M=0$ の節点方程式を作る。
⑤ 各層ごとに$\sum X=0$の層方程式を作る。(節点が移動する場合のみ)
⑥ 節点方程式，層方程式を連立で解き，$\theta \cdot R$ を求める。
⑦ 求めた $\theta \cdot R$ を③の公式に代入して，各材端モーメントを求める。
⑧ 各節点で$\sum M=0$，各層で$\sum X=0$がなりたっているか検討する。

1. 基本公式

たわみ角と材端モーメントの関係式である基本公式は，次のようにして求められる。

図5-35のはりのたわみ角(θ)は，図5-36の各たわみ角の重ね合せによって得られる。このたわみ角を**節点角**といい，時計回りを正，反時計回りを負とする。

(a) 部材の変位によるたわみ角は，部材角とよぶ。節点の移動がないと0である。

$$R_{AB} = R_{BA} = \frac{\delta}{l} \quad (+)$$

(b) Ⓐ点の材端モーメントによるたわみ角

$$\theta_{A1} = R_{A1} = \frac{M_{AB}l}{2EI} \times \frac{2}{3} = \frac{M_{AB}l}{3EI} \quad (+)$$

$$\theta_{B1} = R_{B1} = \frac{M_{AB}l}{2EI} \times \frac{1}{3} = \frac{M_{AB}l}{6EI} \quad (-)$$

(c) Ⓑ点の材端モーメントによるたわみ角

$$\theta_{A2} = R_{A2} = \frac{M_{BA}l}{2EI} \cdot \frac{1}{3} = \frac{M_{BA}l}{6EI} \quad (-)$$

$$\theta_{B2} = R_{B2} = \frac{M_{BA}l}{2EI} \cdot \frac{2}{3} = \frac{M_{BA}l}{3EI} \quad (+)$$

(d) 荷重によるたわみ角

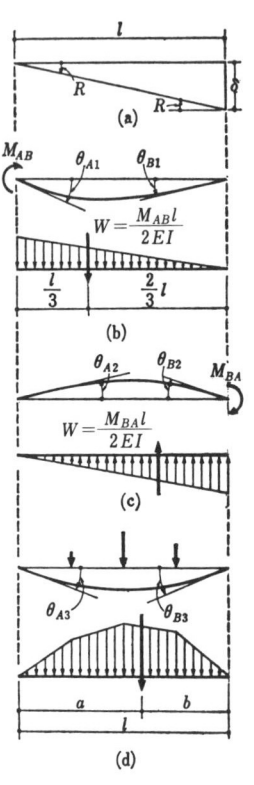

図 5-36

$$\theta_{A3} = R_{A3} = \frac{F}{EI} \cdot \frac{b}{l} = \frac{Fb}{lEI} \quad (+)$$

$$\theta_{B3} = R_{B3} = \frac{F}{EI} \cdot \frac{a}{l} = \frac{Fa}{lEI} \quad (-)$$

$$\theta_A = R_{AB} + \theta_{A1} + \theta_{A2} + \theta_{A3}$$

$$= R_{AB} + \frac{M_{AB}l}{3EI} - \frac{M_{BA}l}{6EI} + \frac{Fb}{lEI} \cdots\cdots\cdots ①$$

§2. 不静定構造物

同様に，

$$\theta_B = R_{AB} - \frac{M_{AB}l}{6EI} + \frac{M_{BA}l}{3EI} - \frac{Fa}{lEI} \cdots\cdots\cdots ②$$

①×2+② により，

$$2\theta_A + \theta_B = 3R_{AB} + \frac{2M_{AB}l}{3EI} - \frac{M_{AB}l}{6EI}$$

$$-\frac{M_{BA}l}{3EI} + \frac{M_{BA}l}{3EI} + \frac{2Fb}{lEI} - \frac{Fa}{lEI}$$

$$= 3R_{AB} + \frac{M_{AB}l}{2EI} + \frac{F}{lEI}(2b-a)$$

$$\frac{M_{AB}l}{2EI} = 2\theta_A + \theta_B - 3R_{AB} - \frac{F(2b-a)}{lEI}$$

$$M_{AB} = \frac{2EI(2\theta_A + \theta_B - 3R_{AB}) - \dfrac{2F(2b-a)}{l}}{l}$$

$$= 2E\frac{I}{l}(2\theta_A + \theta_B - 3R_{AB}) - \frac{2F(2b-a)}{l^2} \cdots\cdots\cdots ③$$

同様に，

$$M_{BA} = 2E\frac{I}{l}(\theta_A + 2\theta_B - 3R_{AB}) - \frac{2F(b-2a)}{l^2} \cdots\cdots\cdots ④$$

③，④式に $\dfrac{I}{l} = K_{AB}$, $-\dfrac{2F(2b-a)}{l^2} = C_{AB}$, $-\dfrac{2F(b-2a)}{l^2} = C_{BA}$

を入れると，基本公式となる。

この公式第1項に $\dfrac{K_0}{K_0}$ をかけて，$\dfrac{K_{AB}}{K_0} = k_{AB}$, $-6EK_0R_{AB} = \psi_{AB}$,

$2EK_0\theta_A = \varphi_A$, $2EK_0\theta_B = \varphi_B$ とおくと，

$$M_{AB} = 2EK_{AB}\frac{K_0}{K_0}(2\theta_A + \theta_B - 3R_{AB}) + C_{AB}$$

$$= \frac{K_{AB}}{K_0}(4EK_0\theta_A + 2EK_0\theta_B - 6EK_0R_{AB}) + C_{AB}$$

$$= k_{AB}(2\varphi_A + \varphi_B + \psi_{AB}) + C_{AB} \qquad (5-7)$$

同様に，

$$M_{BA}=k_{AB}(\varphi_A+2\varphi_B+\psi_{AB})+C_{BA} \qquad (5-8)$$

となり，ふつうのラーメンの場合は，このほうが便利である。

2. 公式の適用順序

① 変形の未知数の数が，必要な連立方程式の数になる。

② 固定端モーメントは，付表から求めてよい。

③ 基本公式は，できるだけ簡単に整理しておく。

④ 節点方程式は，各節点のつりあい条件から $\sum M=0$，すなわち，図 5-37 (a) の節点 E については，$\sum M_E = M_{ED} + M_{EH} + M_{EF} + M_{EB} = 0$ でなければならない。

⑤ また，このラーメンの 2 階柱 EH について考えると，柱の上・下端に $(M_{HE}+M_{EH})$ のモーメントを受けているとき，この柱が回転しないために偶力 Q がはたらいている。この柱のつりあい式は，

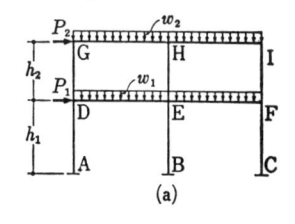

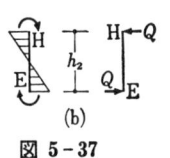

$$(M_{HE}+M_{EH})+Q\times h_2=0 \quad \therefore \quad Q_{EH}=-\frac{M_{HE}+M_{EH}}{h_2}$$

図 5-37

同様の関係が，DG，FI の柱にも成立し，2 階の全柱の合計せん断力は $\sum X=0$ から，

$$Q_{DG}+Q_{EH}+Q_{FI}=P_2 \cdots\cdots\cdots ①$$

同様に，一階柱では

$$Q_{AD}+Q_{BE}+Q_{CF}=P_2+P_1 \cdots\cdots\cdots ②$$ となる。

そして，P_2 を 2 層の層せん断力，$P_2 \times h_2$ を 2 層の層モーメント，P_2+P_1 を 1 層の層せん断力，$(P_2+P_1)\times h_1$ を 1 層の層モーメント，方程式 ①，② をそれぞれ，2，1 層の層方程式という。

≪例題6≫

図のラーメンの応力を求めよ。ただし，図中の〇数字は剛比をあらわす。

解き方 (1) 与えられた条件を整理する。

A端，B端とも固定端であるから，

$\theta_A=0, \theta_B=0 \quad \therefore \quad \varphi_A=\varphi_B=0$

節点の移動はないので，

$R_{AC}=0, R_{CB}=0 \quad \therefore \quad \psi_{AC}=\psi_{CB}=0$

ゆえに，未知量は φ_C 一つだけである。

(2) 固定端モーメント

AC 間に荷重がないので $C_{AC}=C_{CA}=0$

$C_{CB}=-\dfrac{Pl}{8}=-\dfrac{24}{8}=-3 \cdot g_c \mathrm{kN \cdot m} \qquad C_{BC}=3 \cdot g_c \mathrm{kN \cdot m}$

(3) 基本公式

$M_{AC}=k_{AC}(2\varphi_A+\varphi_C+\psi_{AC})+C_{AC}=\varphi_C$

$M_{CA}=k_{AC}(2\varphi_C+\varphi_A+\psi_{AC})+C_{CA}=2\varphi_C$

$M_{CB}=k_{CB}(2\varphi_C+\varphi_B+\psi_{CB})+C_{CB}=4\varphi_C-3$

$M_{BC}=k_{CB}(2\varphi_B+\varphi_C+\psi_{CB})+C_{BC}=2\varphi_C+3$

(4) 節点方程式

$M_{CA}+M_{CB}=0$

$2\varphi_C+4\varphi_C-3=0 \quad \therefore \quad \varphi_C=\dfrac{3}{6}=0.5$

(5) 材端モーメント

$M_{AC}=0.5 \cdot g_c \mathrm{kN \cdot m}$

$M_{CA}=0.5 \times 2=1.0 \cdot g_c \mathrm{kN \cdot m}$

$M_{CB}=(0.5 \times 4)-3=-1.0 \cdot g_c \mathrm{kN \cdot m}$

$M_{BC}=(0.5 \times 2)+3=4.0 \cdot g_c \mathrm{kN \cdot m}$

(6) 反 力

$H_A=\dfrac{M_{AC}+M_{CA}}{4}=\dfrac{1.5}{4}=0.375 \cdot g_c \mathrm{kN}=H_B$

$\sum M_B=0$ から

$-1+(V_A\times 6)-(4\times 3)+4=0$

$V_A=\dfrac{9}{6}=1.5\cdot g_c\text{kN}$

$V_B=4-1.5=2.5\cdot g_c\text{kN}$

$R_{MA}=0.5\cdot g_c\text{kN}\cdot\text{m}$

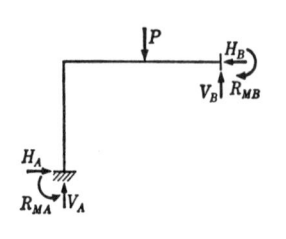

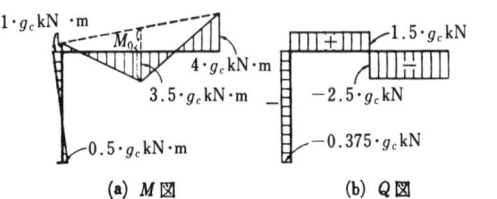

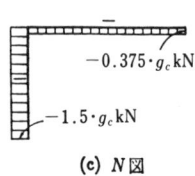

$R_{MB}=4\cdot g_c\text{kN}\cdot\text{m}$

図 5-38

(a) M図   (b) Q図   (c) N図

図 5-39

M_0：単純ばりの最大曲げモーメント，この場合

$M_0=\dfrac{Pl}{4}=\dfrac{24}{4}=6\cdot g_c\text{kN}\cdot\text{m}$

$M=M_0-\dfrac{M_{CB}+M_{BC}}{2}=6-\dfrac{1+4}{2}=6-2.5=3.5\cdot g_c\text{kN}\cdot\text{m}$

≪例題 7≫

図のラーメンを解け。

解き方 (1) 条件を整理する。

$\theta_A=0 \quad \therefore \quad \varphi_A=0$

$R_{AC}=0,\ R_{CB}=0 \quad \therefore \quad \psi=0$

$M_{BC}=0$ （回転端）

$C_{AC}=0,\ C_{CA}=0$

(2) 固定端モーメント

$C_{CB}=-\dfrac{wl^2}{12}=-\dfrac{2\times 6^2}{12}=-6\cdot g_c\text{kN}\cdot\text{m},\qquad C_{BC}=6\cdot g_c\text{kN}\cdot\text{m}$

(3) 基本公式

$M_{AC}=k_{AC}(2\varphi_A+\varphi_C)+C_{AC}=\varphi_C$

$M_{CA}=k_{AC}(2\varphi_C+\varphi_A)+C_{CA}=2\varphi_C$

§2. 不静定構造物

$$M_{CB}=k_{CB}(2\varphi_C+\varphi_B)+C_{CB}=2\varphi_C+\varphi_B-6$$
$$M_{BC}=k_{CB}(2\varphi_B+\varphi_C)+C_{BC}=\varphi_C+2\varphi_B+6$$

(4) 節点方程式

$M_{CA}+M_{CB}=0$ 　　$4\varphi_C+\varphi_B-6=0$ ……①

$M_{BC}=0$ （回転端）　$\varphi_C+2\varphi_B+6=0$ ……②

(5) ①，②式を連立方程式として解く。

①×2－② より，

$$8\varphi_C-\varphi_C-18=0 \quad \phi_C=\frac{18}{7}=2.57$$

①式に代入して，

$$\varphi_B=6-4\varphi_C=6-4\times2.57=-4.28$$

(6) 材端モーメント

$$M_{AC}=2.57\cdot g_c\,\mathrm{kN\cdot m}$$
$$M_{CA}=2.57\times2=5.14\cdot g_c\,\mathrm{kN\cdot m}$$
$$M_{CB}=2.57\times2-4.28-6=-5.14\cdot g_c\,\mathrm{kN\cdot m}$$
$$M_{BC}=2.57-8.56+6\fallingdotseq0$$

(7) 反 力

$$H_A=\frac{2.57+5.14}{4}=1.93\cdot g_c\,\mathrm{kN}=H_B$$

$\sum M_C$ を考えると，

$$(V_B\times6)-6^2=-5.14$$

$$\therefore V_B=\frac{36-5.14}{6}=5.14\cdot g_c\,\mathrm{kN}$$

$$V_A=12-5.14=6.86\cdot g_c\,\mathrm{kN}$$

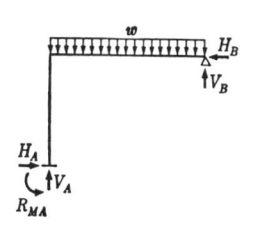

図 5-40

(8) 応力図

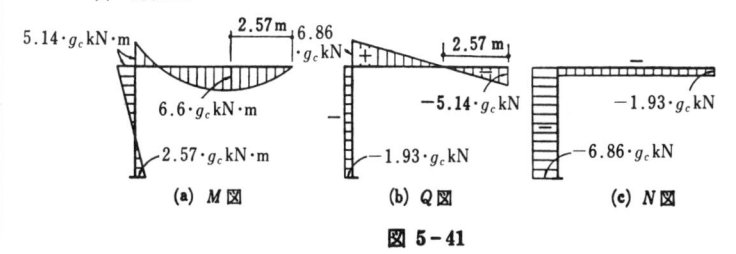

$5.14\cdot g_c\,\mathrm{kN\cdot m}$ 　2.57 m　6.86 $\cdot g_c\,\mathrm{kN\cdot m}$ 　2.57 m

$6.6\cdot g_c\,\mathrm{kN\cdot m}$ 　$-5.14\cdot g_c\,\mathrm{kN}$ 　$-1.93\cdot g_c\,\mathrm{kN}$

$2.57\cdot g_c\,\mathrm{kN\cdot m}$ 　$-1.93\cdot g_c\,\mathrm{kN}$ 　$-6.86\cdot g_c\,\mathrm{kN}$

(a) M図　　(b) Q図　　(c) N図

図 5-41

$Q_x = 5.14 - 2x = 0 \quad x = 2.57 \, \text{m}$

$M_{\max} = 5.14x - \dfrac{2x^2}{2} = 13.2 - 6.6 = 6.6 \cdot g_c \, \text{kN·m}$

【問6】 図に示すラーメンを解け。

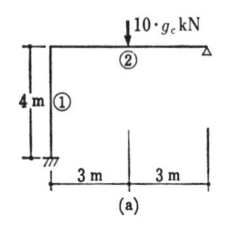

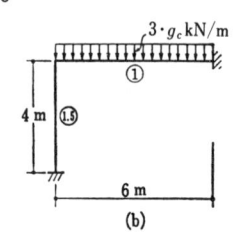

≪例題8≫

図のラーメンを解け。

解き方 (1) 各条件を整理する。

$\theta_A = 0, \; \theta_B = 0 \quad \therefore \; \varphi_A = \varphi_B = 0$

$R = 0 \quad \therefore \; \psi = 0$

$C_{AC} = 0, \; C_{CA} = 0,$

$C_{BD} = 0, \; C_{DB} = 0$

対称ラーメンだから,

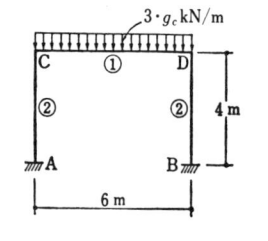

$\theta_C = -\theta_D \quad \therefore \; \varphi_C = -\varphi_D$

$M_{AC} = -M_{BD}, \quad M_{CA} = -M_{DB}, \quad M_{CD} = -M_{DC}$

ゆえに,未知量は φ_C 一つだけである。

(2) 固定端モーメント

$C_{CD} = -\dfrac{wl^2}{12} = -\dfrac{3 \times 6^2}{12} = -9 \cdot g_c \, \text{kN·m} \qquad C_{DC} = 9 \cdot g_c \, \text{kN·m}$

(3) 基本公式

$M_{AC} = k_{AC}(2\varphi_A + \varphi_C) + C_{AC} = 2\varphi_C$

$M_{CA} = k_{AC}(2\varphi_C + \varphi_A) + C_{CA} = 4\varphi_C$

$M_{CD} = k_{CD}(2\varphi_C + \varphi_D) + C_{CD} = 2\varphi_C - \varphi_C - 9 = \varphi_C - 9$

(4) 節点方程式

§2. 不静定構造物　173

$M_{CA}+M_{CD}=0$　　$4\varphi_C+\varphi_C-9=0$　　$\therefore\ \varphi_C=\dfrac{9}{5}=1.8$

(5) 材端モーメント

$M_{AC}=1.8\times2=3.6\cdot g_c\,\mathrm{kN\cdot m}$

$M_{CA}=1.8\times4=7.2\cdot g_c\,\mathrm{kN\cdot m}$

$M_{CD}=1.8-9=-7.2\cdot g_c\,\mathrm{kN\cdot m}$

(6) 反　力

$H_A=\dfrac{3.6+7.2}{4}=2.7\cdot g_c\,\mathrm{kN}$

$V_A=\dfrac{wl}{2}=\dfrac{18}{2}=9\cdot g_c\,\mathrm{kN}$

$R_{MA}=M_{AC}=3.6\cdot g_c\,\mathrm{kN\cdot m}$

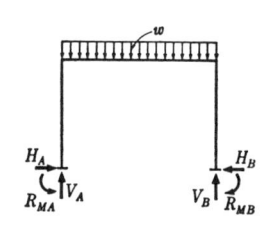

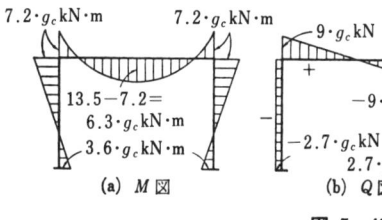

図 5-42

図 5-43

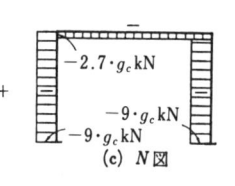

(a) M図　(b) Q図　(c) N図

≪例題9≫

図のラーメンを解け。

解き方 (1) 条件を整理する。

$\theta_A=0,\ \theta_B=0\quad\therefore\ \varphi_A=\varphi_B=0$

$R_{CD}=0\quad\therefore\ \phi_{CD}=0$

ラーメンが対称なので変形は点対称となる。

$R_{AC}=R_{BD}\quad\therefore\ \phi_{AC}=\phi_{BC}$

$\theta_C=\theta_D\quad\therefore\ \varphi_C=\varphi_D$

$M_{AC}=M_{BD},\ M_{CA}=M_{DB},\ M_{CD}=M_{DC}$

部材間に荷重なし。　$C=0$

ゆえに，未知量は φ_C, ψ_{AC} の二つである。

(3) 基本公式

$M_{AC} = k_{AC}(2\varphi_A + \varphi_C + \psi_{AC}) = 2(\varphi_C + \psi_{AC})$

$M_{CA} = k_{AC}(2\varphi_C + \varphi_A + \psi_{AC}) = 2(2\varphi_C + \psi_{AC})$

$M_{CD} = k_{CD}(2\varphi_C + \varphi_D + \psi_{CD}) = 2\varphi_C + \varphi_D = 3\varphi_C$

(4) 節点方程式

$M_{CA} + M_{CD} = 0 \quad 2(2\varphi_C + \psi_{AC}) + 3\varphi_C = 0 \quad 7\varphi_C + 2\psi_{AC} = 0 \cdots\cdots ①$

(5) 層方程式

$\sum X = 0 \quad P - Q_1 - Q_2 = 0$

$Q_1 = -\dfrac{M_{AC} + M_{CA}}{h}$

$Q_2 = -\dfrac{M_{BD} + M_{DE}}{h}$

$P + \dfrac{M_{AC} + M_{CA}}{h} + \dfrac{M_{BD} + M_{DB}}{h} = 0$

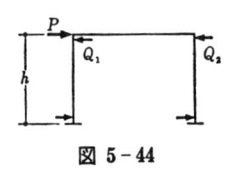

図 5-44

$M_{BD} = M_{AC}$, $M_{DB} = M_{CA}$ であるから

$2(M_{AC} + M_{CA}) + Ph = 0$

$2(2\varphi_C + 2\psi_{AC} + 4\varphi_C + 2\psi_{AC}) + 4 \times 4 = 0$

$4(3\varphi_C + 2\psi_{AC}) + 4 \times 4 = 0$

$\therefore \quad 3\varphi_C + 2\psi_{AC} + 4 = 0 \cdots\cdots ②$

(6) ①, ② 式で連立方程式をたてる。

① − ② により， $4\varphi_C - 4 = 0 \quad \therefore \quad \varphi_C = \dfrac{4}{4} = 1$

① 式に代入して， $\psi_{AC} = -\dfrac{7}{2} = -3.5$

(7) 材端モーメント

$M_{AC} = 2(1 - 3.5) = -5 \cdot g_c \, \text{kN} \cdot \text{m}$

$M_{CA} = 2(2 - 3.5) = -3 \cdot g_c \, \text{kN} \cdot \text{m}$

$M_{CD} = 3 \times 1 = 3 \cdot g_c \, \text{kN} \cdot \text{m}$

(8) 反 力

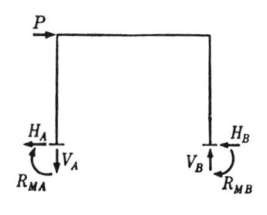

図 5-45

$R_{MA} = M_{AC} = 5 \cdot g_c \, \text{kN} \cdot \text{m}$

$H_A = \dfrac{5 + 3}{4} = 2 \cdot g_c \, \text{kN}$

§2. 不静定構造物　175

$$V_A = \frac{3+3}{4} = 1.5 \cdot g_c \text{kN}$$

(V_Aは，はりのせん断力となるから)

(9) 応力図

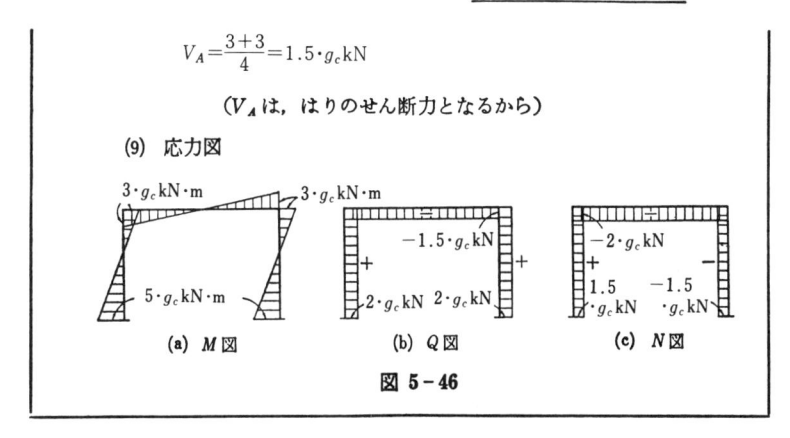

3·g_ckN·m　3·g_ckN·m

5·g_ckN·m

(a) M図

−1.5·g_ckN

2·g_ckN　2·g_ckN

(b) Q図

−2·g_ckN

1.5　−1.5
·g_ckN　·g_ckN

(c) N図

図 5−46

【問7】　図に示すラーメンを解け。

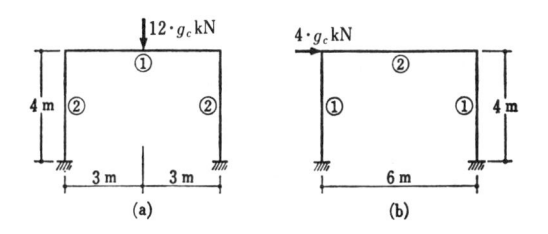

12·g_ckN

4 m　②　②

3 m　3 m

(a)

4·g_ckN

①　①　4 m

6 m

(b)

4. 固定モーメント法

=====基本事項=====

解法の順序

(1)　各節点の**固定モーメント**を求める。

(2)　固定モーメントの逆の解放モーメントを各節点に加え，各部材に剛比の割合で分割する。

(3)　分割された**分割モーメント**は，各材の他端に $\frac{1}{2}$ の**到達モーメント**を与える。

(4)　以上の操作を数回繰り返すと，解放するモーメントがほとんどなくなる。そこで各材端の固定端モーメント，分割モーメント，到達モー

メントの総和を求める。

(1) ラーメンの全節点を固定端と仮定して，荷重に対する固定端モーメントを求める。各節点の固定端モーメントの代数和を，固定モーメントという。

$$M_A = C_{AD} = -\frac{wl_1^2}{12}$$

$$M_D = C_{DA} + C_{DB} = \frac{wl_1^2}{12} - \frac{wl_2^2}{12}$$

$$M_B = C_{BD} = \frac{wl_2^2}{12}$$

(2) M_A, M_B は固定端であるから，M_D だけを解放すればよい。分割する割合を，**分割率**(DF, μ)という。

$$\Sigma k = k_{AD} + k_{DB} + k_{CD}$$

$$\mu_{DA} = \frac{k_{AD}}{\Sigma k}, \quad \mu_{DB} = \frac{k_{DB}}{\Sigma k}, \quad \mu_{DC} = \frac{k_{CD}}{\Sigma k}$$

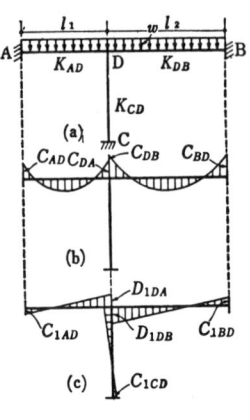

図 5-47

(3) 分割モーメント(D_1)，到達モーメント(C_1)を計算する。

$$D_{1DA} = \mu_{AD} \times (-M_D), \; D_{1DB} = \mu_{DB} \times (-M_D), \; D_{1DC} = \mu_{DC} \times (-M_D)$$

$$C_{1AD} = \frac{D_{1DA}}{2}, \quad C_{1BD} = \frac{D_{1DB}}{2}, \quad C_{1CD} = \frac{D_{1DC}}{2}$$

(4) 分割・到達の繰り返しは，十分な精度を得るまでやるわけだが，ふつうは 2～4 回でよい。

固定モーメント法は，節点が移動しない場合には，たわみ角法より簡単であるのでよく利用される。

≪例題 10≫

図のラーメンを固定モーメント法で解け。

解き方 (1) 固定モーメント

$$C_{CB} = -\frac{wl^2}{12} = -\frac{3 \times 5^2}{12} = -6.25 \cdot g_c \text{kN·m}$$

$C_{BC} = 6.25 \cdot g_c \text{kN·m}$

(2) 分割率

$$\mu_{CA} = \frac{1.5}{1+1.5} = 0.6, \quad \mu_{CB} = \frac{1}{2.5} = 0.4$$

(3) 分割モーメントと到達モーメント

$D_{1CA} = 0.6 \times 6.25 = 3.75 \cdot g_c \text{kN·m}$

$C_{1AC} = \frac{1}{2} \times D_{1CA} = \frac{1}{2} \times 3.75 = 1.875 \cdot g_c \text{kN·m}$

$D_{1CB} = 0.4 \times 6.25 = 2.5 \cdot g_c \text{kN·m}$

$C_{1BC} = \frac{1}{2} \times D_{1CB} = \frac{1}{2} \times 2.5 = 1.25 \cdot g_c \text{kN·m}$

(4) 材端モーメント

$M_{AC} = C_{1AC} = 1.875 \cdot g_c \text{kN·m}$

$M_{CA} = D_{1CA} = 3.75 \cdot g_c \text{kN·m}$

$M_{CB} = C_{CB} + D_{1CB} = -6.25 + 2.5 = -3.75 \cdot g_c \text{kN·m}$

$M_{BC} = C_{BC} + C_{1BC} = 6.25 + 1.25 = 7.5 \cdot g_c \text{kN·m}$

図 5-48

(5) 反 力

$$H_A = \frac{3.75 + 1.875}{3} = 1.875 \cdot g_c \text{kN} = H_B$$

$\sum M_B$ を考えると，

$$-3.75 + V_A \times 5 - \frac{3 \times 5^2}{2} = -7.5$$

$$V_A = \frac{41.25 - 7.5}{5} = 6.75 \cdot g_c \text{kN}$$

$V_B = 15 - 6.75 = 8.25 \cdot g_c \text{kN}$

(6) 応力図

$Q_x = 8.25 - 3x = 0 \quad x = \frac{8.25}{3} = 2.75 \text{m}$

$M_{max} = -7.5 + 8.25x - \frac{3}{2}x^2$

$\quad = -7.5 + 22.68 - 11.34 = 3.84 \cdot g_c \text{kN·m}$

図 5-49

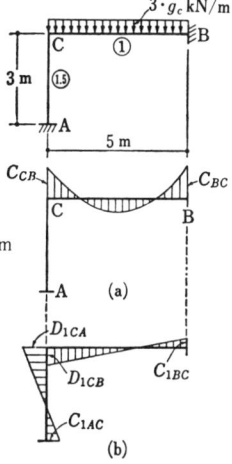

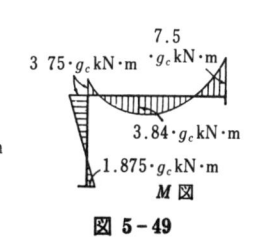

≪例題11≫

図のラーメンを固定モーメント法で解き，曲げモーメント図をかけ。

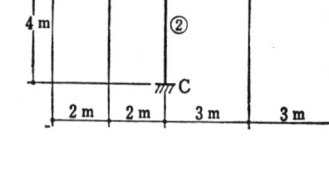

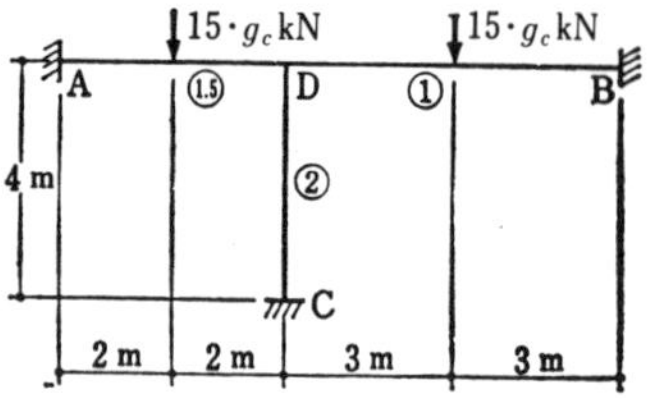

解き方 (1) 固定モーメント

$$C_{AD}=-\frac{Pl}{8}=-\frac{15\times 4}{8}$$
$$=-7.5$$

$C_{DA}=7.5$

$$C_{DB}=-\frac{Pl}{8}=-\frac{15\times 6}{8}=-11.25 \quad C_{BD}=11.25$$

$M_D=7.5-11.25=-3.75 \cdot g_c\text{kN}\cdot\text{m}$

(2) 分割率

$$\mu_{DA}=\frac{1.5}{1.5+2+1}=\frac{1}{3}$$

$$\mu_{DB}=\frac{1}{4.5}$$

$$\mu_{DC}=\frac{2}{4.5}$$

(3) 分割モーメントと到達モーメント

$D_{1DA}=\frac{1}{3}\times 3.75=1.25\cdot g_c\text{kN}\cdot\text{m}\longrightarrow$
$\qquad\qquad\qquad C_{1AD}=\frac{1}{2}\times 1.25=0.625\cdot g_c\text{kN}\cdot\text{m}$

$D_{1DB}=\frac{1}{4.5}\times 3.75=0.83\cdot g_c\text{kN}\cdot\text{m}\longrightarrow$
$\qquad\qquad\qquad C_{1BD}=\frac{1}{2}\times 0.83=0.415\cdot g_c\text{kN}\cdot\text{m}$

$D_{1DC}=\frac{2}{4.5}\times 3.75=1.67\cdot g_c\text{kN}\cdot\text{m}\longrightarrow$
$\qquad\qquad\qquad C_{1CD}=\frac{1}{2}\times 1.67=0.83\cdot g_c\text{kN}\cdot\text{m}$

(4) 材端モーメント

$M_{AD}=C_{AD}+C_{1AD}=-7.5+0.63=-6.87\cdot g_c\text{kN}\cdot\text{m}$

$M_{DA}=C_{DA}+D_{1DA}=7.5+1.25=8.75\cdot g_c\text{kN}\cdot\text{m}$

$M_{DB}=C_{DB}+D_{1DB}=-11.25+0.83=-10.42\cdot g_c\text{kN}\cdot\text{m}$

$M_{BD}=C_{BD}+C_{1BD}=11.25+0.42=11.67\cdot g_c\text{kN}\cdot\text{m}$

$M_{DC}=D_{1DC}=1.67\cdot g_c\text{kN}\cdot\text{m}$

$M_{CD}=C_{1CD}=0.83\cdot g_c\text{kN}\cdot\text{m}$

§2. 不静定構造物　**179**

(5) 曲げモーメント図

$$M_1 = \frac{Pl}{4} - \frac{M_{AD}+M_{DA}}{2}$$

$$= 15-7.81 = 7.19 \cdot g_c \text{kN·m}$$

$$M_2 = \frac{Pl}{4} - \frac{M_{DB}+M_{BD}}{2}$$

$$= 22-11.05 = 10.95 \cdot g_c \text{kN·m}$$

8.75　10.42　11.67
6.87　　　1.67
　7.19　　　10.95
　　　0.83

（単位：$\cdot g_c$ kN·m）

図 5-50

【問8】 図に示すラーメンを固定モーメント法で解き，曲げモーメント図をかけ。

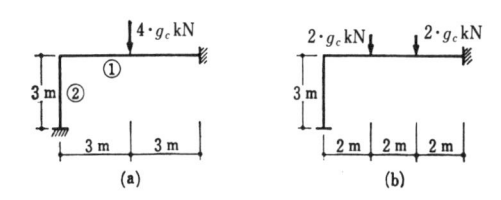

$4 \cdot g_c$ kN　　　$2 \cdot g_c$ kN　$2 \cdot g_c$ kN

(a)　　　　(b)

5. 長方形ラーメン

基本事項

1. たわみ角法の方程式係数表

(1) 主対角線上に，各節点の j を記入する。

　j：その節点に集まる剛比の和の2倍の値。

(2) φ の相当箇所に，節点に集まるはりと柱の剛比を記入する。

(3) 荷重項らんに，その節点の固定端モーメントの総和を記入する。

(4) 層方程式らんの主対角線上に，f を記入する。

　f：その層のすべての柱の剛比の和の $\dfrac{2}{3}$ の値。

(5) 層方程式らんに，その層の柱の節点に集まる柱の剛比を記入する。

(6) 層方程式の荷重項らんに，その層の層モーメントの $\dfrac{1}{3}$ を記入する。

(7) 以上により方程式を整理して，反復漸近法，消去法などにより未知

量を求め，基本公式に代入して材端モーメントを計算する。
(8) 求めた材端モーメントが各節点において誤差を生じた場合，できれば，各部材の剛比に応じて分配するとよい。

$j_D = 2(k_{AD} + k_{DE} + k_{DG})$

$j_E = 2(k_{DE} + k_{EH}$
$\qquad + k_{EF} + k_{BE})$

$j_F = 2(k_{EF} + k_{FI} + k_{CF})$

$j_G = 2(k_{DG} + k_{GH})$

$j_H = 2(k_{GH} + k_{HI} + k_{EH})$

$j_I = 2(k_{HI} + k_{FI})$

$f_{\mathrm{I}} = \dfrac{2}{3}(k_{AD} + k_{BE} + k_{CF})$

$f_{\mathrm{II}} = \dfrac{2}{3}(k_{DG} + k_{EH} + k_{FI})$

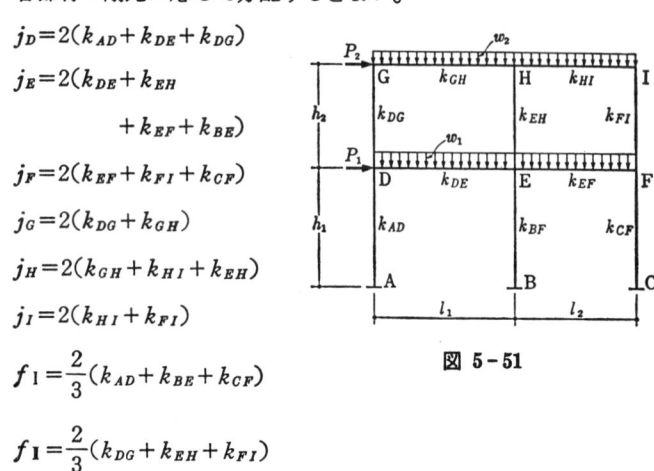

図 5-51

表 5-1

節点名		性状係数						荷重項	
		φ_D	φ_E	φ_F	φ_G	φ_H	φ_I	ψ_I	ψ_II	ΣC	$\dfrac{1}{3}Ph$
節点方程式	D	$\boxed{j_D}$	k_{DE}		k_{DG}			k_{AD}	k_{DG}	C_{DE}	
	E	k_{DE}	$\boxed{j_E}$	k_{EF}		k_{EH}		k_{EF}	k_{EH}	$C_{ED}+C_{EF}$	
	F		k_{EF}	$\boxed{j_F}$			k_{FI}	k_{CF}	k_{FI}	C_{FE}	
	G	k_{DG}			$\boxed{j_G}$	k_{GH}			k_{DG}	C_{GH}	
	H		k_{EH}		k_{GH}	$\boxed{j_H}$	k_{HI}		k_{EH}	$C_{HG}+C_{HI}$	
	I			k_{FI}		k_{HI}	$\boxed{j_I}$		k_{FI}	C_{IH}	
層方程式	I	k_{AD}	k_{BE}	k_{CF}				$\boxed{f_\mathrm{I}}$			$\dfrac{1}{3}(P_1+P_2)h_1$
	II	k_{DG}	k_{EH}	k_{FI}	k_{DG}	k_{EH}	k_{FI}		$\boxed{f_\mathrm{II}}$		$\dfrac{1}{3}P_2 h_2$

2. 固定モーメント法の図上計算

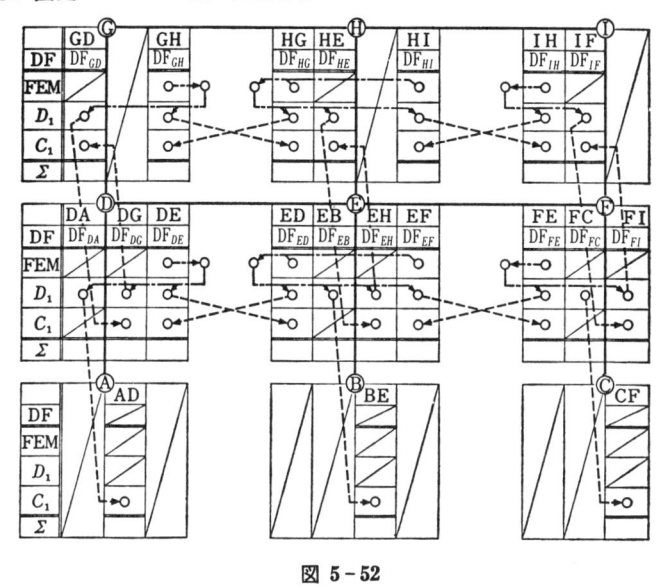

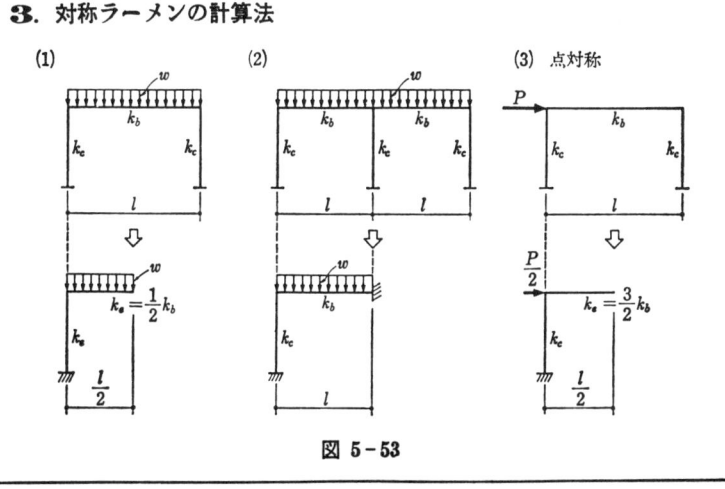

図 5-52

3. 対称ラーメンの計算法

(1)　(2)　(3) 点対称

図 5-53

1. たわみ角法の方程式係数表

作表を整理してできる方程式は，個々の基本公式から節点方程式，層方程

式を導いた式と同じである。そして係数表は，その主対角線について対称であり，また，その対角線上の係数が他の係数に比べて大きいことなどを利用して，多元方程式を簡単に解けるよう工夫されている。

2. 固定モーメント法の図上計算

考え方は，前に説明した固定モーメント法の解法のままであるが，節点数がふえた場合，図上で整理するほうが間違いが少なくなる。

3. 対称ラーメンの計算法

対称ラーメンの場合は，**有効剛比**(k_e)を使って半分だけ計算すればよい。

━━≪例題12≫━━

図のラーメンをたわみ角法で解き，曲げモーメント図をかけ。

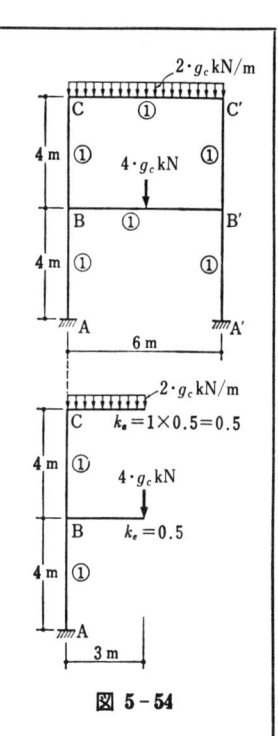

考え方 対称ラーメンであるから，図5-54のように考えればよい。

解き方 (1) 条件を整理する。

$\theta_A=0$ ∴ $\varphi_A=0$

$R=0$　　$\psi=0$

$C_{AB}=C_{BA}=0$　$C_{BC}=C_{CB}=0$

未知数は φ_B と φ_C の二つ。

(2) 固定端モーメント

$$C_{BB}{}'=-\frac{Pl}{8}=-\frac{4\times 6}{8}=-3\cdot g_c\text{kN}\cdot\text{m}$$

$$C_{CC}{}'=-\frac{wl^2}{12}=-\frac{2\times 6^2}{12}=-6\cdot g_c\text{kN}\cdot\text{m}$$

(3) 基本公式

$M_{AB}=k(2\varphi_A+\varphi_B)=\varphi_B$

$M_{BA}=k(2\varphi_B+\varphi_A)=2\varphi_B$

$M_{BB}{}'=k(2\varphi_B)+C_{BB}{}'=\varphi_B-3$

$M_{BC}=k(2\varphi_B+\varphi_C)=2\varphi_B+\varphi_C$

$M_{CB}=k(2\varphi_C+\varphi_B)=2\varphi_C+\varphi_B$

$M_{CC}{}'=k(2\varphi_C)+C_{CC}{}'=\varphi_C-6$

図 5-54

§2. 不静定構造物

(4) 節点方程式

$\sum M_B = 0 \quad M_{BA} + M_{BB}' + M_{BC} = 2\varphi_B + \varphi_B - 3 + 2\varphi_B + \varphi_C$
$\qquad\qquad\qquad = 5\varphi_B + \varphi_C - 3 = 0 \quad \cdots\cdots\cdots$ ①

$\sum M_C = 0 \quad M_{CB} + M_{CC}' = 2\varphi_C + \varphi_B + \varphi_C - 6 = 3\varphi_C + \varphi_B - 6 = 0 \cdots\cdots$ ②

以上を係数表を使って整理すると簡単にできる。

$j_B = 2(1+0.5+1) = 5$

$j_C = 2(1+0.5) = 3$

表 5-2

	φ_B	φ_C	$\sum C$
B	5	1	-3
C	1	3	-6

(5) 連立方程式

①×3−② により，

$\varphi_B(15-1) + \varphi_C(3-3) - 9 + 6 = 0 \quad \therefore \quad \varphi_B = \dfrac{3}{14} = 0.21$

① 式に代入　$\varphi_C = 3 - 5\varphi_B = 3 - 1.07 = 1.93$

(6) 材端モーメント

$M_{AB} = \varphi_B = 0.21 \cdot g_c \text{kN·m}$

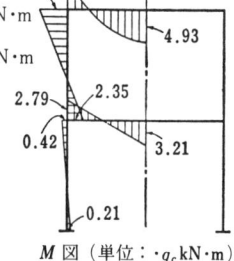

$M_{BA} = 2\varphi_B = 0.42 \cdot g_c \text{kN·m}$

$M_{BB}' = \varphi_B - 3 = -2.79 \cdot g_c \text{kN·m}$

$M_{BC} = 2\varphi_B + \varphi_C = 0.42 + 1.93 = 2.35 \cdot g_c \text{kN·m}$

$M_{CB} = 2\varphi_C + \varphi_B = 3.86 + 0.21 = 4.07 \cdot g_c \text{kN·m}$

$M_{CC}' = \varphi_C - 6 = -4.07 \cdot g_c \text{kN·m}$

(7) 曲げモーメント

$M_1 = \dfrac{Pl}{4} - M_{BB}' = \dfrac{4 \times 6}{4} - 2.79$
$\qquad = 3.21 \cdot g_c \text{kN·m}$

$M_2 = \dfrac{wl^2}{8} - M_{CC}' = \dfrac{2 \times 6^2}{8} - 4.07 = 4.93 \cdot g_c \text{kN·m}$

M 図（単位：$\cdot g_c$ kN·m）

図 5-55

≪例題 13≫

図のラーメンをたわみ角法で解き，曲げモーメント図をかけ。

考え方 対称ラーメンに点対称荷重であるから，図 5-56 のように考える。

解き方 (1) 方程式係数表をつくる。

184 第5章 不静定構造物の応力

$j_B = 2(1+1+1.5) = 7$

$j_C = 2(1+1.5) = 5$

$f_{\rm I} = 1 \times \dfrac{2}{3} = \dfrac{2}{3}$

$f_{\rm II} = \dfrac{2}{3}$

$\dfrac{P_2 h_2}{3} = \dfrac{1 \times 4}{3} = \dfrac{4}{3}$

$\dfrac{(P_1+P_2) \times h_1}{3} = \dfrac{(1+1) \times 4}{3} = \dfrac{8}{3}$

表 5-3

	φ_B	φ_C	$\phi_{\rm I}$	$\phi_{\rm II}$	ΣC	$\dfrac{Ph}{3}$
B	7	1	1	1	0	
C	1	5		1	0	
I	1		$\dfrac{2}{3}$			$\dfrac{8}{3}$
II	1	1		$\dfrac{2}{3}$		$\dfrac{4}{3}$

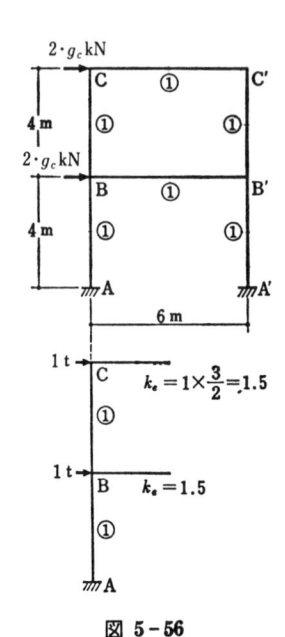

図 5-56

(2) 連立方程式

$7\varphi_B + \varphi_C + \phi_{\rm I} + \phi_{\rm II} = 0 \qquad \therefore \ \varphi_B = -\dfrac{\varphi_C + \phi_{\rm I} + \phi_{\rm II}}{7}$ ……①

$\varphi_B + 5\varphi_C + \phi_{\rm II} = 0 \qquad \therefore \ \varphi_C = -\dfrac{\varphi_B + \phi_{\rm II}}{5}$ …………②

$3\varphi_B + 2\phi_{\rm I} + 8 = 0 \qquad \therefore \ \phi_{\rm I} = -\dfrac{3\varphi_B + 8}{2}$ …………③

$3\varphi_B + 3\varphi_C + 2\phi_{\rm II} + 4 = 0 \qquad \therefore \ \phi_{\rm II} = -\dfrac{3\varphi_B + 3\varphi_C + 4}{2}$ ……④

③式から $\varphi_B = 0$ とすると,

$\phi_{\rm I} = -\dfrac{8}{2} = -4$ ……………………………………………⑤

④式から $\varphi_B = 0$, $\varphi_C = 0$ とすると,

$\phi_{\rm II} = -\dfrac{4}{2} = -2$ ……………………………………………⑥

① 式に ⑥, ⑥ 式, $\varphi_C=0$ を代入して,

$$\varphi_B = -\left(\frac{-4-2}{7}\right) = 0.86 \cdots\cdots\cdots\cdots\cdots\cdots\cdots\cdots\cdots\cdots\cdots ⑦$$

② 式に ⑥, ⑦ 式を代入すると,

$$\varphi_C = -\left(\frac{0.86-2}{5}\right) = 0.23 \cdots\cdots\cdots\cdots\cdots\cdots\cdots\cdots\cdots\cdots ⑧$$

以上の計算を繰り返すと，次のようになる。

表 5-4

	第1回	第2回	第3回	第4回	第5回	第6回	第7回	第8回
ϕ_I	-4	-5.29	-6.0	-6.19	-6.30	-6.36	-6.40	-6.4
ϕ_II	-2	-3.64	-4.67	-5.15	-5.38	-5.75	-5.62	-5.6
φ_B	0.86	1.31	1.46	1.53	1.57	1.60	1.60	1.6
φ_C	0.23	0.47	0.64	0.72	0.93	0.81	0.80	0.8

(3) 基本公式

$M_{AB} = k(2\varphi_A + \varphi_B + \phi_\mathrm{I}) = \varphi_B + \phi_\mathrm{I}$

$M_{BA} = k(2\varphi_B + \varphi_A + \phi_\mathrm{I}) = 2\varphi_B + \phi_\mathrm{I}$

$M_{BC} = k(2\varphi_B + \varphi_C + \phi_\mathrm{II}) = 2\varphi_B + \varphi_C + \phi_\mathrm{II}$

$M_{CB} = k(2\varphi_C + \varphi_B + \phi_\mathrm{II}) = 2\varphi_C + \varphi_B + \phi_\mathrm{II}$

$M_{BB}' = k(2\varphi_B) = 3\varphi_B$

$M_{CC}' = k(2\varphi_C) = 3\varphi_C$

(4) 材端モーメント

$M_{AB} = \varphi_B + \psi_\mathrm{I} = 1.6 - 6.4 = -4.8 \cdot g_c \mathrm{kN \cdot m}$

$M_{BA} = 2\varphi_B + \psi_\mathrm{I} = 3.2 - 6.4 = -3.2 \cdot g_c \mathrm{kN \cdot m}$

$M_{BC} = 2\varphi_B + \varphi_C + \psi_\mathrm{II} = 3.2 + 0.8 - 5.6$
$\qquad = -1.6 \cdot g_c \mathrm{kN \cdot m}$

$M_{CB} = 2\varphi_C + \varphi_B + \psi_\mathrm{II} = 1.6 + 1.6 - 5.6$
$\qquad = -2.4 \cdot g_c \mathrm{kN \cdot m}$

$M_{BB}' = 3\varphi_B = 4.8 \cdot g_c \mathrm{kN \cdot m}$

$M_{CC}' = 3\varphi_C = 2.4 \cdot g_c \mathrm{kN \cdot m}$

M 図（単位：$\cdot g_c \mathrm{kN \cdot m}$）

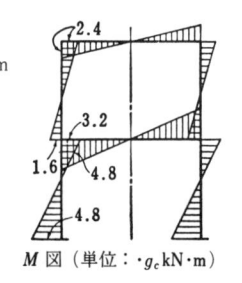

図 5-57

第5章 不静定構造物の応力

【問9】 図の長方形ラーメンをたわみ角法で解き，曲げモーメント図をかけ。

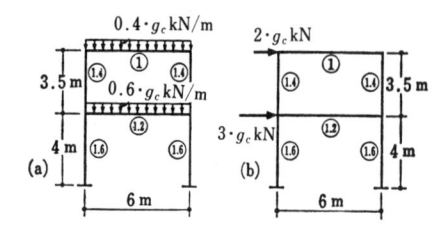

≪例題14≫

図のラーメンを固定モーメント法で解き，曲げモーメント図をかけ。

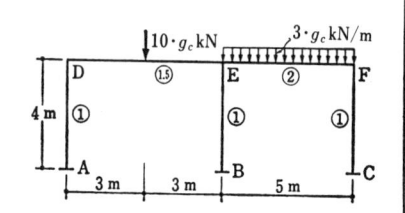

考え方 図上計算を行う。

解き方 (1) 固定端モーメント (FEM)

$$C_{DE} = -\frac{Pl}{8} = -7.5 \cdot g_c \text{kN} \cdot \text{m}$$

$C_{ED} = 7.5 \cdot g_c \text{kN} \cdot \text{m}$

$$C_{EF} = -\frac{wl^2}{12} = -6.25 \cdot g_c \text{kN} \cdot \text{m}$$

$C_{FE} = 6.25 \cdot g_c \text{kN} \cdot \text{m}$

(2) 固定モーメント

$M_D = -7.5 \cdot g_c \text{kN} \cdot \text{m}$

$M_E = 7.5 - 6.25 = 1.25 \cdot g_c \text{kN} \cdot \text{m}$

$M_F = 6.25 \cdot g_c \text{kN} \cdot \text{m}$

(3) 分割率

$\text{DF}_{DA} = \dfrac{1}{1+1.5} = 0.4$ $\text{DF}_{DE} = \dfrac{2}{2.5} = 0.8$

$\text{DF}_{ED} = \dfrac{2}{1+1.5+2} = 0.45$ $\text{DF}_{EB} = \dfrac{1}{4.5} = 0.22$

$\text{DF}_{EF} = \dfrac{1.5}{4.5} = 0.33$ $\text{DF}_{FE} = \dfrac{2}{2+1} = 0.67$

$\text{DF}_{FC} = \dfrac{1}{3} = 0.33$

§2. 不静定構造物　187

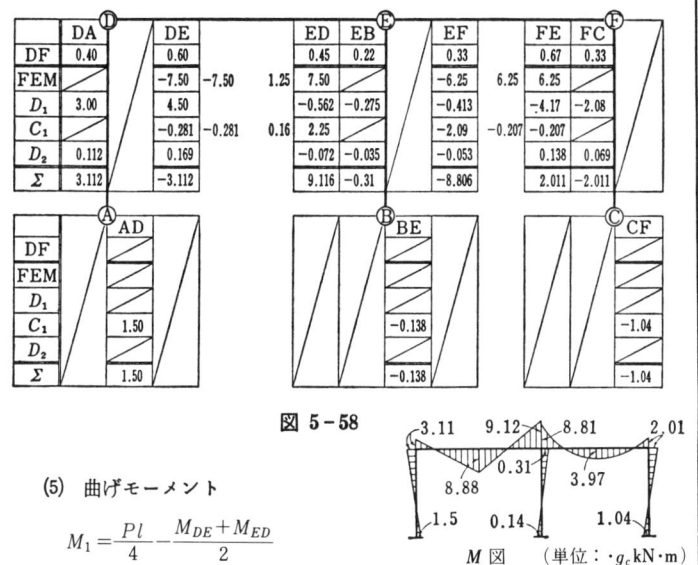

(4) 図上計算

	DA	DE			ED	EB		EF		FE	FC
DF	0.40	0.60			0.45	0.22		0.33		0.67	0.33
FEM		-7.50	-7.50	1.25	7.50			-6.25	6.25	6.25	
D_1	3.00	4.50			-0.562	-0.275		-0.413		-4.17	-2.08
C_1		-0.281	-0.281	0.16	2.25			-2.09	-0.207	-0.207	
D_2	0.112	0.169			-0.072	-0.035		-0.053		0.138	0.069
Σ	3.112	-3.112			9.116	-0.31		-8.806		2.011	-2.011

	AD		BE		CF
DF					
FEM					
D_1					
C_1	1.50		-0.138		-1.04
D_2					
Σ	1.50		-0.138		-1.04

図 5-58

(5) 曲げモーメント

$$M_1 = \frac{Pl}{4} - \frac{M_{DE}+M_{ED}}{2}$$

$$= 15 - 6.12 = 8.88 \cdot g_c \text{kN·m}$$

$$M_2 = \frac{wl^2}{8} - \frac{M_{EF}+M_{FE}}{2} = 9.38 - 5.41 = 3.97 \cdot g_c \text{kN·m}$$

図 5-59　M図 （単位：$\cdot g_c$ kN·m）

≪例題15≫

図のラーメンを固定モーメント法で解き，曲げモーメント図をかけ。

考え方 対称ラーメン，対称荷重なので図5-61のように考え，図上計算する。

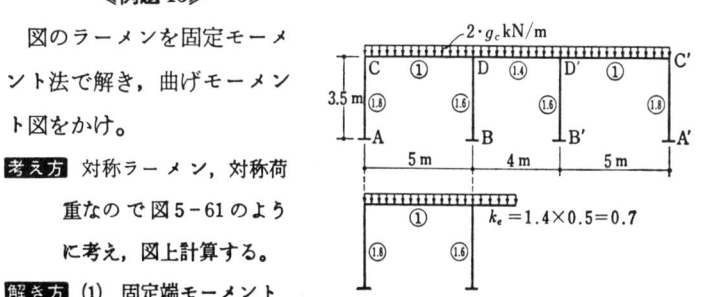

解き方 (1) 固定端モーメント

$$C_{CD} = -\frac{wl^2}{12} = -\frac{2\times 5^2}{12} = -4.17 \cdot g_c \text{kN·m}$$

$$C_{DC} = 4.17 \cdot g_c \text{kN·m} \qquad C_{DD'} = -\frac{wl^2}{12} = -\frac{2\times 4^2}{12} = -2.67 \cdot g_c \text{kN·m}$$

図 5-60

第5章 不静定構造物の応力

(2) 固定モーメント

$M_D = 4.17 - 2.67 = 1.5 \cdot g_c \text{kN} \cdot \text{m}$

(3) 分割率

$\text{DF}_{CA} = \dfrac{1.8}{1.8+1} = 0.64 \qquad \text{DF}_{CD} = \dfrac{1}{2.8} = 0.36$

$\text{DF}_{DC} = \dfrac{1}{1+1.6+0.7} = 0.3 \qquad \text{DF}_{BD} = \dfrac{1.6}{3.3} = 0.49$

$\text{DF}_{DD'} = \dfrac{0.7}{3.3} = 0.21$

(4) 分割モーメントと到達モーメント

$D_{1CA} = 0.64 \times 4.17 = 2.67 \qquad C_{1AC} = \dfrac{1}{2} \times 2.67 = 1.34$

$D_{1CD} = 0.36 \times 4.17 = 1.50 \qquad C_{1DC} = \dfrac{1}{2} \times 1.50 = 0.75$

$D_{1DC} = 0.3 \times -1.5 = -0.45 \qquad C_{1CD} = \dfrac{1}{2} \times -0.45 = -0.23$

$D_{1DB} = 0.49 \times -1.5 = -0.74 \qquad C_{1BD} = \dfrac{1}{2} \times -0.74 = -0.37$

$D_{1DD'} = 0.21 \times -1.5 = -0.32$

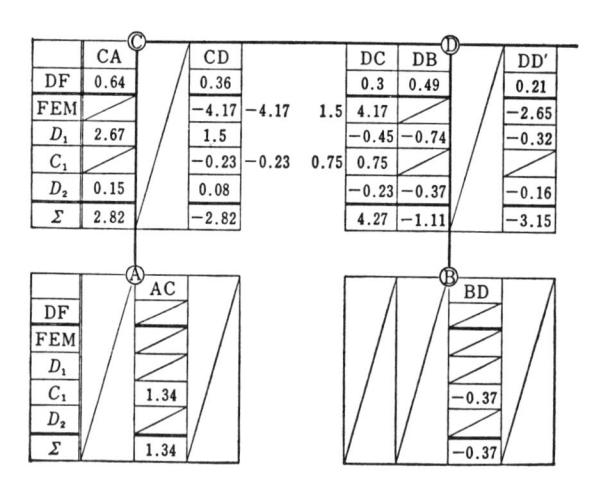

	CA	CD		DC	DB	DD'
DF	0.64	0.36		0.3	0.49	0.21
FEM		−4.17	−4.17　1.5	4.17		−2.65
D_1	2.67	1.5		−0.45	−0.74	−0.32
C_1		−0.23	−0.23　0.75	0.75		
D_2	0.15	0.08		−0.23	−0.37	−0.16
Σ	2.82	−2.82		4.27	−1.11	−3.15

	AC
DF	
FEM	
D_1	
C_1	1.34
D_2	
Σ	1.34

	BD
	−0.37
	−0.37

図 5−61

(5) 曲げモーメント

$$M_1 = \frac{wl^2}{8} - \frac{M_{CD} + M_{DC}}{2} = \frac{2 \times 5^2}{8} - \frac{2.82 + 4.27}{2} = 6.25 - 3.55$$

$$= 2.7 \cdot g_c \text{kN} \cdot \text{m}$$

$$M_2 = \frac{wl^2}{8} - M_{DD}' = \frac{2 \times 4^2}{8} - 3.15$$

$$= 4 - 3.15 = 0.85 \cdot g_c \text{kN} \cdot \text{m}$$

M 図 （単位：$\cdot g_c$kN・m）

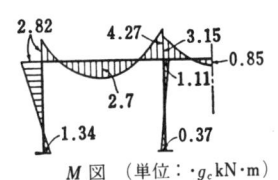

図 5-62

【問10】 図に示すラーメンを固定ラーメン法で解き，曲げモーメント図をかけ。

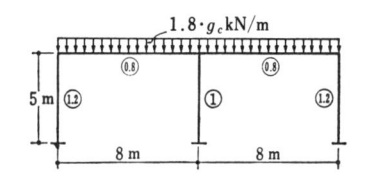

≪例題 16≫

図のラーメンをたわみ角法で解き，曲げモーメント図をかけ。

解き方 (1) 方程式係数表をつくる。

$j_D = 2(1.4 + 1.4 + 1.6) = 8.8$

$j_E = 2(1.6 + 1.2 + 2.0 + 1.2) = 12.0$

$j_F = 2(2.0 + 1.4 + 1.4) = 9.6$

$j_G = 2(1.4 + 1.2) = 5.2$

$j_H = 2(1.2 + 1.4 + 1.2) = 7.6$

$j_I = 2(1.4 + 1.4) = 5.6$

$f_I = \frac{2}{3}(1.4 + 1.2 + 1.4) = 2.67$

$f_I = \frac{2}{3}(1.4 + 1.2 + 1.4) = 2.67$

$C_{DE} = -\frac{wl^2}{12} = -\frac{480 \times 5^2}{12} = -1000 \cdot g_c \text{N} \cdot \text{m}$ $C_{ED} = 1000 \cdot g_c \text{N} \cdot \text{m}$

$C_{EF} = -\frac{wl^2}{12} = -\frac{480 \times 3^2}{12} = -360 \cdot g_c \text{N} \cdot \text{m}$ $C_{FE} = 360 \cdot g_c \text{N} \cdot \text{m}$

$C_{GH} = -\dfrac{wl^2}{12} = -\dfrac{384 \times 5^2}{12} = -800 \cdot g_c \,\text{N} \cdot \text{m}$ 　　$C_{HG} = 800 \cdot g_c \,\text{N} \cdot \text{m}$

$C_{HI} = -\dfrac{wl^2}{12} = -\dfrac{384 \times 3^2}{12} = -288 \cdot g_c \,\text{N} \cdot \text{m}$ 　　$C_{IH} = 288 \cdot g_c \,\text{N} \cdot \text{m}$

表 5-5

		性 状 係 数							荷 重 項	
		φ_D	φ_E	φ_F	φ_G	φ_H	φ_I	ϕI	ϕII	ΣC	$\dfrac{1}{3}Ph$
節点方程式	D	8.8	1.6		1.4			1.4	1.4	-1000	
	E	1.6	12	2.0		1.2		1.2	1.2	640	
	F		2.0	9.6			1.4	1.4	1.4	360	
	G	1.4			5.2	1.2			1.4	-800	
	H		1.2		1.2	7.6	1.4		1.2	512	
	I			1.4		1.4	5.6		1.4	288	
層方程式	I	1.4	1.2	1.4				2.67		0	
	II	1.4	1.2	1.4	1.4	1.2	1.4		2.67	0	

(2) 連立方程式

$$\varphi_D = -\left(\dfrac{1.6\,\varphi_E + 1.4\,\varphi_G + 1.4\,\phi\text{I} + 1.4\,\phi\text{II} - 1000}{8.8}\right) \quad \cdots\cdots \text{①}$$

$$\varphi_E = -\left(\dfrac{1.6\,\varphi_D + 2\,\varphi_F + 1.2\,\varphi_H + 1.2\,\phi\text{I} + 1.2\,\phi\text{II} + 640}{12}\right) \quad \cdots\cdots \text{②}$$

$$\varphi_F = -\left(\dfrac{2\,\varphi_E + 1.4\,\varphi_I + 1.4\,\phi\text{I} + 1.4\,\phi\text{II} + 360}{9.6}\right) \quad \cdots\cdots \text{③}$$

$$\varphi_G = -\left(\dfrac{1.4\,\varphi_D + 1.2\,\varphi_H + 1.4\,\phi\text{II} - 800}{5.2}\right) \quad \cdots\cdots \text{④}$$

$$\varphi_H = -\left(\dfrac{1.2\,\varphi_E + 1.2\,\varphi_G + 1.4\,\varphi_I + 1.2\,\phi\text{II} + 512}{7.6}\right) \quad \cdots\cdots \text{⑤}$$

$$\varphi_I = -\left(\dfrac{1.4\,\varphi_F + 1.4\,\varphi_H + 1.4\,\phi\text{II} + 288}{5.6}\right) \quad \cdots\cdots \text{⑥}$$

$$\phi\text{I} = -\left(\dfrac{1.4\,\varphi_D + 1.2\,\varphi_E + 1.4\,\varphi_F}{2.67}\right) \quad \cdots\cdots \text{⑦}$$

$$\phi\text{II} = -\left(\dfrac{1.4\,\varphi_D + 1.2\,\varphi_E + 1.4\,\varphi_F + 1.4\,\varphi_G + 1.2\,\varphi_H + 1.4\,\varphi_I}{2.67}\right) \cdots\cdots \text{⑧}$$

§ 2. 不静定構造物

(3) 仮定計算

① 式で $\varphi_E,\ \varphi_G,\ \phi_I,\ \psi_I = 0$ と仮定　　$\varphi_D = \dfrac{1000}{8.8} = 113.6$

② 式で $\varphi_D,\ \varphi_F,\ \varphi_H,\ \phi_I,\ \psi_I = 0$ と仮定　　$\varphi_E = -\dfrac{640}{12} = -53.3$

③ 式で $\varphi_E,\ \varphi_I,\ \phi_I,\ \psi_I = 0$ と仮定　　$\varphi_F = -\dfrac{360}{9.6} = -37.5$

④ 式で $\varphi_D,\ \varphi_H,\ \phi_I = 0$ と仮定　　$\varphi_G = \dfrac{800}{5.2} = 153.8$

⑤ 式で $\varphi_E,\ \varphi_G,\ \varphi_I,\ \psi_I = 0$ と仮定　　$\varphi_H = -\dfrac{512}{7.6} = -67.4$

⑥ 式で $\varphi_F,\ \varphi_H,\ \psi_I = 0$ と仮定　　$\varphi_I = -\dfrac{288}{5.6} = -51.4$

⑦ 式に上の結果を代入　$\phi_I = -\left(\dfrac{159 - 64 - 52.5}{2.67}\right) = -15.9$

⑧ 式に上の結果を代入　$\psi_I = -\left(\dfrac{159 - 64 - 52.5 + 215.3 - 80.9 - 72}{2.67}\right)$

$\qquad = -39.3$

(4) 第1回近似計算（仮定計算の値を代入する）

$\varphi_D = -\left(\dfrac{-85.3 + 215.3 - 22.3 - 55 - 1000}{8.8}\right) = 107.6$

$\varphi_E = -\left(\dfrac{172.2 - 75 - 80.9 - 19.1 - 47.2 + 640}{12}\right) = -49.2$

$\varphi_F = -\left(\dfrac{-98.4 - 72 - 22.3 - 55 + 360}{9.6}\right) = -11.7$

$\varphi_G = -\left(\dfrac{150.6 - 80.9 - 55 - 800}{5.2}\right) = 151.0$

$\varphi_H = -\left(\dfrac{-59.0 + 181.2 - 72 - 47.2 + 512}{7.6}\right) = -67.8$

$\varphi_I = -\left(\dfrac{-16.4 - 94.9 - 55 + 288}{5.6}\right) = -11.0$

$\phi_I = -\left(\dfrac{150.6 - 59.0 - 16.4}{2.67}\right) = -28.2$

$\psi_I = -\left(\dfrac{150.6 - 59.0 - 16.4 + 211.4 - 81.4 - 15.4}{2.67}\right) = -71.1$

(5) 以上の計算を繰り返すと表 5-6 のようになる。

第5章 不静定構造物の応力

表 5-6

	φ_D	φ_E	φ_F	φ_G	φ_H	φ_I	$\psi\mathrm{I}$	$\psi\mathrm{I\!I}$
仮定値	113.6	-53.3	-37.5	153.8	-67.4	-51.4	-15.9	-39.3
第1回	107.6	-49.2	-11.7	151.0	-67.8	-11.0	-28.2	-71.1
第2回	114.4	-43.7	-12.3	157.8	-72.1	-12.6	-33.9	-77.7
第3回	114.2	-48.1	- 9.4	160.7	-70.6	-12.0	-33.3	-79.6
第4回	114.8	-48.7	- 9.1	160.7	-70.3	-11.7	-33.6	-80.1
第5回	115.0	-48.8	- 9.1	160.7	-70.2	-11.6	-33.6	-80.3

(6) 材端モーメント （第5回の値を基本公式に代入する）

$M_{AD}=1.4(\varphi_D+\psi\mathrm{I})=1.4(115-33.6)=114$

$M_{DA}=1.4(2\varphi_D+\psi\mathrm{I})=1.4(115\times2-33.6)=275$

$M_{DG}=1.4(2\varphi_D+\varphi_G+\psi\mathrm{I})$
$\quad=1.4(115\times2+160.7-80.3)=434.6\rightarrow435$

$M_{GD}=1.4(2\varphi_G+\varphi_D+\psi\mathrm{I})$
$\quad=1.4(160.7\times2+115-80.3)=498.5\rightarrow499$

$M_{BE}=1.2(\varphi_E+\psi\mathrm{I})=1.2(-48.8-33.6)=-98.9\rightarrow-99$

$M_{EB}=1.2(2\varphi_E+\psi\mathrm{I})=1.2(-48.8\times2-33.6)=-157.4\rightarrow-157$

$M_{EH}=1.2(2\varphi_E+\varphi_H+\psi\mathrm{I})$
$\quad=1.2(-48.8\times2-70.2-80.3)=-297.7\rightarrow-298$

$M_{HE}=1.2(2\varphi_H+\varphi_E+\psi\mathrm{I})$
$\quad=1.2(-70.2\times2-48.8-80.3)=-323.4\rightarrow-323$

$M_{CF}=1.4(\varphi_F+\psi\mathrm{I})=1.4(-9.1-33.6)=-59.8\rightarrow-60$

$M_{FC}=1.4(2\varphi_F+\psi\mathrm{I})=1.4(-9.1\times2-33.6)=-72.5\rightarrow-72$

$M_{FI}=1.4(2\varphi_F+\varphi_I+\psi\mathrm{I})$
$\quad=1.4(-9.1\times2-11.6-80.3)=-154.1\rightarrow-154$

$M_{IF}=1.4(2\varphi_I+\varphi_F+\psi\mathrm{I})$
$\quad=1.4(-11.6\times2-9.1-80.3)=-157.6\rightarrow-157$

$M_{DE}=1.6(2\varphi_D+\varphi_E)+C_{DE}$

§2. 不静定構造物

$\quad = 1.6(115 \times 2 - 48.8) - 1000 = -710.1 \to -710$

$M_{ED} = 1.6(2\,\varphi_E + \varphi_D) + C_{ED}$

$\quad = 1.6(-48.8 \times 2 + 115) + 1000 = 1027.8 \to 1028$

$M_{EF} = 2(2\,\varphi_E + \varphi_F) + C_{EF}$

$\quad = 2(-48.8 \times 2 - 9.1) - 360 = -573.4 \to -573$

$M_{FE} = 2(2\,\varphi_F + \varphi_E) + C_{FE} = 2(-9.1 \times 2 - 48.8) + 360 = 226$

$M_{GH} = 1.2(2\,\varphi_G + \varphi_H) + C_{GH}$

$\quad = 1.2(160.7 \times 2 - 70.2) - 800 = -498.6 \to -499$

$M_{HG} = 1.2(2\,\varphi_H + \varphi_G) + C_{HG}$

$\quad = 1.2(-70.2 \times 2 + 160.7) + 800 = 824.4 \to 824$

$M_{HI} = 1.4(2\,\varphi_H + \varphi_I) + C_{HI}$

$\quad = 1.4(-70.2 \times 2 - 11.6) - 288 = -500.8 \to -501$

$M_{IH} = 1.4(2\,\varphi_I + \varphi_H) + C_{IH}$

$\quad = 1.4(-11.6 \times 2 - 70.2) + 288 = 157.2 \to 157$

(7) $\sum M = 0$ の確認

$M_D = 275 + 435 - 710 = 0 \qquad M_E = -157 - 298 + 1028 - 573 = 0$

$M_F = -72 - 154 + 226 = 0 \qquad M_G = 499 - 499 = 0$

$M_H = -323 + 824 - 501 = 0 \qquad M_I = -157 + 157 = 0$

(8) 曲げモーメント図

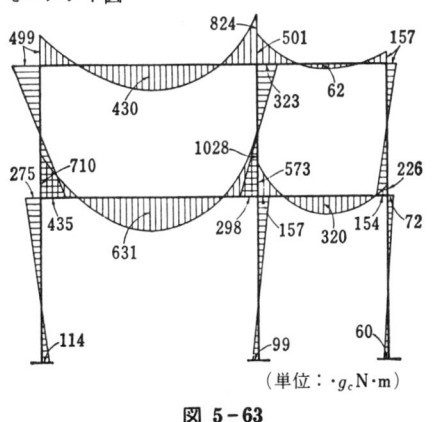

(単位：$\cdot g_c \mathrm{N\cdot m}$)

図 5−63

【問11】 ＜例題16＞のラーメンを固定モーメント法で解け。

＜研究課題＞

(1) 不静定構造物解法の種類

不静定構造物を解くためには，節点の変形または部材の応力，反力等を未知数とした連立方程式を作り，これを解かなければならない。前者を変形法，後者を応力法とよび，これらを併用した解法もある。たわみ角法，固定モーメント法は代表的なものである。

(2) 長方形ラーメンの応力略算

ラーメンは層数やスパン数が多くなると，たわみ角法や固定モーメント法などで精算するには未知数が多く解くのが容易でない。そこで実際の建築物の応力計算では，これらの理論をもとにして，層高，スパンの長さ，剛性，荷重の状況などがあまり不規則でない比較的均等なラーメンに対しては，手計算で応力の近似値が得られるような略算法がいろいろと工夫されている。なお，最近のコンピュータ演算では，たわみ角法さらに柱の軸伸縮等を考慮できるマトリックス変位法が多く使われている。

(3) 不静定トラスの解法

不静定トラスには，反力数が多い外的不静定トラスと，剰余部材のある内的不静定トラスがある。これらを解くには，不静定ばりのときのように，まず，基本形にもどした静定トラスを解き，それに不静定力による変形を考えた計算結果を加えて求めればよい。

長方形ラーメンの応力略算法，不静定トラス解法については，2巻の第6章構造物の設計でさらにくわしく学ぶ。

≪演習問題≫

1. 図に示すラーメンの曲げモーメント図において，柱およびはりのせん断力の値の組み合わせで正しいのは次のうちどれか。

	（柱）	（はり）
1)	$1.5 \cdot g_c$ kN	$1.2 \cdot g_c$ kN
2)	$2.0 \cdot g_c$ kN	$1.4 \cdot g_c$ kN
3)	$2.5 \cdot g_c$ kN	$1.6 \cdot g_c$ kN
4)	$3.0 \cdot g_c$ kN	$1.8 \cdot g_c$ kN
5)	$3.5 \cdot g_c$ kN	$2.0 \cdot g_c$ kN

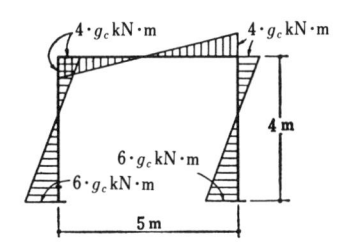

2. 下図のラーメンを解き，曲げモーメント図をかけ。

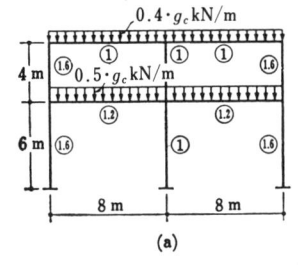

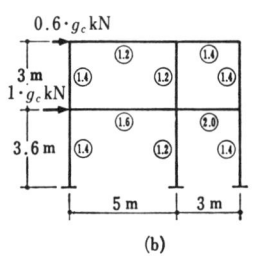

(a)

(b)

付　　録

付録1. ギリシャ文字

A	α	アルファ	I	ι	イオタ	P ρ	ロー
B	β	ベータ	K	κ	カッパ	Σ σ	シグマ
Γ	γ	ガンマ	Λ	λ	ラムダ	T τ	タウ
Δ	δ	デルタ	M	μ	ミュー	Υ υ	ウプシロン
E	ε	イプシロン	N	ν	ニュー	Φ ϕ, φ	ファイ
Z	ζ	ツェータ	Ξ	ξ	クシイ	X χ	カイ
H	η	イータ	O	o	オミクロン	Ψ ψ	プサイ
Θ	θ, ϑ	シータ	Π	π	パイ	Ω ω	オメガ

付録2. 三角比

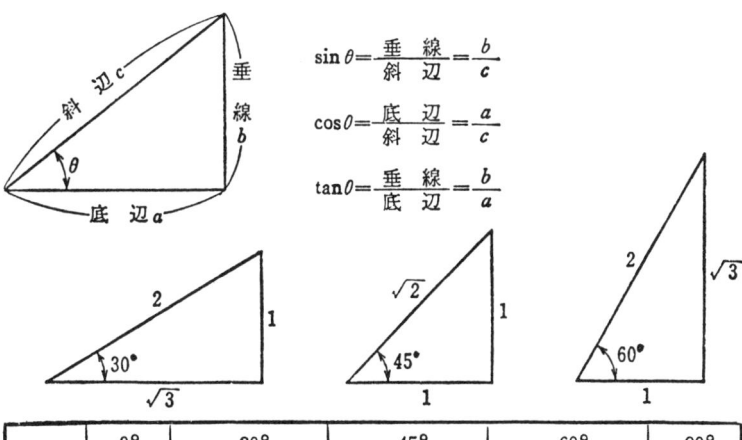

$$\sin\theta = \frac{垂線}{斜辺} = \frac{b}{c}$$

$$\cos\theta = \frac{底辺}{斜辺} = \frac{a}{c}$$

$$\tan\theta = \frac{垂線}{底辺} = \frac{b}{a}$$

	0°	30°	45°	60°	90°
$\sin\theta$	0	$\frac{1}{2}=0.5$	$\frac{1}{\sqrt{2}}=0.707$	$\frac{\sqrt{3}}{2}=0.866$	1
$\cos\theta$	1	$\frac{\sqrt{3}}{2}=0.866$	$\frac{1}{\sqrt{2}}=0.707$	$\frac{1}{2}=0.5$	0
$\tan\theta$	0	$\frac{1}{\sqrt{3}}=0.577$	$\frac{1}{1}=1$	$\frac{\sqrt{3}}{1}=1.732$	∞

付録 3. 鋼材の長期応力に対する許容圧縮応力度 f_c

SS 400, SM 400, STK 400, SSC 400　厚さ $t \leq 40$ mm の場合 [tf/cm²] ☆

(SSC 400 は，日本建築学会「鋼構造設計規準」による)

λ	f_c	λ	f_c	λ	f_c	λ	f_c	λ	f_c
1	1.60	51	1.37	101	0.872	151	0.420	201	0.237
2	1.60	52	1.37	102	0.861	152	0.414	202	0.235
3	1.60	53	1.36	103	0.850	153	0.409	203	0.232
4	1.60	54	1.35	104	0.839	154	0.403	204	0.230
5	1.60	55	1.34	105	0.828	155	0.398	205	0.228
6	1.60	56	1.33	106	0.817	156	0.393	206	0.225
7	1.60	57	1.32	107	0.806	157	0.388	207	0.223
8	1.59	58	1.31	108	0.795	158	0.383	208	0.221
9	1.59	59	1.30	109	0.784	159	0.378	209	0.219
10	1.59	60	1.30	110	0.773	160	0.374	210	0.217
11	1.59	61	1.29	111	0.762	161	0.369	211	0.215
12	1.59	62	1.28	112	0.751	162	0.365	212	0.213
13	1.58	63	1.27	113	0.740	163	0.360	213	0.211
14	1.58	64	1.26	114	0.729	164	0.356	214	0.209
15	1.58	65	1.25	115	0.719	165	0.351	215	0.207
16	1.58	66	1.24	116	0.708	166	0.347	216	0.205
17	1.57	67	1.23	117	0.697	167	0.343	217	0.203
18	1.57	68	1.22	118	0.686	168	0.339	218	0.201
19	1.57	69	1.21	119	0.675	169	0.335	219	0.200
20	1.56	70	1.20	120	0.664	170	0.331	220	0.198
21	1.56	71	1.19	121	0.654	171	0.327	221	0.196
22	1.56	72	1.18	122	0.643	172	0.323	222	0.194
23	1.55	73	1.17	123	0.632	173	0.320	223	0.192
24	1.55	74	1.16	124	0.622	174	0.316	224	0.191
25	1.54	75	1.15	125	0.612	175	0.312	225	0.189
26	1.54	76	1.14	126	0.603	176	0.309	226	0.187
27	1.53	77	1.13	127	0.593	177	0.305	227	0.186
28	1.53	78	1.12	128	0.584	178	0.302	228	0.184
29	1.52	79	1.11	129	0.575	179	0.299	229	0.182
30	1.52	80	1.10	130	0.566	180	0.295	230	0.181
31	1.51	81	1.09	131	0.558	181	0.292	231	0.179
32	1.51	82	1.08	132	0.549	182	0.289	232	0.178
33	1.50	83	1.07	133	0.541	183	0.286	233	0.176
34	1.50	84	1.06	134	0.533	184	0.283	234	0.175
35	1.49	85	1.05	135	0.525	185	0.280	235	0.173
36	1.48	86	1.03	136	0.517	186	0.277	236	0.172
37	1.48	87	1.02	137	0.510	187	0.274	237	0.170
38	1.47	88	1.01	138	0.502	188	0.271	238	0.169
39	1.46	89	1.00	139	0.495	189	0.268	239	0.168
40	1.46	90	0.992	140	0.488	190	0.265	240	0.166
41	1.45	91	0.981	141	0.481	191	0.262	241	0.165
42	1.44	92	0.970	142	0.475	192	0.260	242	0.163
43	1.44	93	0.959	143	0.468	193	0.257	243	0.162
44	1.43	94	0.948	144	0.461	194	0.254	244	0.161
45	1.42	95	0.937	145	0.455	195	0.252	245	0.159
46	1.41	96	0.927	146	0.449	196	0.249	246	0.158
47	1.41	97	0.916	147	0.443	197	0.247	247	0.157
48	1.40	98	0.905	148	0.437	198	0.244	248	0.156
49	1.39	99	0.894	149	0.431	199	0.242	249	0.154
50	1.38	100	0.883	150	0.425	200	0.239	250	0.153

注． 短期応力のときは，表の値の 1.5 倍とする．

付録4. 木材の座屈低減係数 η

$\lambda \leq 30 \cdots\cdots \eta = 1 \qquad 30 < \lambda \leq 100 \cdots\cdots \eta = 1.3 - 0.01\lambda$

$100 < \lambda \cdots\cdots \eta = 3000/\lambda^2$

（日本建築学会「木構造計算規準」による）

λ	0	1	2	3	4	5	6	7	8	9
30	1.00	0.99	0.98	0.97	0.96	0.95	0.94	0.93	0.92	0.91
40	0.90	0.89	0.88	0.87	0.86	0.85	0.84	0.83	0.82	0.81
50	0.80	0.79	0.78	0.77	0.76	0.75	0.74	0.73	0.72	0.71
60	0.70	0.69	0.68	0.67	0.66	0.65	0.64	0.63	0.62	0.61
70	0.60	0.59	0.58	0.57	0.56	0.55	0.54	0.53	0.52	0.51
80	0.50	0.49	0.48	0.47	0.46	0.45	0.44	0.43	0.42	0.41
90	0.40	0.39	0.38	0.37	0.36	0.35	0.34	0.33	0.32	0.31
100	0.30	0.29	0.29	0.28	0.28	0.27	0.27	0.26	0.26	0.25
110	0.25	0.24	0.24	0.23	0.23	0.23	0.22	0.22	0.22	0.21
120	0.21	0.20	0.20	0.20	0.20	0.19	0.19	0.19	0.18	0.18
130	0.18	0.17	0.17	0.17	0.17	0.16	0.16	0.16	0.16	0.16
140	0.15	0.15	0.15	0.15	0.14	0.14	0.14	0.14	0.14	0.14
150	0.13									

付録5. 許容応力度

1. 木 材（令89条から）

(1) 木材に対する繊維方向の許容応力度は，次の数値による。

(2) 常時湿潤状態の部分に使用する場合の許容応力度は上記の70％の数値をとる。

木材の繊維方向の許容応力度(kg/cm^2)

木材の種類		許容応力度	長期応力に対する				短期応力に対する			
			圧縮	引張り	曲げ	せん断	圧縮	引張り	曲げ	せん断
針葉樹	あかまつ・くろまつ・べいまつ		75	60	95	8	長期許容応力度の2倍			
	からまつ・ひば・ひのき・べいひ		70	55	90	7				
	つが・べいつが・		65	50	85	7				
	もみ・えぞまつ・とどまつ・べにまつ・すぎ・べいすぎ・スプルース		60	45	75	6				
広葉樹	かし		90	80	130	14				
	くり・なら・ぶな・けやき		70	60	100	10				

2. 鋼　材（令90条，および建設省告示第1794号第1から）

鋼材の許容応力度(kg/cm^2)(抜粋)

鋼材の種類	許容応力度	長期応力に対する許容応力度				短期応力に対する許容応力度
		圧縮	引張り	曲げ	せん断	
一般構造用鋼材* 溶接構造用鋼材	SS 400, SM 400A, SN 400A	1 600	1 600	1 600	924	長期応力に対する許容応力度の1.5倍
	SM 490A, SM 490B	2 200	2 200	2 200	1 270	
ボルト	黒　　　皮	──	1 267	──	──	
	仕　上　げ	──	1 600	──	1 200	
リベット鋼		──	1 600	──	1 200	
鋳　　　　鋼		1 600	1 600	1 600	924	
鋳　　　　鉄		1 000	──	──	──	

＊ 厚さが40mm以下の場合の値である。

3. 鉄筋コンクリート（令90条・91条，建設省告示第1794号第1から）

鉄筋とコンクリートの許容応力度(kg/cm^2)

材料		許容応力度	長期応力に対する許容応力度					短期応力に対する許容応力度
			圧縮	引張り		せん断	付着	
				せん断補強以外	せん断補強			
鉄筋	丸鋼 (SR 235の場合)		1 600	1 600	1 600	──	──	長期応力に対する1.5倍*
	異形 (SD 295Aの場合)		2 000	2 000	2 000	──	──	
コンクリート			$F_c/3$	$F_c/30$	──	$F_c/30$	7*^{2}	〃　2倍

＊1：鉄筋の種類によって上限値がある。したがって，1.5倍にならないものもある（詳細は②巻を参照されたい）。
＊2：軽量骨材を使用する場合は6とする。

付録6. 断面の係数表

断面	断面積 A (cm²)	図心からフランジまでの距離 y, y_1 (cm)	断面二次モーメント I (cm⁴)	断面係数 $Z=I\div y$ (cm³)	断面二次半径 i (m)
長方形	bh	$y=\dfrac{h}{2}$	$\dfrac{bh^3}{12}$	$\dfrac{bh^2}{6}$	$\dfrac{h}{\sqrt{12}}=0.289h$
中空長方形	$bh - b_1 h_1$	$y=\dfrac{h}{2}$	$\dfrac{bh^3 - b_1 h_1^3}{12}$	$\dfrac{bh^3 - b_1 h_1^3}{6h}$	$\sqrt{\dfrac{bh^3 - b_1 h_1^3}{12(bh - b_1 h_1)}}$
三角形	$\dfrac{bh}{2}$	$y=\dfrac{2h}{3}$ $y_1=\dfrac{h}{3}$	$\dfrac{bh^3}{36}$	$z=\dfrac{bh^2}{24}$ $z_1=\dfrac{bh^2}{12}$	$\dfrac{h}{\sqrt{18}}=0.236h$
台形	$\dfrac{(b+b_1)}{2}h$	$y=\dfrac{b_1+2b}{b+b_1}\cdot\dfrac{h}{3}$ $y_1=\dfrac{b+2b_1}{b+b_1}\cdot\dfrac{h}{3}$	$\dfrac{b^2+4bb_1+b_1^2}{36(b+b_1)}h^3$	$\dfrac{b^2+4bb_1+b_1^2}{12(2b+b_1)}h^2$	$\dfrac{h\sqrt{2(b^2+4bb_1+b_1^2)}}{6(b+b_1)}$
円	$\dfrac{\pi d^2}{4}=0.785d^2$	$y=\dfrac{d}{2}$	$\dfrac{\pi d^4}{64}=0.049d^4$	$\dfrac{\pi d^3}{32}=0.098d^3$	$\dfrac{d}{4}$
H形	$bh - h_1(b-t)$	$y=\dfrac{b}{2}$	$\dfrac{2sb^3 + h_1 t^3}{12}$	$\dfrac{2sb^3 + h_1 t^3}{6b}$	$\sqrt{\dfrac{2sb^3 + h_1 t^3}{12[bh - h_1(b-t)]}}$
I形	$bh - h_1(b-t)$	$y=\dfrac{h}{2}$	$\dfrac{bh^3 - h_1^3(b-t)}{12}$	$\dfrac{bh^3 - h_1^3(b-t)}{6h}$	$\sqrt{\dfrac{bh^3 - h_1^3(b-t)}{12[bh - h_1(b-t)]}}$
T形	$bs + h_1 t$	$y_1=\dfrac{h^2 t + s^2(b-t)}{2A}$ $y=h-y_1$	$\dfrac{ty^3 + by_1^3 - (b-t)(y_1-s)^3}{3}$	$\dfrac{I}{y}$	$\sqrt{\dfrac{I}{A}}$

付録7. はりのせん断力図・曲げモーメント図・たわみ曲線その他

図	式	図	式
片持ばり（集中荷重）	$R_A = P$ $Q_A = R_A = P = Q_C$ $x = 0 \sim a$ $M_x = -Px$ $x = a$ $M_A = -Pa$ $\delta_C = \dfrac{Pa^3}{3EI}$ $\delta_B = \dfrac{Pa^3}{3EI}\left(1+\dfrac{3b}{2a}\right)$ $C\sim B: \theta = \dfrac{Pa^2}{2EI}$ $A\sim C: \theta = \dfrac{Pa^2}{2EI}\left(1-\dfrac{x^2}{a^2}\right)$	片持ばり（等分布荷重） 二次曲線	$W = wl$ $R_A = W = wl$ $Q_A = R_A = wl$ $x = 0 \sim l$ $M_x = -\dfrac{wx^2}{2}$ $x = l$ $M_A = -\dfrac{wl^2}{2} = -\dfrac{Wl}{2}$ $\delta_B = \dfrac{1}{8}\cdot\dfrac{wl^4}{EI} = \dfrac{1}{8}\cdot\dfrac{Wl^3}{EI}$ $\theta_B = \dfrac{1}{6}\cdot\dfrac{wl^3}{EI} = \dfrac{1}{6}\cdot\dfrac{Wl^2}{EI}$
単純ばり（集中荷重）	$R_A = P\dfrac{b}{l},\ R_B = P\dfrac{a}{l}$ $Q_A = R_A = P\dfrac{b}{l}$ $Q_B = -R_B = -P\dfrac{a}{l}$ $M_C = \dfrac{Pab}{l}$ $\delta_C = \dfrac{P}{3EI}\cdot\dfrac{a^2b^2}{l}$ $\theta_A = \dfrac{Pab}{6EI}\left(1+\dfrac{b}{l}\right)$ $\theta_B = \dfrac{Pab}{6EI}\left(1+\dfrac{a}{l}\right)$ $\theta_C = -\dfrac{Pab}{3EI}\left(\dfrac{a-b}{l}\right)$	単純ばり（中央集中荷重）	$R_A = R_B = \dfrac{P}{2}$ $Q_A = R_A = \dfrac{P}{2}$ $Q_B = -R_B = -\dfrac{P}{2}$ $M_C = \dfrac{Pl}{4}$ $\delta_C = \dfrac{1}{48}\cdot\dfrac{Pl^3}{EI}$ $\theta_A = -\theta_B = \dfrac{1}{16}\cdot\dfrac{Pl^2}{EI}$
単純ばり（等分布荷重）	$W = wl$ $R_A = R_B = \dfrac{W}{2} = \dfrac{wl}{2}$ $Q_A = R_A = \dfrac{wl}{2}$ $Q_B = -R_B = -\dfrac{wl}{2}$ $M_{max} = M_C = \dfrac{wl^2}{8} = \dfrac{Wl}{8}$ $\delta_{max} = \delta_C = \dfrac{5}{384}\cdot\dfrac{wl^4}{EI} = \dfrac{5}{384}\cdot\dfrac{Wl^3}{EI}$ $\theta_A = -\theta_B = \dfrac{1}{24}\cdot\dfrac{wl^3}{EI} = \dfrac{1}{24}\cdot\dfrac{Wl^2}{EI}$	両端モーメント	$-R_A = R_B = \dfrac{1}{l}(M_{AB}+M_{BA})$ $Q_A = Q_B = R_A = -\dfrac{1}{l}(M_{AB}+M_{BA})$ $M_A = M_{AB}$ $M_B = -M_{BA}$ $\delta_{中央} = \dfrac{(M_{AB}-M_{BA})l^2}{96EI}$ $\theta_A = \dfrac{(2M_{AB}-M_{BA})l}{6EI}$ $\theta_B = \dfrac{(2M_{BA}-M_{AB})l}{6EI}$
一端固定他端支持（中央集中荷重）	$R_A = \dfrac{11}{16}P$ $R_B = \dfrac{5}{16}P$ $Q_A = R_A = \dfrac{11}{16}P$ $Q_B = -R_B = -\dfrac{5}{16}P$ $M_A = -\dfrac{3}{16}Pl$ $M_C = \dfrac{5}{32}Pl$ $\delta_C = \dfrac{1}{48\sqrt{5}}\cdot\dfrac{Pl^3}{EI}$ $\theta_B = -\dfrac{7}{32}\cdot\dfrac{Pl^2}{EI}$	一端固定他端支持（等分布荷重）	$W = wl$ $R_A = \dfrac{5}{8}W = \dfrac{5}{8}wl$ $R_B = \dfrac{3}{8}W = \dfrac{3}{8}wl$ $Q_A = R_B = \dfrac{5}{8}wl$ $Q_B = -R_B = -\dfrac{3}{8}wl$ $M_A = -\dfrac{wl^2}{8} = -\dfrac{Wl}{8}$ $M_{max} = \dfrac{9wl^2}{128} = \dfrac{9Wl}{128}$ $\delta_{max} = \dfrac{1}{185}\cdot\dfrac{wl^4}{EI} = \dfrac{1}{185}\cdot\dfrac{Wl^3}{EI}$ $\theta_B = -\dfrac{1}{24}\cdot\dfrac{wl^3}{EI} = -\dfrac{1}{24}\cdot\dfrac{Wl^2}{EI}$
両端固定（中央集中荷重）	$R_A = R_B = \dfrac{P}{2}$ $Q_A = -Q_B = R_A = \dfrac{P}{2}$ $M_C = \dfrac{Pl}{8}$ $M_A = M_B = -\dfrac{Pl}{8}$ $\delta_{max} = \delta_C = \dfrac{1}{192}\cdot\dfrac{Pl^3}{EI}$	両端固定（等分布荷重）	$W = wl$ $R_A = R_B = \dfrac{W}{2} = \dfrac{wl}{2}$ $Q_A = -Q_B = R_A = \dfrac{wl}{2}$ $M_A = M_B = -\dfrac{wl^2}{12} = -\dfrac{Wl}{12}$ $M_C = \dfrac{wl^2}{24} = \dfrac{Wl}{24}$ $\delta_{max} = \dfrac{1}{384}\cdot\dfrac{wl^4}{EI} = \dfrac{1}{384}\cdot\dfrac{Wl^3}{EI}$

付録8. たわみ角法の公式中の C, H の表

荷重状態	C_{AB}	C_{BA}	H_{AB}	H_{BA}
P at distance a from A, b from B, span l	$-\dfrac{Pab^2}{l^2}$	$\dfrac{Pa^2b}{l^2}$	$-\dfrac{Pab}{2l^2}(l+b)$	$\dfrac{Pab}{2l^2}(l+a)$
P at midspan	$-\dfrac{1}{8}Pl$	$\dfrac{1}{8}Pl$	$-\dfrac{3}{16}Pl$	$\dfrac{3}{16}Pl$
Two loads P at a from each end	$-\dfrac{Pa}{l}(l-a)$	$\dfrac{Pa}{l}(l-a)$	$-\dfrac{3}{2}\cdot\dfrac{Pa}{l}(l-a)$	$\dfrac{3}{2}\cdot\dfrac{Pa}{l}(l-a)$
Uniform load $wl=W$	$-\dfrac{1}{12}Wl$	$\dfrac{1}{12}Wl$	$-\dfrac{1}{8}Wl$	$\dfrac{1}{8}Wl$
Triangular load W (全荷重)	$-\dfrac{5}{48}Wl$	$\dfrac{5}{48}Wl$	$-\dfrac{5}{32}Wl$	$\dfrac{5}{32}Wl$
Trapezoidal load w, a from each end	$-\dfrac{w}{12l}(l^3-2a^2l+a^3)$	$\dfrac{w}{12l}(l^3-2a^2l+a^3)$	$-\dfrac{w}{8l}(l^3-2a^2l+a^3)$	$\dfrac{w}{8l}(l^3-2a^2l+a^3)$

解 答

第1章 力のつりあい

§1. 力 (p.2〜5)

【問1】 (a) 416N·m (b) 10kN·m
(c) 5kN·m

【問2】 1)

§2. 力の合成と分解 (p.6〜20)

【問1】 (a) 〔算式〕 $R=5.6$ kN, $\theta \fallingdotseq 88°45'$（第2象限）
〔図式〕

(b) 〔算式〕 $R=806.7$ kg, $\theta \fallingdotseq 11°57'$（第4象限）
〔図式〕

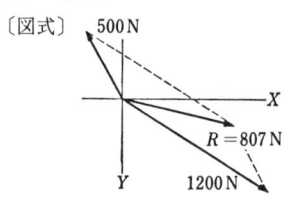

【問2】 (a) 〔算式〕 $R=1.4$ kN, $\theta=45°$（第1象限）
〔図式〕

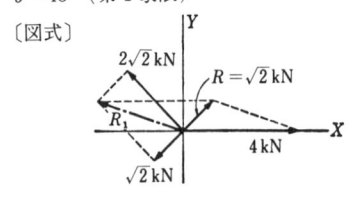

(b) 〔算式〕 $R=5.9$ kN, $\theta=71°25'$（第2象限）
〔図式〕

(c) 〔算式〕 $R=4.3$ kN, $\theta=19°6'$（第4象限）
〔図式〕

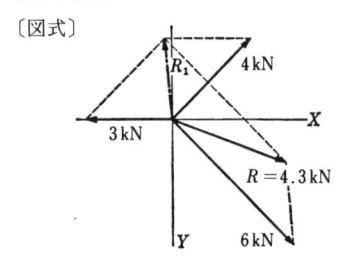

【問3】 (a)

答 $P_V=1.7$ kN, $P_U=1.7$ kN

(b)

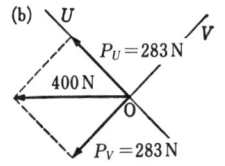

答 $P_V=283$ N, $P_U=283$ N

解　　答　　205

【問4】 (a) $R = 6.5\text{kN}$

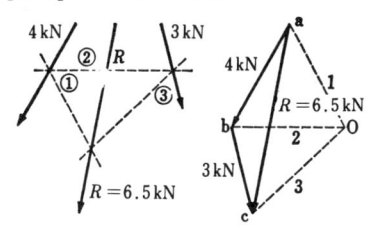

(b) $R = 240\text{N}$

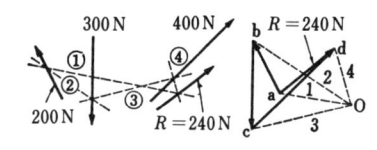

(c) $R = 5\text{kN}$

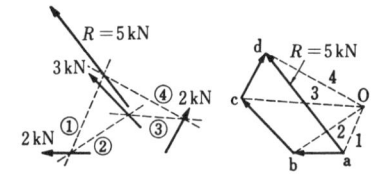

【問5】 (a) 〔算式〕 $R = 2\text{kN}$, r：力 2kN の左 3.25m に合力が作用する。
〔図式〕

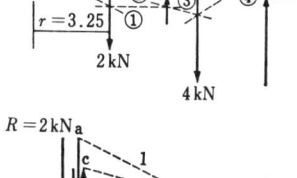

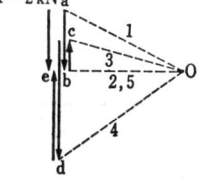

(b) 〔算式〕 $R = 300\text{N}$, r：力 400N の左 3.3m に合力が作用する。

〔図式〕

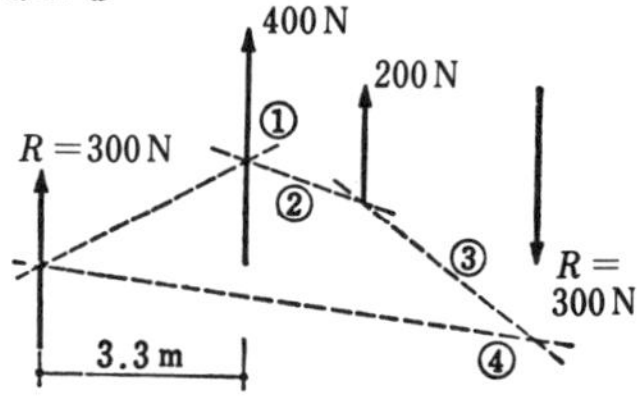

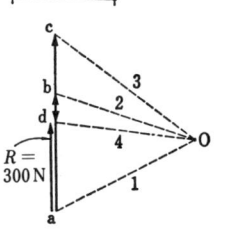

【問6】 (a) $P_\text{I} = 3\text{kN}$, $P_\text{II} = 2\text{kN}$

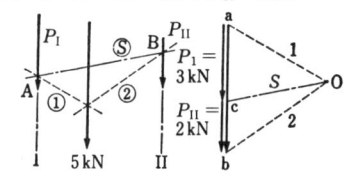

(b) $P_\text{I} = 0.8\text{kN}$, $P_\text{II} = 4.2\text{kN}$

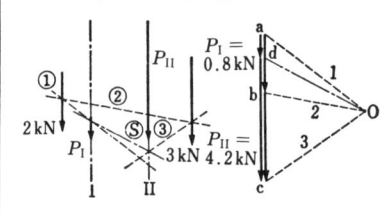

§3. 力のつりあい (p.21〜27)
【問1】 ＜例題1＞を参照。　圏　3)
【問2】 ＜例題1＞を参照。
　　　圏　$T = 2\text{kN}$
【問3】 3)
【問4】 (a) A点 = 2.7kN（上向き），B点 = 3.3kN（上向き）　(b) A点 = 2.4kN（上向き），B点 = 0.4kN（下向き）
【問5】 (a) $P_\text{I} = 2.5\text{kN}$（上向き），$P_\text{II} =$

3.5kN(上向き)

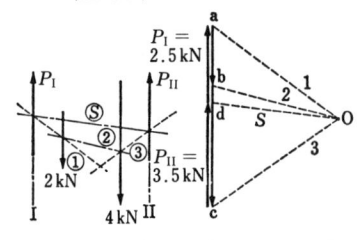

(b) $P_I = 3\text{kN}$(上向き), $P_{II} = 1\text{kN}$(下向き)

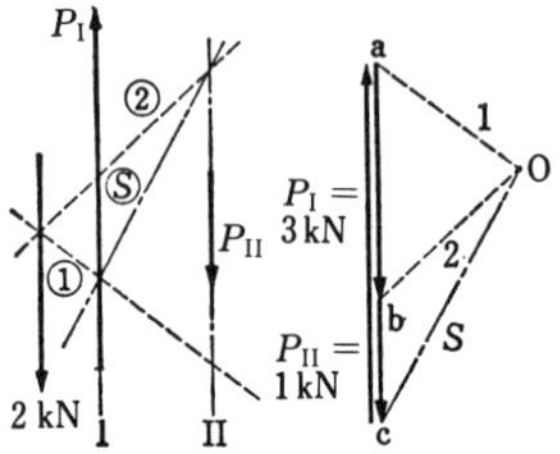

【問6】 (a) 〔算式〕 $R_A = 2.9\text{kN}$, $R_B = 1.4\text{kN}$
〔図式〕

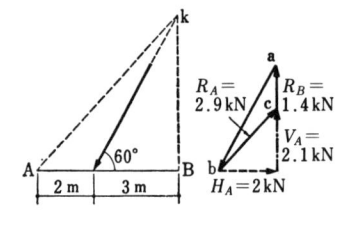

(b) 〔算式〕 $R_A = 1.98\text{kN}$, $R_B = 0.98\text{kN}$
〔図式〕

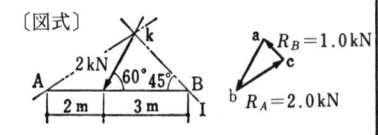

<演 習 問 題>

1. 図式解法による。 答 $R = 4.2\text{kN}$

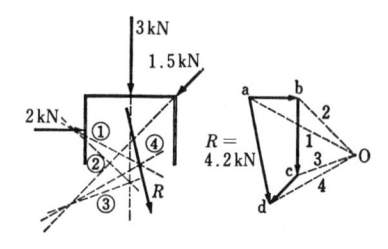

2. 図式解法による。 答 $R = 1390\text{N}$

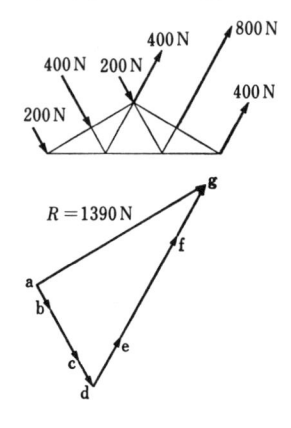

3. 〔算式〕 A点に座標軸をとり, $\Sigma X = 0$, $\Sigma Y = 0$ より求める。 答 AC材 $= 8.5\text{kN}$, AB材 $= 8.3\text{kN}$
〔図式〕

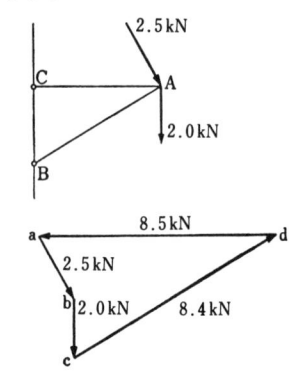

第2章 構造物

§1. 構造物 (p.30〜32)
【問1】(1): 3 (2): 5 (3): 5 (4): 6 (5): 4

§2. 荷重 (p.33〜34)
【問1】(a) 2200 N (b) 1800 N (c) 2500 N

§3. 骨組の種類, 構造物の安定・不安定 (p.35〜39)
【問1】(a) 反力数:2, 不安定(移動端の一つを回転端にする) (b) 反力数:4, 安定, 不静定 (c) 反力数:3, 安定, 静定 (d) 反力数:3, 部材に滑節点があるので不安定(滑節点を除くか, 移動端を回転端とする) (e) 反力数:3, 不安定(中央の四辺形のところに斜材を入れる) (f) 反力数:9, 安定, 不静定

【問2】(3) (静定ばり)

§4. 反力 (p.40〜46)
【問1】(a) $R_A=2.7$kN(上向き), $R_B=3.3$kN(上向き) (b) $R_A=0.5$kN(上向き), $R_B=3$kN(下向き)

【問2】(a) $R_A=870$N, $R_B=730$N (b) $V_B=2$kN, $H_B=0$, $R_{MB}=5$kN・m

【問3】$\Sigma M_A=0$, $\Sigma M_B=0$より求める。 答 $V_A=8$kN(上向き), $V_B=2$kN(下向き)

<演習問題>
1. (a) $H_A=5$kN, $V_A=1$kN(下向き), $R_B=1$kN(上向き) (b) $R_A=0.4$kN(下向き), $R_B=0.4$kN(上向き) (c) $H_B=0$, $V_B=0$, $R_{MB}=-10$kN・m (d) $H_A=0.5$kN, $V_A=0.5$kN(上向き), $R_B=0.71$kN(上向き) (e) $H_A=4$kN, $V_A=2$kN(下向き), $R_B=2$kN(上向き)

2. $\Sigma M_B=0$, $R_A \times 4 - 2 \times 2 + 4 \times 1 = 0$ 答 3) 3. $\Sigma M_B=0$, $R_A \times 5 + 1$kN $\times 1 = 0$, $\Sigma M_A=0$, $R_B \times 5 - 1$kN$\times 6 = 0$ 答 4) 4. $\Sigma M_A=0$, $-R_B \times 4 + 50 \times 2 = 0$ 答 2) 5. $\Sigma M_A=0$, $P \times 4 - 2 \times 6 = 0$ 答 2) 6. $\Sigma M_B=0$, $wl \times \dfrac{l}{2} = P \times \dfrac{l}{2}$ 答 2)

第3章 静定構造物の応力

§1. 応力 (p.50〜54)
【問1】(a) $R_A=667$N, $R_B=733$N, $Q_{A\sim C}=667$N, $Q_{C\sim D}=67$N, $Q_{D\sim B}=-733$N $M_C=1334$N・m, $M_D=1466$N・m (b) $R_A=0.6$kN(上向き), $R_B=1.6$kN(下向き) $Q_{A\sim C}=0.6$kN, $Q_{C\sim D}=-1.4$kN, $Q_{D\sim B}=1.6$kN $M_C=1.2$kN・m, $M_D=-1.6$kN・m

§2. 単純ばり (p.55〜71)
【問1】(a) $M_C=1.7$kN・m, $M_D=3.1$kN・m, $M_E=1.8$kN・m M図
1.7kN 0.7kN 1.3kN 1.8kN Q図

解　　答　207

208 解答

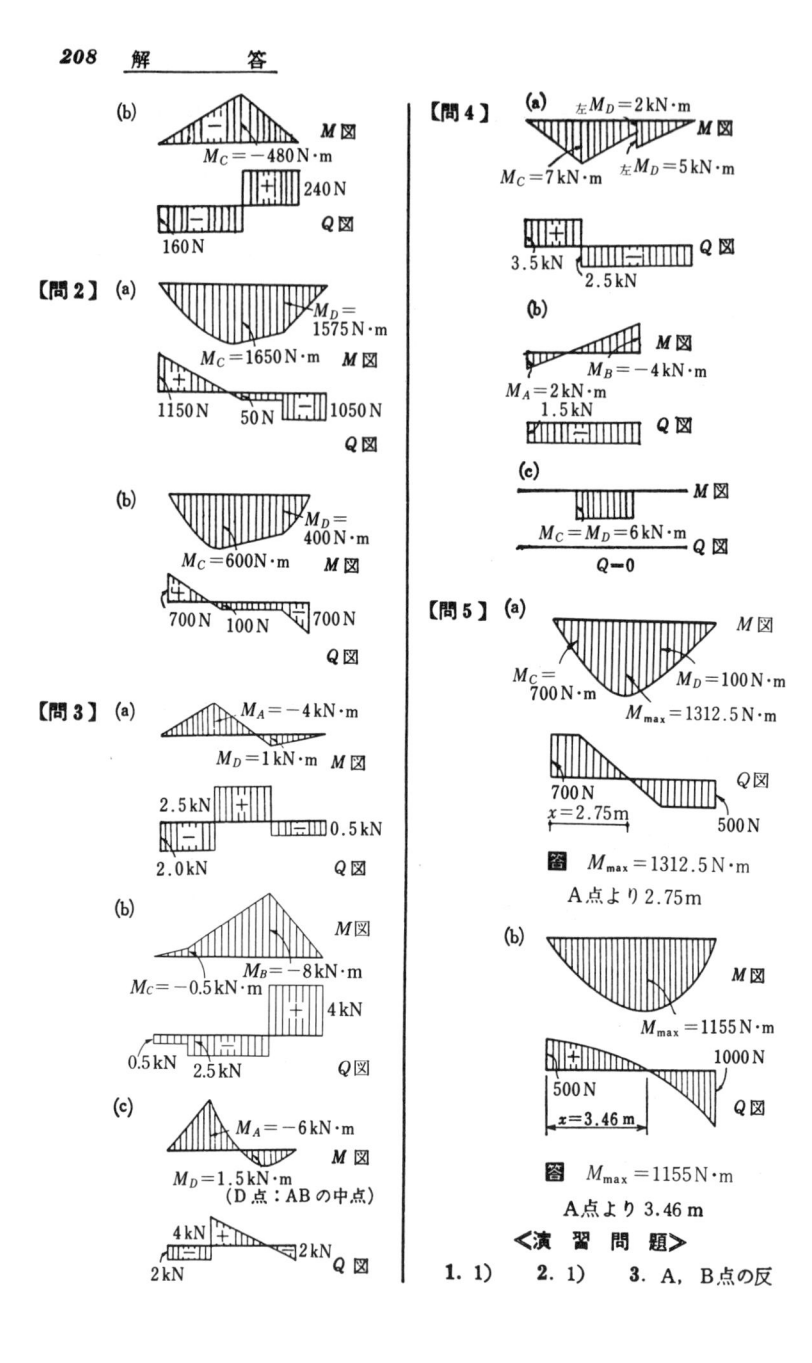

(b)
$M_C = -480\,\text{N·m}$ M図
$240\,\text{N}$
$160\,\text{N}$ Q図

【問2】(a)
$M_D = 1575\,\text{N·m}$
$M_C = 1650\,\text{N·m}$ M図
$1150\,\text{N}$ $50\,\text{N}$ $1050\,\text{N}$ Q図

(b)
$M_D = 400\,\text{N·m}$
$M_C = 600\,\text{N·m}$ M図
$700\,\text{N}$ $100\,\text{N}$ $700\,\text{N}$ Q図

【問3】(a)
$M_A = -4\,\text{kN·m}$
$M_D = 1\,\text{kN·m}$ M図
$2.5\,\text{kN}$ $0.5\,\text{kN}$
$2.0\,\text{kN}$ Q図

(b)
$M_B = -8\,\text{kN·m}$
$M_C = -0.5\,\text{kN·m}$ M図
$4\,\text{kN}$
$0.5\,\text{kN}$ $2.5\,\text{kN}$ Q図

(c)
$M_A = -6\,\text{kN·m}$
$M_D = 1.5\,\text{kN·m}$ M図
(D点：ABの中点)
$4\,\text{kN}$ $2\,\text{kN}$
$2\,\text{kN}$ Q図

【問4】(a)
左$M_D = 2\,\text{kN·m}$ M図
$M_C = 7\,\text{kN·m}$ 左$M_D = 5\,\text{kN·m}$
$3.5\,\text{kN}$ Q図
$2.5\,\text{kN}$

(b)
M図
$M_B = -4\,\text{kN·m}$
$M_A = 2\,\text{kN·m}$
$1.5\,\text{kN}$ Q図

(c)
M図
$M_C = M_D = 6\,\text{kN·m}$ Q図
$Q = 0$

【問5】(a)
M図
$M_C = 700\,\text{N·m}$ $M_D = 100\,\text{N·m}$
$M_{\max} = 1312.5\,\text{N·m}$
$700\,\text{N}$ Q図
$x = 2.75\,\text{m}$ $500\,\text{N}$

答 $M_{\max} = 1312.5\,\text{N·m}$
A点より2.75m

(b)
M図
$M_{\max} = 1155\,\text{N·m}$
$500\,\text{N}$ $1000\,\text{N}$
$x = 3.46\,\text{m}$ Q図

答 $M_{\max} = 1155\,\text{N·m}$
A点より3.46m

＜演習問題＞

1. 1) 2. 1) 3. A, B点の反

解　答

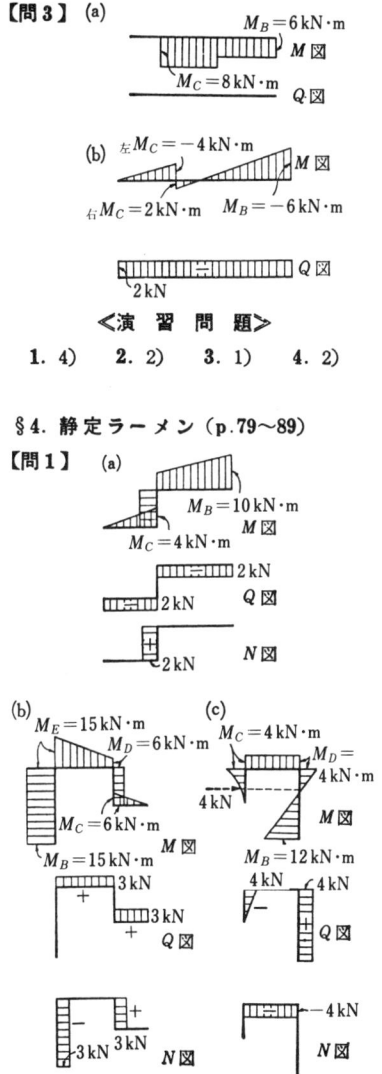

力を R_A, R_B とし, $R_A \times 5\mathrm{m} = 15\mathrm{kN \cdot m}$
∴ $R_A = 3\mathrm{kN}$　$R_B \times 3\mathrm{m} = 15\mathrm{kN \cdot m}$ ∴
$R_B = 5\mathrm{kN}$　**圀** 3)　**4.** 5)　**5.** 3)

6. 両支端A, Bのモーメント荷重の
みによるはり中央の曲げモーメントは
$-4\mathrm{kN \cdot m}$ であるから, 等分布荷重 $w = 2\mathrm{kN/m}$ による中央の曲げモーメントが
$+4\mathrm{kN \cdot m}$ であればよい。$R_A \times \dfrac{l}{2} - 2$
$\mathrm{kN/m} \times \dfrac{l}{2} \times \dfrac{l}{4} = 4\mathrm{kN \cdot m}$　$1\mathrm{kN/m} \times l$
$\times \dfrac{l}{2} - 2\mathrm{kN/m} \times \dfrac{l}{2} \times \dfrac{l}{4} = 4\mathrm{kN \cdot m}$
∴ $\dfrac{1\mathrm{kN} \, l^2}{4} = 4\mathrm{kN \cdot m}$ ∴ $l = 4\mathrm{m}$　**圀** 2)

7. 問題6と同様に考える。
$R_A \times 1.5\mathrm{m} = 3\mathrm{kN \cdot m}$　∴ $R_A = 2\mathrm{kN}$
$R_A + R_B = P$　**圀** 3)　8. 2)

§3. 片持ばり (p.72〜78)

【問1】(a)
$M_C = -2\mathrm{kN \cdot m}$
$M_B = 1\mathrm{kN \cdot m}$
M 図
$1\mathrm{kN}$
Q 図
$1\mathrm{kN}$

(b)
$M_D = -800\mathrm{N \cdot m}$
M 図
$M_D = -1400\mathrm{N \cdot m}$
$400\mathrm{N}$
Q 図
$600\mathrm{N}$

【問2】
w
M 図
$M_B = -3200\mathrm{N \cdot m}$
Q 図
$1600\mathrm{N}$

【問3】(a)
$M_B = 6\mathrm{kN \cdot m}$
M 図
$M_C = 8\mathrm{kN \cdot m}$
Q 図

(b) 左 $M_C = -4\mathrm{kN \cdot m}$
M 図
右 $M_C = 2\mathrm{kN \cdot m}$　$M_B = -6\mathrm{kN \cdot m}$
Q 図
$2\mathrm{kN}$

<演 習 問 題>
1. 4)　**2.** 2)　**3.** 1)　**4.** 2)

§4. 静定ラーメン (p.79〜89)

【問1】(a)
$M_B = 10\mathrm{kN \cdot m}$
M 図
$M_C = 4\mathrm{kN \cdot m}$
$2\mathrm{kN}$
$2\mathrm{kN}$　Q 図
$2\mathrm{kN}$
N 図

(b)
$M_E = 15\mathrm{kN \cdot m}$　$M_D = 6\mathrm{kN \cdot m}$
$M_C = 6\mathrm{kN \cdot m}$
$M_B = 15\mathrm{kN \cdot m}$　M 図
$3\mathrm{kN}$
$+$　$3\mathrm{kN}$
$+$　Q 図
$-$
$-3\mathrm{kN}$　$3\mathrm{kN}$　N 図

(c)
$M_C = 4\mathrm{kN \cdot m}$　$M_D = 4\mathrm{kN \cdot m}$
$4\mathrm{kN}$
M 図
$M_B = 12\mathrm{kN \cdot m}$
$4\mathrm{kN}$　$4\mathrm{kN}$
Q 図
$-4\mathrm{kN}$
N 図

【問2】(a), (b) M図・Q図・N図（図解）

(b) 2400 N·m, 400 N, 1200 N (M図, Q図, N図)

(c) 2 kN·m, 4 kN·m, 2 kN (M図, Q図, N図)

【問3】(a) $M_C = 3$ kN·m, $M_D = 5$ kN·m, 5.5 kN·m （M図）

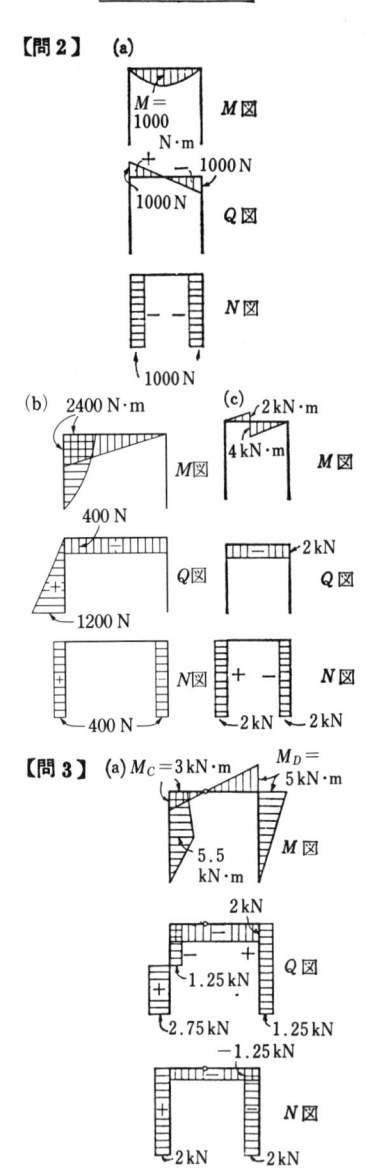

2 kN, 1.25 kN, 2.75 kN, 1.25 kN, −1.25 kN, −2 kN (Q図, N図)

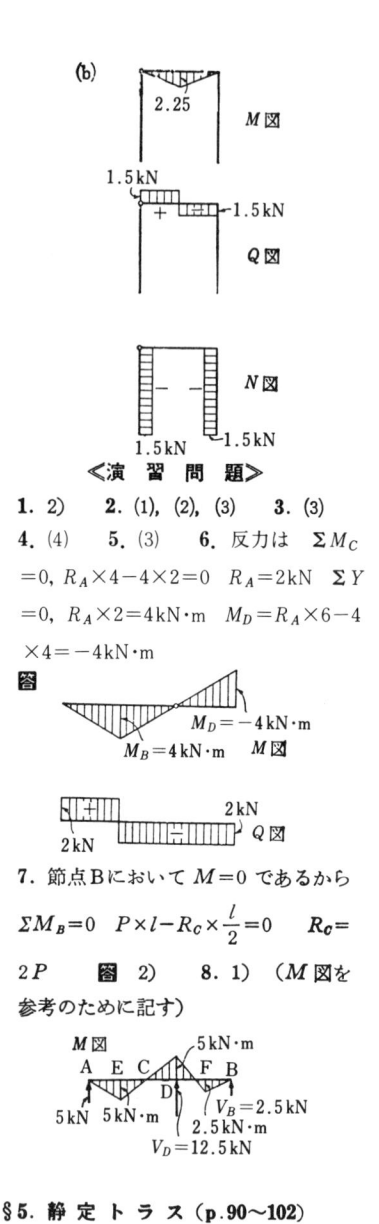

≪演習問題≫

1. 2)　**2.** (1), (2), (3)　**3.** (3)

4. (4)　**5.** (3)　**6.** 反力は $\Sigma M_C = 0$, $R_A \times 4 - 4 \times 2 = 0$　$R_A = 2$ kN　$\Sigma Y = 0$, $R_A \times 2 = 4$ kN·m　$M_D = R_A \times 6 - 4 \times 4 = -4$ kN·m

答　$M_D = -4$ kN·m, $M_B = 4$ kN·m （M図）

2 kN, 2 kN （Q図）

7. 節点Bにおいて $M = 0$ であるから $\Sigma M_B = 0$　$P \times l - R_C \times \dfrac{l}{2} = 0$　$R_C = 2P$　答 2)　**8.** 1)　(M図を参考のために記す)

M図　A E C D F B　5 kN·m, 5 kN·m, $V_B = 2.5$ kN, 2.5 kN·m, $V_D = 12.5$ kN

§5. 静定トラス（p.90〜102）

【問1】

解 答   211

(a)
−1200N　−1200N
−1800N　600kg　−1800N
　　1560N　1560N
　　−600N　−600N
−（圧縮）

300N
600N　R
　　　R
600N
300N

～E材=1.5kN, A～B材=1.5kN,
C～E材=0.7kN, C～D材=−2.0
kN, C～B材=0, D～E材=−1.0kN
（図式解法を参考のために記す）

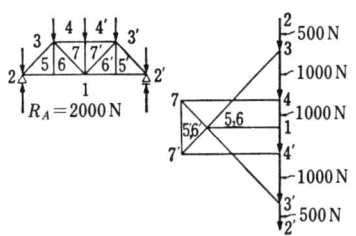

R_A=2000N

500N
1000N
1000N
1000N
500N

(b)
−1.7　−1.7
2.0
−2.6　1.5t　1.5t　−2.6
−0.5　−0.5

0.5
1
1
1
0.5
（単位：kN）

【問5】

100N　50N 120N　ΣP_2
　　　　　　　　ΣP
50N　　　　250N
　　　　　　120N
R_A　A　D　B　R_B

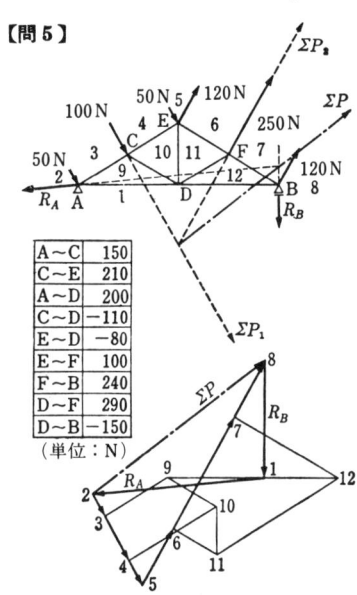

A～C	150
C～E	210
A～D	200
C～D	−110
E～D	−80
E～F	100
F～B	240
D～F	290
D～B	−150
（単位：N）

ΣP_1
ΣP
R_B

【問2】
2.0kN　3.0kN　1kN
　1.0kN
0kN
−1.7kN −1.7kN
1kN

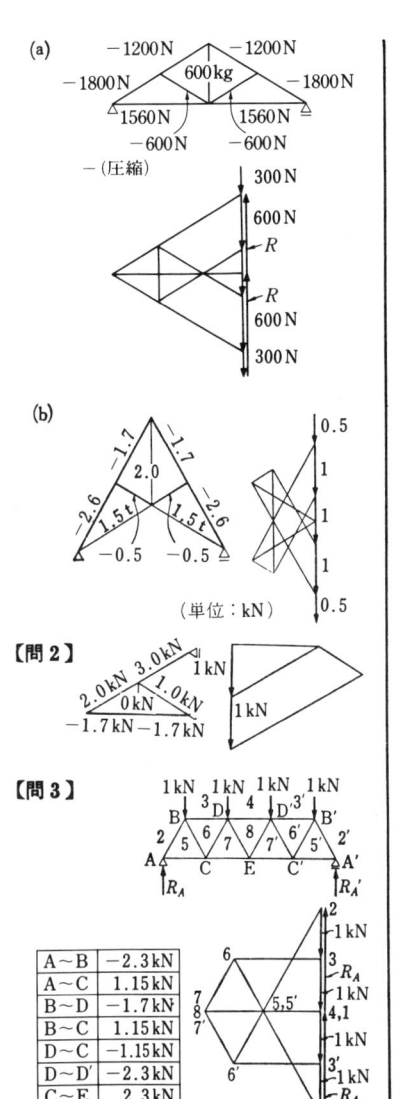

【問3】
1kN 1kN 1kN 1kN
B　D　D'　B'
A　C　E　C'　A'
R_A　　　　R_A'

A～B	−2.3kN
A～C	1.15kN
B～D	−1.7kN
B～C	1.15kN
D～C	−1.15kN
D～D'	−2.3kN
C～E	2.3kN
D～E	0

1kN
R_A
1kN
1kN
1kN
R_A'

【問4】 ＜例題4＞と同様に $\Sigma X=0$,
$\Sigma Y=0$ より各節点において方程式を
作る。 答 A～C材=−2.1kN, B

【問6】 (a) ＜例題6＞と同様に解く。
答 Ⓐ材=2kN, Ⓑ材=3.5kN, Ⓒ材
=−4.5kN (b) ＜例題6＞と同様
に解く。 答 Ⓐ材=−3kN, Ⓑ材=
−1.4kN, Ⓒ材=4kN

《演習問題》

1. 2)　**2.** 図式解法による。

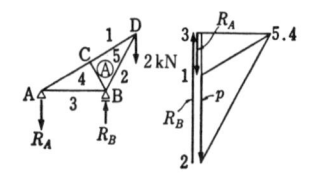

算式解法は A，B 点の反力を求め，B 点において $\Sigma X=0, \Sigma Y=0$ により求める。　圀 5)　**3.** 2)

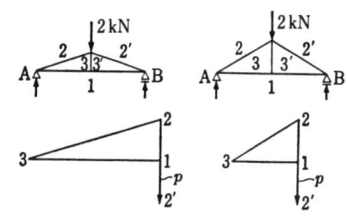

4. 4)（下図参照）

5. $\Sigma M_D=0, -V_B\times 4+5\times 4=0, V_B=5$kN より，AB材の応力を判断する。
圀 5)　**6.** 図式解法による（下図参照）　圀 5)

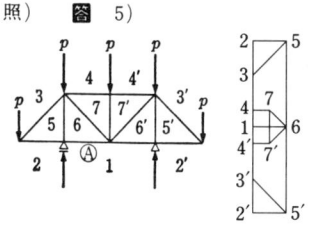

第4章　部材の性質と変形

§1. 材料の性質 (p.104〜111)

【問1】 $\sigma=\dfrac{20000}{176.6}=113.25$

圀 $113.25 \cdot g_c\text{N/cm}^2$

【問2】 $P=1600\times 2.83=4528$

圀 $4528 \cdot g_c\text{N}$

【問3】 $\tau=\dfrac{1500}{2.01}=746.27$

圀 $746.27 \cdot g_c\text{N/cm}^2$

【問4】 $Z=\dfrac{1000}{2.4}=417$

圀 417 cm^3

【問5】 $\varepsilon=\dfrac{0.015}{50}=0.0003$

圀 0.0003

【問6】 $\Delta l=1000\times\dfrac{1}{10000}=0.1$

圀 0.1 mm

【問7】 $\varepsilon=\dfrac{1000}{2.1\times 10^6}=476\times 10^{-6}$

圀 4.76×10^{-4}

【問8】 $\sigma=(0.7\times 10^5)\times 0.003$
$=0.0021\times 10^5$　圀 $210\cdot g_c\text{N/cm}^2$

【問9】 $\sigma=\dfrac{1400}{2}=700$　$\varepsilon=\dfrac{0.03}{30}$
$=0.001$　$E=\dfrac{700}{0.001}=700000$

圀 $7\times 10^5\cdot g_c\text{N/cm}^2$

【問10】 $\varepsilon=\dfrac{0.4}{1400}=2.86\times 10^{-4}$

$\sigma=(2.86\times 10^{-4})\times(2.1\times 10^6)=600$
$P=600\times 2.01=1206$　圀 $1206\cdot g_c\text{N}$

《演習問題》

1. 3)　**2.** 5)（単位なし）　**3.**
5) 2倍　**4.** $A=1.5\text{cm}^2$　圀 $40\cdot g_c\text{N/cm}^2$　**5.** $\sigma=1697, \varepsilon=8.08\times 10^{-4}, \Delta l=0.0404\text{cm}$　圀 50.0404 cm　**6.** $P=1.6\times 2.83=4.53$

圀 $4.53\cdot g_c\text{kN}$　**7.** $G=\dfrac{10\times 10^2}{1.225\times 10^{-3}}$
$=8.16\times 10^5$　圀 $8.16\times 10^5\cdot g_c\text{N/cm}^2$

8. $\varepsilon_A=\dfrac{\Delta l_A}{12}, \varepsilon_B=\dfrac{\Delta l_B}{9}$ において $\Delta l_A=$

Δl_B であるから $\varepsilon_A = \frac{3}{4}\varepsilon_B$　また，Eと

Aも両方同じであるから，$N_A = \frac{3}{4}N_B$,

$N_A + N_B = 1400$　∴　$N_A = 600 \cdot g_c N$,

$N_B = 800 \cdot g_c N$　答　$\sigma_A = 150 \cdot g_c N/cm^2$,

$\sigma_B = 200 \cdot g_c N/cm^2$

§2. 断面の諸係数（p.112〜122）

【問1】 (a) $S_x = 112.5 \times 15 = 1687.5$

$S_y = 112.5 \times 16 = 1800$　答　$S_x = 1688$

cm^3, $S_y = 1800 cm^3$

(b) $S_y = 113.04 \times 10 = 1130.4$　$S_y =$

$113.04 \times 4 = 452.16$　答　$S_x = 1130$

cm^3, $S_y = 452 cm^3$

【問2】 (a)

$y_0 = \frac{(2000 \times 70) + (1800 \times 30)}{2000 + 1800} = 51.05$

答　下から 51.05 cm の中央

(b)

$y_0 = \frac{(40 \times 18) + (80 \times 10) + (60 \times 3)}{40 + 80 + 60}$

$= 9.44$

$x_0 = \frac{(40 \times 9) + (80 \times 2) + (60 \times 9)}{180}$

$= 5.89$　答　下から 9.44 cm，左から

5.89 cm の点

(c) $y_0 = \frac{(180 \times 6) + (45 \times 14)}{225} = 7.6$

答　下から 7 cm，左から 7.6 cm の点

【問3】 (a) $I_{x0} = \frac{12 \times 18^3}{36} = 1944$

答　$1944 cm^4$　(b) $I_{x0} = \frac{6 \times 12^3}{12}$

$= 864$　$I_x = 864 + (72 \times 6^2) = 3456$

答　$3456 cm^4$　(c) $I_{x1} = \frac{20 \times 4^3}{12}$

$+ (80 \times 12^2) \fallingdotseq 11630$

$I_{x2} = \frac{6 \times 10^3}{12} + (60 \times 5^2) = 2000$　$I_x =$

$11630 + 2000 = 13630$　答　$13630 cm^4$

【問4】 (a) $I_{x1} = \frac{6 \times 8^3}{12} = 256$　$I_{x2} =$

$\frac{1.5 \times 4^3}{12} \times 2 = 16$, $I_x = I_{x1} - I_{x2}$　答

$240 cm^4$　(b) $I_{x1} = \frac{20 \times 25^3}{12} = 26000$

$I_{x2} = \left\{\frac{10^4}{12} + (100 \times 7.5^2)\right\} \times 2 = 12900$

$I_x = I_{x1} - I_{x2}$　答　$13100 cm^4$

【問5】 (a) $I_{x0} = \frac{9 \times 18^3}{12} = 4374$　$Z_x =$

$\frac{4374}{9} = 486$, $i_x = \sqrt{\frac{4374}{162}} \fallingdotseq 5.2$　答

$I = 4374 cm^4$, $Z = 486 cm^3$, $i = 5.2$ cm

(b) $I_{x0} = (24 \times 29.4^2) \times 2$

$+ \frac{0.9 \times 57.6^3}{12} = 55800$　$Z_x = \frac{55800}{30} =$

1860　$i_x = \sqrt{\frac{55800}{51.8}} \fallingdotseq 32.8$　答　$I =$

$55800 cm^4$, $Z = 1860 cm^3$, $i = 32.8$ cm

(c)

$y_0 = \frac{(1950 \times 52.5) + (1800 \times 22.5)}{1950 + 1800}$

$= 38.1$　$I_{x1} = \frac{130 \times 15^3}{12} + (1950 \times 13.4^2)$

$= 387000$　$I_{x2} = \frac{40 \times 45^3}{12} + (1800 \times$

$15.6^2) = 742000$　$I_x = I_{x1} + I_{x2} =$

1129000　$Z_{x1} = \frac{1129000}{21.9} = 51500$　Z_{x2}

$= \frac{1129000}{38.1} = 29600$　$i_x = \sqrt{\frac{1129000}{3750}}$

$\fallingdotseq 17.35$　答　$I = 1129000 cm^4$, $Z_1 =$

$51500 cm^3$, $Z_2 = 29600 cm^3$, $i = 17.35$

cm

＜演習問題＞

1. $y_0 = \dfrac{(12 \times 4.5) + (4 \times 2)}{12 + 4} = 3.875$ cm　答 5)　2. 1)　3. 4)

4. (a) 9 cm×18 cm の長方形断面と同じ。（[問5] (a) 参照）　(b) $I_{x0} = \dfrac{3.14 \times 12^4}{64} = 1017$　$Z = \dfrac{1017}{6} = 169.5$

$i = \sqrt{\dfrac{I}{A}} = \sqrt{\dfrac{\dfrac{\pi d^4}{64}}{\dfrac{\pi d^2}{4}}} = \dfrac{d}{4} = \dfrac{12}{4} = 3$

答 $I = 1017$ cm^4, $Z = 169.5$ cm^3, $i = 3$ cm

(c) $y_0 = \dfrac{(12 \times 9) + (12 \times 5) + (6 \times 1)}{12 + 12 + 16} = 4.6$　$I_x = \left\{\dfrac{6 \times 2^3}{12} + (12 \times 4.4^2)\right\} + \left\{\dfrac{2 \times 6^3}{12} + (12 \times 0.4^2)\right\} + \left\{\dfrac{8 \times 2^3}{12} + 16 \times 3.6^2\right\} = 487$　$Z_{x1} = \dfrac{487}{5.4} = 90.2$

$Z_{x2} = \dfrac{487}{4.2} = 105.8$　$i_x = \sqrt{\dfrac{487}{40}} = 3.49$　答 $I = 487$ cm^4, $Z_1 = 90.2$ cm^3, $Z_2 = 105.8$ cm^3, $i = 3.49$ cm　5.

$I_a = \dfrac{2b \times (2h)^3}{12} = \dfrac{16bh^3}{12}$

$I_b = \dfrac{16bh^3}{12} - \dfrac{bh^3}{12} = \dfrac{15bh^3}{12}$　$I_c = \dfrac{16bh^3}{12} - \dfrac{2bh^3}{12} = \dfrac{14bh^3}{12}$　答 $I_a : I_b : I_c = 16 : 15 : 14$　6. 三角形断面の底辺についての I_x は $\dfrac{bh^3}{12}$（付録参照）であるから, 全断面については, $\dfrac{bh^3}{12} \times 2 = \dfrac{bh^3}{6}$ で検討すればよい。

$I_x = \dfrac{bh^3}{6} = \dfrac{\sqrt{2}a \times \left(\dfrac{\sqrt{2}a}{2}\right)^3}{6} = \dfrac{a^4}{12}$

答 $I = \dfrac{a^4}{12}$（辺と平行な軸と同じ）

7. $I_{x0} = \dfrac{bh^3}{36}$, $Z_1 = \dfrac{\dfrac{bh^3}{36}}{\dfrac{2h}{3}} = \dfrac{bh^2}{24}$

$Z_2 = \dfrac{\dfrac{bh^3}{36}}{\dfrac{h}{3}} = \dfrac{bh^2}{12}$　$i = \sqrt{\dfrac{\dfrac{bh^3}{36}}{\dfrac{bh}{2}}}$

$= \dfrac{h}{\sqrt{18}}$　答 $Z_1 = \dfrac{bh^2}{24}$, $Z_2 = \dfrac{bh^2}{12}$, $i = \dfrac{h}{\sqrt{18}}$

§3. 部材断面の算定（p.123〜142）

【問1】　$\sigma = \dfrac{6}{5.64 - (1.7 \times 0.6)} = 1.3$
<1.6　答 安全

【問2】　$N_t = 150 \times 144 = 21600$
答 $21.6 \cdot g_c$kN

【問3】　$A = \dfrac{17000}{75} = 227$　$\dfrac{227}{10} = 22.7$
→24　答 24 cm

【問4】　$A = \dfrac{4.5}{1.6} = 2.81$
答 19 mmϕ （$A = 2.84$ cm^2）

【問5】　$N_c = 70 \times 100 = 7000$　答 $7 \cdot g_c$kN

【問6】　$\lambda = \dfrac{200}{1.27} = 157$　$f_k = 0.388$
$\sigma_c = \dfrac{3}{7.53} = 0.398 > f_k$　答 安全でない。

【問7】　$N = 144 \times 30.10 \times 2 = 8668.8$
答 $8.67 \cdot g_c$kN

解　答　215

【問8】 $\frac{短期}{長期} = \frac{10}{6} = 1.67 < 2$（長期で設計）$A = 15 \times 15 = 225 \text{ cm}^2$ と仮定すると, $i = \frac{15}{\sqrt{12}} = 4.33$　$\lambda = \frac{360}{4.33} = 83$

$\eta = 0.47$　$f_k = 0.47 \times 60 = 28.20$

$\sigma_c = \frac{6000}{225} = 26.67 < f_k$（安全）

答　$15 \text{cm} \times 15 \text{cm}$

【問9】 $Z = \frac{12 \times 21^2}{6} = 882$　$\sigma_b = \frac{90000}{882}$
$= 102 > 90 \cdot g_c \text{N/cm}^2$

答　安全でない。

【問10】 $M_{max} = \frac{220 \times 1.8}{4} = 99$　$Z = \frac{9^3}{6}$
$= 121.5 \text{cm}^3$　$\sigma = \frac{9900}{121.5} = 81.5 \cdot g_c \text{N/cm}^2$　∴　$95 > \sigma > 75$　答　アカマツ（安全），スギ（安全でない）

【問11】 $M = \frac{wl^2}{8}$ から $w = \frac{8M}{l^2} = \frac{8}{4}M$
$= 2M$　$w = 2 \times 583 = 1166$

答　$1166 \cdot g_c \text{N/m}$（＜例題9＞と比べてPとwの関係を考えてみる）

【問12】 $Z = \frac{76000}{95} = 800$　$Z = \frac{bh^2}{6} =$
800 より　$h = \sqrt{\frac{800 \times 6}{12}} = 20 \to 21$

答　21 cm

【問13】 $Z = \frac{9^3}{6} = 122$　$\sigma = \frac{3800 + 2200}{122}$
$= 49.2 < 75 \cdot g_c \text{N/cm}^2$　答　安全

【問14】 $w_x = 80 \times \frac{\sqrt{3}}{2} = 69.3$　$w_y = 80 \times \frac{1}{2} = 40$　$M_x = \frac{69.3 \times 1.8^2}{8} = 28$

$M_y = \frac{40 \times 1.8^2}{8} = 16.2$

$\sigma = \frac{2800 + 1620}{122} = 36.2 < 75 \cdot g_c \text{N/cm}^2$

答　安全

【問15】 $A = 15 \times 15 = 225$　$Z = \frac{15^3}{6}$
$\fallingdotseq 563$　$\sigma = \frac{5800}{225} + \frac{12000}{563} = 47.1 < 75$
$\cdot g_c \text{N/cm}^2$　答　安全

【問16】 $A = 225$　$Z = 563$　$i = 4.33$
$\lambda = \frac{360}{4.33} = 83$　$\eta = 0.47$
$f_k = 75 \times 0.47 = 35.25$
$\sigma = \frac{12000}{225} + \frac{30000}{563} \times \frac{35.25}{95} = 73.10 >$
$35.25 \times 2 = 70.5$　答　安全でない

【問17】 $e = \frac{l}{6} = 1$　$M = eW = 350$
$H = \frac{350}{4} = 87.5$　答　$87.5 \cdot g_c \text{kN}$

≪演習問題≫

1. (a) $l_k = 2l$, (b) $l_k = 1.5l$, (c) $l_k = 0.5 \times 2l = l$, (d) $l_k = 0.7 \times 3l = 2.1l$
答　(d)＞(a)＞(b)＞(c)　2. 5)

3. $Z = \frac{6 \times 10^2}{6} = 100$　$M = \sigma_b Z = 9000$

答　2)　4. Zが同じであればよい。
$Z_B = \frac{10 \times 30^2}{6} = 1500$　$\frac{x \times 25^2}{6} = 1500$
$x = \frac{6 \times 1500}{25^2} = 14.4$　答　14.4 cm

5. Zを比較すればよい。
$Z_A = \frac{10 \times 30^2}{6} = 1500$　$Z_B = \frac{30 \times 10^2}{6} = 500$　答　2)

6. 1)：(e)　2)：(b)　3)：(a)　4)：(c)

7. $y_0 = \frac{(16 \times 5) + (8 \times 2)}{16 + 8} = 4$

$I_x = \left\{\dfrac{8\times 2^3}{12} + (16\times 1^2)\right\} + \left\{\dfrac{2\times 4^3}{12} + (8\times 2^2)\right\} = 64$ $Z_1 = \dfrac{64}{2} = 32$ $Z_2 = \dfrac{64}{4} = 16$

$\sigma_1 = \dfrac{32000}{32} = 1000$ $\sigma_2 = \dfrac{32000}{16} = 2000$ 圏 下端が上端の2倍。

8. $M_a = \dfrac{wl^2}{8}$, $M_b = \dfrac{2wl^2}{8} = \dfrac{wl^2}{4}$

$\sigma = \dfrac{M_a}{Z_a} = \dfrac{2M_a}{Z_b}$ $Z_b = 2Z_a$ ∴ $h_b^2 = 2h_a^2$ $h_b = \sqrt{2}\,h_a$ 圏 1.414倍

第5章 不静定構造物の応力

§1. はりの変形 (p.144〜151)

【問1】 $I = \dfrac{12\times 15^3}{12} = 3375$

$\delta_{max} = \dfrac{560\times 300^3}{48\times 80000\times 3375} = 1.167$

$\theta_A = \dfrac{560\times 300^2}{16\times 80000\times 3375} = 0.01167$

圏 $\delta_{max} = 1.167$ cm $\theta_A = 0.01167$ ラジアン

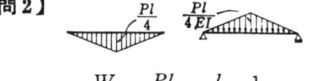

【問2】

$\theta_A = R_A = \dfrac{W}{2} = \dfrac{Pl}{4EI} \times \dfrac{l}{2} \times \dfrac{1}{2}$

$= \dfrac{1}{16}\cdot\dfrac{Pl^2}{EI}$

$\delta_{max} = M_c = \left(R_A \times \dfrac{l}{2}\right) - \left(\dfrac{W}{2}\times\dfrac{l}{6}\right)$

$= \dfrac{Pl^2}{16EI}\left(\dfrac{l}{2} - \dfrac{l}{6}\right) = \dfrac{1}{48}\cdot\dfrac{Pl^3}{EI}$

【問3】

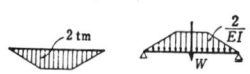

$W = \dfrac{2}{EI}\times 4 = \dfrac{8}{EI}$ $R_A = \dfrac{W}{2} = \dfrac{4}{EI}$

$= \theta_A$ $M_E = \left(\dfrac{4}{EI}\times 3\right) - \left(\dfrac{2}{EI}\times\dfrac{5}{3}\right) - \left(\dfrac{2}{EI}\times\dfrac{1}{2}\right) = \dfrac{7.67}{EI} = \delta_{max}$

$\theta_A = \dfrac{4\times 10^7}{1.242\times 10^9} = 3.22\times 10^{-2}$

$\delta_{max} = \dfrac{7.67\times 10^9}{1.242\times 10^9} = 6.18$ 圏 $\delta_{max} = 6.18$ cm, $\theta_A = 3.22\times 10^{-2}$ ラジアン

【問4】

$W = \dfrac{wl^2}{2}\times l \times \dfrac{1}{3} \times \dfrac{1}{EI} = \dfrac{1600}{EI} = R_A$

$= \theta_A$ $\delta_A = \dfrac{1600}{EI}\times\dfrac{3}{2} = \dfrac{2400}{EI}$

$EI = 2.1\times 9.8\times 10^9 = 2.06\times 10^{10}$

$\theta_A = \dfrac{16\times 10^6}{2.06\times 10^{10}} = 7.77\times 10^{-4}$

$\delta_A = \dfrac{2.4\times 10^9}{2.06\times 10^{10}} = 1.165\times 10^{-1}$

圏 $\delta_A = 0.1165$ cm, $\theta_A = 7.77\times 10^{-4}$ ラジアン

【問5】

$W = \dfrac{M_B}{EI}\times l\times\dfrac{1}{2} = \dfrac{M_B l}{2EI}$

$R_B = \dfrac{\dfrac{M_B l}{2EI}\times\dfrac{2}{3}l}{l} = \dfrac{M_B l}{3EI} = \theta_B(-)$

$R_A = \dfrac{M_B l}{2EI} - \dfrac{M_B l}{3EI} = \dfrac{M_B l}{6EI} = \theta_A(+)$

<演習問題>

1. $\delta_a = \dfrac{5}{384}\cdot\dfrac{Wl^3}{EI} = \dfrac{5}{384}\cdot\dfrac{1800\times 6^3}{EI}$

$\delta_b = \dfrac{23}{648}\cdot\dfrac{Pl^3}{EI} = \dfrac{23}{648}\cdot\dfrac{900\times 6^3}{EI} = \dfrac{23}{1296}\cdot\dfrac{1800\times 6^3}{EI}$ $\delta_c = \dfrac{1}{48}\cdot\dfrac{Pl^3}{EI} = \dfrac{1}{48}$

解　答　217

・$\dfrac{1800 \times 6^3}{EI}$　∴ $\delta_a : \delta_b : \delta_c = \dfrac{5}{384}$:

$\dfrac{23}{1296} : \dfrac{1}{48} = 0.013 : 0.018 : 0.021 = 1$

$: 1.36 : 1.6$　答　総荷重が同じでも，集中荷重になるとたわみは最大60％もふえる。　2. $\delta_{\max} = \dfrac{5}{384} \cdot \dfrac{wl^4}{EI}$

で $\dfrac{w}{I}$ が等しくなればよいから，w が2倍のとき I も2倍になればよい。すなわち，$I = \dfrac{bh^3}{12}$ において h^3 が2倍になるような $x = \sqrt[3]{2} h = 1.26 h$ を考えればよい。　答　1.26倍

3. $I = \dfrac{bh^3}{12}$ で h を2倍にすると I は8倍になる。したがって δ は $\dfrac{1}{8}$ となる。

4. I を比較すればよい。$\dfrac{16 \times 36^3}{12} = 62208$，$\dfrac{24^4}{12} = 27648$，$\dfrac{36 \times 16^3}{12} = 12288$

答　正方形断面を1とすると，縦長断面は2.25倍，横長断面は $\dfrac{1}{2.25}$ 倍。

§2. 不静定構造物（p.152〜194）

【問1】(a) M 図 $\dfrac{Pl}{8}$，$\dfrac{Pl}{8}$　Q 図 $\dfrac{P}{2}$，$-\dfrac{P}{2}$

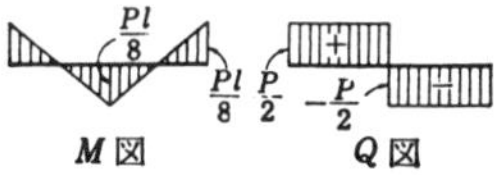

(b) M 図 $\dfrac{3}{8}l$，$\dfrac{9}{128}wl^2$，$\dfrac{wl^2}{8}$，$\dfrac{3}{8}wl$　Q 図 $\dfrac{5}{8}wl$

【問2】M 図（単位：・g_c kN・m）-3，2.5　Q 図（単位：・g_c kN）1.25，-2.75

【問3】(a) M 図 $\dfrac{3}{8}l$，$\dfrac{wl^2}{8}$，$\dfrac{3}{8}wl$，$\dfrac{9}{128}wl^2$　Q 図 $\dfrac{5}{8}wl$

(b) M 図 -1.5，1.25　Q 図 0.625，-1.375

M 図（単位：・g_c kN・m）Q 図（単位：・g_c kN）

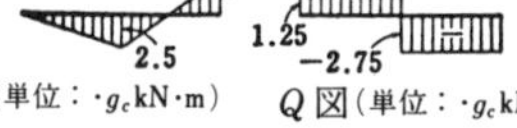

【問4】M 図 $\dfrac{3}{32}Pl$，$\dfrac{13}{64}Pl$，$\dfrac{13}{32}Pl$，$\dfrac{19}{32}P$　Q 図 $\dfrac{3}{32}P$

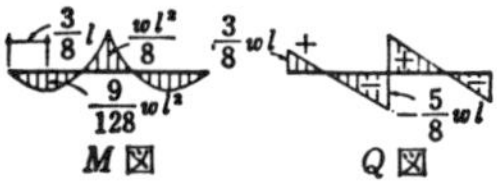

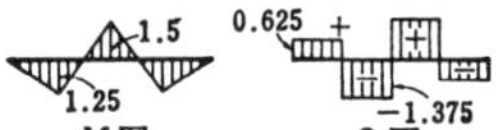

【問5】柱の剛度 $K_{AC} = 1.3 \times 10^3$

はりの剛度 $K_{CD} = \dfrac{\dfrac{30 \times 60^3}{12}}{600} = 900$

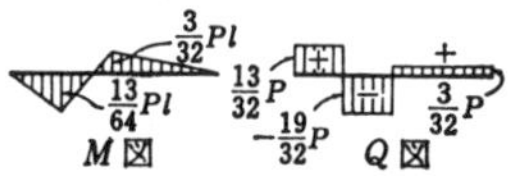

はりの剛比 $k = \dfrac{900}{1300} = 0.69$

答　0.7

【問6】(a) M 図 4.5，-12.75，-2.25　Q 図 5.75，-4.25，-1.69　N 図 -1.69，-5.75

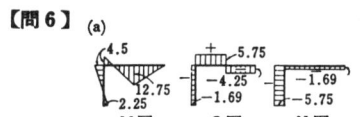

(b) M 図 5.4，8.1，-10.8，5.535　Q 図 -2.025，-9.9　N 図 -2.025，-8.1

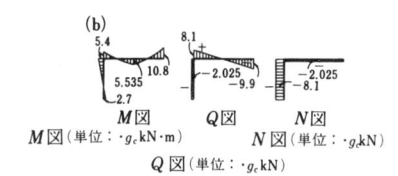

M 図（単位：・g_c kN・m）N 図（単位：・g_c kN）　Q 図（単位：・g_c kN）

【問7】(a) M 図 7.2，10.8，-3.6，-2.7　Q 図 6，-6，2.7，-2.7　N 図 -3，-6

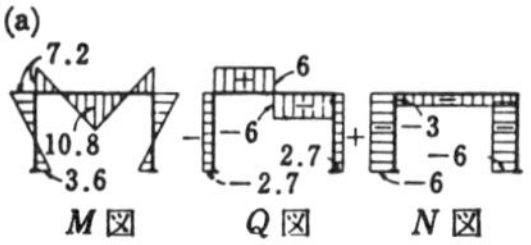

(b) M 図 3.69，-4.31　Q 図 -1.85，$2t$　N 図 -2，-1.85，1.85

M 図（単位：・g_c kN・m）
Q 図（単位：・g_c kN）
N 図（単位：・g_c kN）

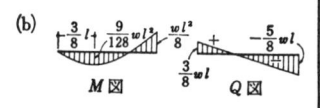

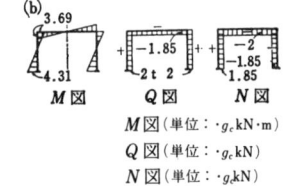

218 解答

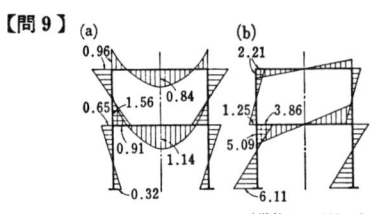

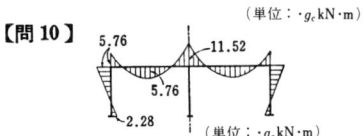

【問8】 (a) 図: 2, 3.5, 2.75, 1 (b) 図: 0.89, 3.56, 2.13, 1.74, 0.45
（単位：$\cdot g_c$ kN·m）

【問9】 (a) 図: 0.96, 0.65, 1.56, 0.84, 0.91, 1.14, 0.32 (b) 図: 2.21, 1.25, 3.86, 5.09, 6.11
（単位：$\cdot g_c$ kN·m）

【問10】 図: 5.76, 11.52, 5.76, 2.28
（単位：$\cdot g_c$ kN·m）

【問11】 ＜例題16＞に同じ。

≪演習問題≫

1. 柱 $\dfrac{4+6}{4}=2.5\cdot g_c$ kN,

   はり $\dfrac{4+4}{5}=1.6\cdot g_c$ kN   答 3)

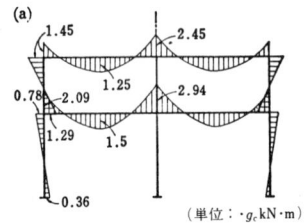

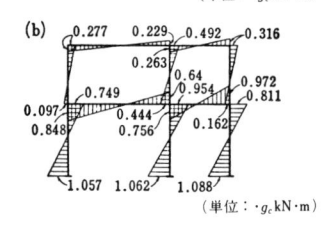

2. （下図）

(a) 図: 1.45, 2.45, 0.78, 2.09, 1.25, 2.94, 1.29, 1.5, 0.36
（単位：$\cdot g_c$ kN·m）

(b) 図: 0.277, 0.229, 0.492, 0.316, 0.263, 0.64, 0.972, 0.097, 0.749, 0.954, 0.811, 0.848, 0.444, 0.756, 0.162, 1.057, 1.062, 1.088
（単位：$\cdot g_c$ kN·m）

［監修者］　和田　章（工学博士　東京工業大学教授）

［執筆者］　池田幸正　　堀越喜与志　　森安四郎

［協力者］　矢井美重　　佐藤同志

新版　建築構造設計 1

1976 年 1 月 10 日　初 版 発 行
1982 年 2 月 23 日　第 II 版 発 行
2000 年 3 月 17 日　新 版 発 行
2016 年 2 月 10 日　新版第 10 刷

監修者　和　田　　章
発行者　澤　崎　明　治
　　　（印刷）三 朋 印 刷 ㈱
　　　（製本）三省堂印刷 ㈱

発行所　株式会社　市ケ谷出版社
東京都千代田区五番町 5
電　話　03（3265）3711（代）
F A X　03（3265）4008

Ⓒ 2000　　ISBN978-4-87071-124-2